WERDEN SIE
SEENLAND-FAN
facebook.com/
MagazinSeenland

Willkommen im Seenland – dem perfekten Ort für Naturliebhaber und Erholungssuchende!

Wenn Sie auf der **Suche** nach einem **Ort** sind, der Ihnen die Möglichkeit bietet, die **Schönheit und Kraft der Natur** zu spüren, dann sind Sie hier genau richtig. Mit den praktischen **Wasserkarten** vom Seenland und den vielen **Tipps und Empfehlungen** können Sie die Seenplatte und deren zahlreiche Flüsse, Kanäle und Seen entdecken und dabei eine **einzigartige Landschaft** und die **Gastfreundschaft der Menschen** genießen.

Für Sie haben wir einige der besten **Bootstouren** und **Urlaubsziele** in der Region ausgewählt, um Ihnen ein **unvergessliches Erlebnis** zu garantieren. **Radeln** Sie mit uns durch das Havelland. Erleben Sie die **Freiheit auf dem Wasser** an Bord einer Motoryacht oder eines Hausboots in Mecklenburg, Berlin und Brandenburg.

Unser **Ziel** ist es, Ihnen den **perfekten Urlaub** zu ermöglichen. Mit **Seenland** finden Sie schnell und sicher das passende Ziel für Ihren Aufenthalt. Die **Natur zu genießen** und **nachhaltig zu reisen**, ist heute mehr denn je im Trend. Eine Anreise im eigenen Land schont die Ressourcen. Vor Ort können Sie selbst wählen, welche Urlaubsform **Ihren Wünschen** auf das Beste entspricht. Nutzen Sie unsere Tipps und Empfehlungen für Ihre Zeit in der Seenplatte und erleben Sie die **Schönheit** und **Kraft** dieser **einzigartigen Region** hautnah.

Wir wünschen Ihnen unvergessliche Erlebnisse am und auf dem Wasser!

Ihr Florian Diesing & Sebastian Weiß

Informationen zum Abonnement von Seenland auf Seite 31!

Seenland im Netz:

- @MagazinSeenland
- @seenland
- @hausbootprofi
- @derhausbootprofi

Michael F. Basche (Rangerin), Steffen Lehmann/TMB Tourismus-Marketing Brandenburg GmbH (Fahrrad), Doreen Dreger (Editorial)

20
DAS KLEINE MEER
Segeltörn auf Deutschlands größtem Binnensee:
Mit Tipps zu Häfen und Historie rund um die Müritz.

28
VON DER S-BAHN AUFS SUP-BOARD
Drei Touren für Anfänger und Fortgeschrittene rund um Berlin

98
EINE STADT ZUM ENTDECKEN
Neubrandenburg feiert 775-jähriges Bestehen

38
SOMMERURLAUB AUF DEM HAUSBOOT
Drei Wochen zwischen Kleinseenplatte und Schweri

110
„MEINE SCHÖNSTEN URLAUBSFOTOS“
Die Gewinner des Fotowettbewerbs aus der Seenland 2022

Top Tipps

111
67 AUSFLUGSTIPPS
Unsere Highlights für 6 Regionen

25 JAHRE Magazin Seenland

Reportagen & Portraits

Ausflugstipps

Service

Cherie Birkner, Pauline Sensenhauser/Nationalparkamt Müritz, Anja Reinboine-Occhipinti, Jo von Bahls, www.vecteezy.com

Wie gefällt Ihnen das Magazin Seenland?
Schreiben Sie uns!
leserbrief@magazin-seenland.de

Großer Fotowettbewerb mit attraktiven Preisen auf Seite 170

Seenland-News

Urlaubs-Tipps und Angebote

Geänderte Öffnungszeiten der Drehbrücke Malchow

Zur **Saison 2023** haben sich die Öffnungszeiten der Drehbrücke in Malchow verändert. Seit dem 1. April 2023 erfolgt die **Öffnung stündlich** um hh.50 Uhr im Zeitraum vom

1. April bis 30. September:
von 8.50 – 19.50 Uhr
(letzte Öffnung)
vom 1. Oktober bis 30. November:
von 8.50 – 14.50 Uhr
(letzte Öffnung)
Die **Drehbrücke** ist unter Tel. (03 99 32) 820 565 erreichbar.

Plauer Burgmuseum Sonderausstellung „100 Jahre Radio – Hören und Technik zum Erleben“

Aus Anlass der ersten öffentlichen Rundfunksendung im **Berliner VOX-Haus** am 29. Oktober 1923, präsentiert das **Burgmuseum** in Plau am See die diesjährige Sonderausstellung **„100 Jahre Radio – Hören und Technik zum Erleben“**. „Die ausgewählten Exponate und Objekte sind ideale Bedeutungsträger und dokumentieren eindrucksvoll die Geschichte der **Radio- und Rundfunkentwicklung in Deutschland**“, so der Kurator Dr. Lutz Kebelmann. Für Museumsleiter Dieter Ehrke, der das Burgmuseum liebevoll ein **„lebendiges Kulturobjekt“** nennt, stellt mit der Funktionsfähigkeit der Technik und somit direkten **Erlebbarkeit** für Besucher auch in diesem Bereich des Museums diesen Status unter Beweis. Wer das **Burgmuseum** Plau am See besuchen möchte, hat dazu bis Ende Oktober täglich von 10.00 bis 17.00 Uhr die Gelegenheit. **www.burgmuseum-plau.eu**

Mobilitätsinitiative „MÜRITZ rundum“

Bereits zum sechsten Mal startet die Mobilitätsinitiative **„MÜRITZ rundum“** in der **Mecklenburgischen Seenplatte**. Vom **1. April bis 31. Oktober** können alle Gäste, die in den Urlaubsorten Klink, Röbel/Müritz, Rechlin, Kargow und Waren (Müritz) übernachten, mit ihrer **Gästekarte** während des gesamten Aufenthaltes **kostenfrei** die **öffentlichen Busse** rund um die Müritz, im Stadtverkehr von Waren und Röbel sowie die Linie von Rechlin nach Mirow nutzen. Außerdem werden damit **Ermäßigungen** auf der **Nationalparklinie** mit dem Schiff DIANA gewährt. Die Karte erhalten Übernachtungsgäste nach ihrer Anmeldung und Zahlung der Kurabgabe. Die Busse halten an verschiedenen **touristischen Höhepunkten** sowie an Anschlüssen zu **Rad- und Wanderwegen**. Außerdem kann die Gästekarte im **August** für eine Fahrt nach **Neubrandenburg** genutzt werden. Dieses Jahr feiert die größte Stadt des Landkreises **775-jähriges Stadtjubiläum**. **www.mueritz-rundum.de**

Finowkanal-Schleusen werden erneuert

Der Zweckverband Region Finowkanal wird mit der **Sanierung** der ersten sechs der insgesamt zwölf historischen **Schleusen** am **Finowkanal** beginnen. Die Baumaßnahmen starten im ersten Quartal 2023 an den ersten drei Schleusen in **Ruhlsdorf, Leesenbrück und Grafenbrück** sowie mit der Erweiterung der Fernüberwachung der Leitzentrale in Zerpenschleuse. Während der Bauphase werden die betreffenden **Schleusen nicht befahrbar** sein.

Die ersten drei Schleusen werden **parallel gebaut** und sollen nach **18 Monaten** fertiggestellt sein. Ein Jahr später sollen die Arbeiten an den nachfolgenden drei Schleusen beginnen. Der **Kanal** wird während der Bauphase **nicht komplett geschlossen** sein, jedoch werden die Schleusen, an denen gebaut wird, für rund 18 Monate geschlossen sein. Eine **Durchfahrung** des Kanals mit **Motorbooten** ist somit nicht möglich, jedoch können muskelbetriebene Boote bis an den jeweiligen Sperrbereich der Baustellen fahren. Das **Umtragen** von **Kanus** an den Baustellenbereichen ist derzeit nicht möglich, es wird aber bis zum **Saisonbeginn 2023** an Ein- und Ausstiegsmöglichkeiten gearbeitet. Die **neuen Schleusen** werden den technischen Anforderungen entsprechen und nach **historischem Vorbild** gestaltet sein. Eine wesentliche **Modernisierung** des Betriebs wird durch die selbst-bedienbare Steuerung ermöglicht.

Geschenk-tipp

Das Hausboot Tagebuch

Endlich haben die vielen Erinnerungen vom letzten Törn einen Platz – im Hausboot Tagebuch. Das speziell für den Bootsurlaub konzipierte Buch vereint das klassische Logbuch mit den Freiheiten eines Tagebuches. Insgesamt reicht das Tagebuch für drei Wochen Urlaub – auf jedem Bootstyp.

ISBN 978-3-946148-24-1
104 Seiten, 19,80 €
Erhältlich im Buchhandel und unter shop.magazin-seenland.de

Seenland-News

Urlaubs-Tipps und Angebote

Entschleunigen Sie Ihren Urlaub!

Unter dem Motto „ Entschleunigen Sie Ihren Urlaub!“ vermietet **Alexander Kempf** seine **Hausflöße** seit 2012. Angefangen hat alles in der **Saison 2012** mit einem kleinen und einem größeren Floß. In den folgenden Jahren wurden die **Flöße** gemeinsam mit den Kunden und der Werft ständig **weiterentwickelt** und **verbessert**. Heute bietet **Floßurlaub-MV** an **drei Standorten** (Priepert & Wesenberg in Mecklenburg, Wolzig in Brandenburg) **21 eigene Flöße** und an zwei weiteren Standorten **elf Flöße** von Partnerunternehmen an. Die **Gäste** finden hier ein **breites Angebot** von kleinen, rustikalen **Flößen** für zwei bis drei Personen bis hin zu zehn Meter langen **Hausflößen** mit Dusche. Was aber das gesamte Angebot von Alexander Kempf vereint ist immer der Gedanke des **naturnahen Urlaubs**. Alle Floßmodelle sind so gebaut, dass der **Urlauber autark** in windstillen Buchten **ankern** kann und **keinen Hafen** zur **Übernachtung** anfahren muss. Für **Urlauber**, die sich nicht zutrauen mit **Flößen** zu fahren, aber trotzdem direkt am Wasser Ihren Urlaub genießen möchten, bietet der Standort im **Naturhafen Wesenberg festanliegende Ferienflöße**. Diese **Flöße** sind fahrbar, werden aber als **„schwimmendes Bootshaus“** vermietet. Im Preis inklusive sind hier neben den Nebenkosten auch ein **Kanu** oder **Ruderboot**.
Tel. (03981) 23 93-0, www.flossurlaub-mv.de

54. Müritzschwimmen

Beim **Müritzschwimmen** am **5. August 2023** können Schwimmbegeisterte im größten Binnensee Deutschlands, der **Müritz**, 1.950 m zurücklegen. Neu dabei ist die doppelte Müritzquerung **„Der Müritzman3.8“** über 3,8 km. Die Teilnahme ist ab 12 Jahren möglich, Neoprenanzüge sind nicht zugelassen, die ausgegebenen Badekappen müssen aus Sicherheitsgründen getragen werden. Geschwommen wird auf der **Binnenmüritz** vom **Seebad Ecktannen** zum **Volksbad**.
www.mueritzschwimmen.de

Warum sich die französische Pénichette® in Deutschland so wohl fühlt

Pénichette®, das ist der Name für die Boote des Haubootbauers und -verleihers Locaboat. Und obwohl manche von ihnen in Frankreich produziert werden (der Mutterkonzern ist französisch), in Deutschland fühlen sie sich vollkommen in ihrem Element. Denn gerade auf der Mecklenburgischen Seenplatte zeigen sie so richtig, was sie können: Einen traumhaften Urlaub für ihre Kapitäninnen und Kapitäne bereiten; mit Fahrten auf den über 1.000 Seen aber auch auf den kleinen Flüssen und Kanälen. Die Seen laden zum Baden oder Angeln, in den Kanälen ist die Pénichette® der perfekte mobile Logenplatz für die unberührte Natur. Und bei einer Höchstgeschwindigkeit von sechs bis zehn Stundenkilometern mit der Pénichette® haben Stress und Hektik keine Chance.

FÜHRERSCHEINFREI!

Im Morgennebel wärmen die ersten Sonnenstrahlen und die Hausbootler fühlen sich bei ihrem Frühstück auf Deck wie in einer anderen Welt. Am Abend spiegelt sich der Sonnenuntergang auf dem Wasser. Und nachts hört man nichts als leises Plätschern oder ein paar Vogelrufe. Man mag Voreingenommenheit unterstellen, wenn die Marketing-Chefin von Locaboat Holidays, Yvonne Schön, ins Schwärmen gerät: „Ich bin im Jahr mindestens zweimal auf einem unserer Boote und immer wieder erstaunt, wie schnell man da runterkommt und entspannt", aber ihre Aussage entspricht auch der Erfahrung vieler Hausboot-Kapitäne aus dem Kundenkreis. „Man bekommt eine ganz andere Zeitrechnung", „Spätestens am zweiten Tag war ich nicht mehr so getrieben" und „ich hätte nie gedacht, dass man so langsam so viel Spaß haben kann".

Vom Boot aus geht der Blick auf die schier endlose Seenlandschaft in Deutschlands Urlaubsparadies. Haubootfahren bedeutet, die Heimat mal anders erleben, vom Wasser aus aber auch an Land. Die Pénichette® bringt ihre Crews von Ort zu Ort, von Anlegeplätzen in wilder Natur bis zu Häfen, die auf der Strecke liegen. Es locken dutzende Aktivitäten, Familienspaß, Entspannung und unvergessliche Momente in Städten wie Waren oder idyllischen Dörfern wie Rechlin. Über den Störkanal gelangt man bis Schwerin mit dem märchenhaften Schloss. Dort wartet ein abwechslungsreiches Festival- und Galerieprogramm, aber auch eine bunte Ladenvielfalt.

Muss man dazu einen Führerschein haben? Nein, und das funktioniert prima. In Deutschland muss man vor Antritt der Tour einen kleinen Charterschein machen – das ist eine praktische und theoretische Einweisung, die etwa drei Stunden dauert. Danach ist man bestens gerüstet für das entspannte Abenteuer an Bord.

Wichtig ist, das perfekte Hausboot von Locaboat zu finden, denn die Pénichette® gibt es in ganz unterschiedlichen Größen für bis zu 12 Personen, für die Reise mit der Familie, mit Freunden oder auch nur zu zweit. Und natürlich kann man mit dem Hausboot auch andere Regionen erkunden. Zum Beispiel in Frankreich, Holland, Irland und Italien. Sehr ausführliche Informationen und Beratung gibt es auf der Website **www.locaboat.de**, telefonisch bei den Mitarbeitern von Locaboat selbst und natürlich in den Häfen von Fleesensee und Fürstenberg.

Locaboat Holidays
Rehlingstraße 17 | 79100 Freiburg | Telefon 0761 207 370 | E-Mail info@locaboat.de | www.locaboat.com

Seenland-News

Urlaubs-Tipps und Angebote

Festspiele im Schlossgarten Neustrelitz 2023

Inmitten der Mecklenburgischen Seenplatte finden seit 2001 in der **Residenzstadt Neustrelitz** die **Festspiele im Schlossgarten** statt. Nach großer Oper im vergangenen Sommer, wird **2023** wieder eine prachtvoll ausgestattete **Operette** präsentiert: **„Viktoria und ihr Husar“** von Paul Abraham. Vom **7. Juli bis 29. Juli 2023** erwartet den Besucher die Geschichte des Husarenrittmeisters Stefan Koltay und seiner geliebten Viktoria. Mit einer Mischung aus **Exotik, ungarischem Kolorit**, dem aufkommenden **Jazz** und den **Modetänzen** der Zeit gelang es Paul Abraham mit seiner Meisteroperette „Viktoria und ihr Husar“ die Gattung neu zu beleben, ohne deren lange Tradition aus den Augen zu verlieren. Hits wie **„Mausi, süß warst du heute Nacht“** und **„Reich' mir zum Abschied noch einmal die Hände“** waren allesamt Schlager der Saison und gingen um die ganze Welt. Vor der wunderbaren **Kulisse** der **Schlosskirche** wird es 13 Vorstellungen unter freiem Himmel und ein prachtvolles **Feuerwerk** geben. Mit den Solisten des **Musiktheaters** und dem Opern- und Extrachor der Theater und Orchester GmbH Neubrandenburg/Neustrelitz sowie der Deutschen Tanzkompanie und der Neubrandenburger Philharmonie. **www.tog.de**

Wasserstofftankstelle in Eldenburg

Gemeinsam mit der **APEX Group** aus Rostock-Laage plant die **Marina Eldenburg** eine **Wasserstofftankstelle** für den Schiffsbetrieb zur klimaneutralen Energieversorgung von Booten, Schiffen und firmeneigenen Nutzfahrzeugen. Ziel der Errichtung der ersten Wasserstofftankstelle an der Müritz wird die öffentliche **Betankung** von eigens umgebauten Booten, sowie externen Wasserfahrzeugen, die mit **Wasserstoff** betrieben werden können. Darüber hinaus möchte die **Marina Eldenburg** seinen firmeneigenen **Fuhrpark** mit Wasserstoff betreiben und sukzessive selbst Boote umrüsten, um so Erfahrungen im Charterbetrieb sammeln zu können. Für die öffentlich zugängliche Wasserstofftankstelle wird die Inbetriebnahme auf **Mitte des Jahres 2023** avisiert.

www.marina-eldenburg.de

World Ranger Day im Müritz-Nationalpark

Der **World Ranger Day** ist ein jährlicher Gedenktag, der am **31. Juli** begangen wird, um das Leben und die Arbeit der **Ranger** zu ehren, die an vorderster Front des Schutzes von Natur und Wildtieren stehen. Der **Müritz-Nationalpark** gibt an diesem Tag **Einblicke** in die tägliche Arbeit der Nationalpark-Ranger. Mit einer Vielzahl von interaktiven Angeboten und Stationen können Jung und Alt vor der **Nationalpark-Information Federow** mehr über den abwechslungsreichen Beruf erfahren und selbst aktiv werden. Dauer: 6 Stunden, Nationalpark-Information Federow, Tel. (039 91) 66 88 49

www.nationalpark-service.de

Fotos: Jörg Meister, Jan Peterson, W. Doberitz

Mehr Rohrdommeln in der Mecklenburgischen Seenplatte

Gute Nachrichten aus der Natur: Bei der Erfassung der **Rohrdommeln** im **Müritz-Nationalpark**, die aufgrund ihres unverkennbaren Rufes auch als **Moorochsen** bezeichnet werden, wurden mehr als **30 Exemplare** gezählt; so viele wie noch nie seit Beginn der Aufzeichnung im Jahr 2005. Die zur Familie der **Reiher** gehörende Vogelart steht in Deutschland auf der **Roten Liste** der bedrohten Brutvögel und wird alle drei Jahre im Müritz-Nationalpark erfasst. So wurden bei der Zählung 2019 nur rund **zwei Drittel** der heutigen Population registriert. Interessierte haben bei einer **Wanderung** zum Düsterwiesenbruch, die jährlich vom **4. Mai bis 31. August** von der **Nationalpark-Information** in Blankenförde beginnend aus angeboten wird, die Möglichkeit, mehr über den Lebensraum der seltenen Vögel zu erfahren.
www.mueritz-nationalpark.de

EastWest: Neues Logo für einzigartiges Serviceangebot

Was als Erfolgsgeschichte in der **Marina Zehdenick am Prerauer Stich** begann, ist inzwischen auf **drei Standorte** gewachsen. Heute steht das Team um die Geschäftsführer Dirk Fengler und Uwe Schorpp nicht nur in **Zehdenick**, sondern auch in **Kröslin** und in **Potsdam** zu den Themen Yachtzentrum, Marina und Charter für erstklassigen Service. Um diesem Angebot eine gebührende **Dachmarke** zu geben, wurde jetzt ein neues Logo geschaffen. Unter dem Titel **„EastWest"** bündelt sich das etablierte Angebot: „EastWest Charter", „EastWest Hafen" und „EastWest Yachtzentrum". Firmensitz bleibt weiterhin am **Prerauer Stich**. An **drei Schwimmstegen** stehen hier mehr als **120 Liegeplätze** für Motoryachten mit bis zu 20 Metern Länge und sechs Metern Breite zur Verfügung. Der Kran hievt Boote mit bis zu 32 Tonnen aus dem Nass. An Land werden sie mit allem versorgt, was das Skipperherz begehrt und für den Winter sicher in riesigen Hallen untergebracht.

Doch nicht nur **Bootseigner** profitieren von diesem enormen Angebot mit Tankstelle, modernen Sanitäranlagen, Parkplätzen und Restaurant. Die große Flotte der **Linssen-Yachten** steht zum Charter bereit – ab Startbasis Zehdenick, Potsdam und Kröslin. All dies wird dank **„Charterinvest"** möglich – die Schiffseigner nutzen das Know-how der **EastWest Crew** und profitieren von einer attraktiven Rendite. Als einer von drei exklusiven Linssen Vertragshändlern in Deutschland steht das **EastWest Yachzentrum** für optimale Beratung von Kaufinteressenten. Perfekter Service wird als einziger zertifizierter **Linssen Service Point** Deutschlands garantiert.
Tel. (033 07) 421 80 43, **www.go-eastwest.de**

Velo Classico in achter Auflage

Anlässlich der **Velo Classico** gehen vom **8. bis 10. September** Radler in Retrokleidung in **Rumpshagen** in der Mecklenburgischen Seenplatte an den Start. Insgesamt **vier Strecken** zwischen 30 und 110 Kilometern Länge stehen bei der achten Auflage auf dem Programm, die an typisch mecklenburgischen Dörfern, alten Herrenhäusern und ruhig gelegenen Seen vorbeiführen. Wer es etwas ruhiger angehen möchte, entscheidet sich für die etwa 50 Kilometer lange **Genießer-Runde** oder die rund 30 Kilometer lange **„Happinez-Tour“**. Die Streckenführungen sind teilweise neu. So kommen **Radler** beispielsweise am Gutshaus Gevezin vorbei, ein Haus im Vogelschutzgebiet Kuppiges Tollensegebiet, das als Paradies für Ornithologen gilt.

www.veloclassico.de

Erste Gravelbike-Routen in der Mecklenburgischen Seenplatte

Ab sofort können sich **Radbegeisterte** auf neue Routen freuen: Im **„Land der 1000 Seen“**, wie die Mecklenburgische Seenplatte auch genannt wird, werden **1.000 Kilometer Gravelbike-Routen** empfohlen – die ersten in Mecklenburg-Vorpommern. Die **16 Touren** tragen Namen wie „Durch die Wälder bei Neustrelitz“, „Graveln durch die Feldberger Seenlandschaft“ oder „Graveltour Grenzgänger“ und versprechen **Naturerlebnisse** an Badeseen und in Wäldern erster Güte. Ausgangspunkt der Routen sind größtenteils Bahnhöfe, sodass eine umweltfreundliche Anreise möglich ist. Dazu der Ideengeber für die Routen, Detlef Koepke: „**Graveln** ist längst kein Trend mehr, sondern ein **Lebensgefühl**. In der Seenplatte kann man jede Menge ‚Schotterstrecke‘ und wundervolle unbefestigte, offizielle Wege unter die Räder nehmen. Diese **16 Routen** sind erst der Anfang, denn wir wollen mit weiteren Partnern hier ein wahres **‚Gravelparadies‘** schaffen“.

www.mecklenburgische-seenplatte.de/mountainbiker-gravelbiker-touren

Seenland-News

Urlaubs-Tipps und Angebote

Auf Gartentour durch Brandenburg

Preußische Könige, Fürsten sowie namhafte **Landschaftsarchitekten** wie Peter Joseph Lenné oder Hermann Fürst von Pückler-Muskau ließen einst weitläufige **Parks** anlegen, die bis heute die **Gartenkunst** ihrer Zeit widerspiegeln. Aber es gibt auch die kleinen und feinen Gärten in **Brandenburg**. Sie alle können auf speziell konzipierten **Gartentouren** mit dem **Rad** entdeckt werden. Jede führt durch eine der insgesamt **zwölf Reiseregionen** des Landes – von der Prignitz und der Uckermark im Norden über das Havelland sowie Potsdam in der Mitte bis hin zum Spreewald oder dem Lausitzer Seenland im Süden. Überall gibt es spezielle **Highlights**: zum Beispiel Museen, eindrucksvolle Bauwerke, Kulinarisches oder spezielle Gewächse. Zusammengestellt sind die **Touren** auch im neuen **Magazin** der TMB Tourismus-Marketing Brandenburg GmbH **„Parks & Gärten Brandenburg"**. Für **Bootsurlauber** mit Rädern an Bord eignen sich die folgenden **Touren** in Hafennähe: **Ruppiner Seenland:** 47 Kilometer ab Rheinsberg, **Dahme-Seenland:** 13 Kilometer ab Zeuthen, **Potsdam:** 19 Kilometer ab Hauptbahnhof, in der Nähe der Marina am Tiefen See, **Barnimer Land:** 12 Kilometer ab Eberswalde Hauptbahnhof **www.reiseland-brandenburg.de/aktivitaeten-erlebnisse/aktiv-natur/gaerten-parks/gartentouren**

28. Rheinsberger Töpfermarkt

Am **14. und 15. Oktober 2023**, jeweils 10 bis 17 Uhr, präsentieren rund **100** internationale, ausschließlich professionelle **Töpfer** und **Keramiker** besonders schöne Stücke aus Irdenware, Steinzeug und Porzellan auf dem **Rheinsberger Töpfermarkt**. Dieser zählt zu den **Top Ten in Deutschland** und lockt nicht nur durch die angebotenen Waren. Mehrere **Ausstellungen**, darunter die Sonderausstellung zum Wettbewerb um den **„Keramikpreis der Stadt Rheinsberg"**, finden an diesem Wochenende statt.

Marina Alter Hafen in Mildenberg an der Oberen Havel

Einer der **schönsten Häfen** liegt fast genau in der Mitte zwischen Berlin und der Müritz – die **Marina Alter Hafen**. Zusammen mit dem benachbarten **Neuen Hafen** bildet sie einen bezaubernden, **maritimen Hotspot** mit kompletter Logistik inmitten der Natur. Eine Bootstankstelle und eine Entsorgungsanlage gehören genauso dazu wie ein Werftbetrieb mit Schiffskran. Die Gäste stöbern gerne im Marina Shop mit Bootszubehör und maritimer Mode. Weitere **Highlights** sind der Bootsverleih mit modernen Sloepen, das Restaurant direkt am Havelufer und natürlich das Abenteuerland **Ziegeleipark Mildenberg** mit seinen Attraktionen. Last but not least stehen den Gästen **18 moderne Yachten** im Charter – auch führerscheinfrei – zur Verfügung, um das herrliche **Seenland** hautnah auf dem Wasser zu erleben. **www.marina-alter-hafen.de**

Ausgezeichnet: Wimmelbücher mit Lokalkolorit

Das **Demminer** Start-up-Unternehmen Kuke & Riesebeck hat mit der Idee **Wimmelbücher** mit Motiven aus der Urlaubsregion **Mecklenburgische Seenplatte** zu produzieren, den **OZ-Existenzgründerpreis** in der Kategorie **„Nachhaltiger Tourismus"** gewonnen. Hannah Kuke und Stephanie Riesebeck erstellen die so genannten Wimmelbücher, eine besondere Form des Bilderbuches, in denen eine **fiktive Familie** durch die **Urlaubsregion** Mecklenburgische Seenplatte reist. Die Bücher führen laut Jury zu mehr **Sichtbarkeit der Region** und bilden regionale Netzwerke ab, indem beispielsweise Anregungen für Ausflüge in der **Seenplatte** gegeben werden, die Leser zu **Entdeckungen** animieren sollen. Die **Bücher** gibt es in ausgewählten Tourist-Informationsstellen und unter **www.mv-wimmelt.de**

Saisonstart in fünf Häfen

Mit Stützpunkten in **Brandenburg an der Havel, in Zernsdorf, Lychen, Lindow und Havelberg** ist die bunte Flotte der **BunBos** (BungalowBoote) idealer Ausgangspunkt für Entdeckungen in den unterschiedlichen Revieren der Seenplatte. In **Lychen** befindet sich der Stadthafen unweit der Altstadt. Von hier aus kann auch die sehenswerte Wasserstadt **Fürstenberg** besucht werden. Nur etwa 30 Kilometer von Berlins Mitte entfernt liegt **Zernsdorf** im Süd-Osten der Hauptstadt. Hier befindet sich der „Yachtclub Zernsdorf". Dieser dient mit Empfangsbereich und Gastronomie nicht nur als Starthafen für Touren auf dem Wasser – für Landratten stehen auch maritim eingerichtete Ferienwohnungen zur Verfügung. Ab **Plaue** bieten sich Touren in Richtung Brandenburg und weiter bis nach Potsdam und Berlin oder alternativ Richtung Norden durch die wunderschöne, naturbelassene Havellandschaft an.

Die Fangemeinde der **BunBos** wächst stetig, so dass im Sommer schon jetzt nur noch wenige Boote verfügbar sind. **Daher ein Tipp:** Frühjahr und Herbst bieten auf dem Wassersagenhafte Ruhe und vielfältige Möglichkeiten für Naturbeobachtungen.

BunBo – Das BungalowBoot, www.bunbo.de
Tel. (0 33 81) 89 04 60, reservierung@bunbo.de

Seenland-News

Urlaubs-Tipps und Angebote

Alles aus einer Hand: Hafen, Charter, Service für jeden Skipper

„Seit **vier Jahren** schon heißen wir unsere Gäste am Ufer des **Malchower Sees** willkommen. Das Angebot kommt an und wir erhalten viel **positives Feedback**", berichtet Frank Böning. „Es ist eine große, **exklusive Anlage**. Sie bietet somit einen **perfekten Zugang** zu einem der **schönsten Wassersportreviere Deutschlands**", so der Inhaber von **FB-Yachtcharter** und der Marina am Malchower See.

Die Nähe zur A19, Abfahrt Waren/Müritz, macht die Hafenanlage am See zu einem **idealen Ausgangspunkt** für Chartergäste und Schiffseigner. Komfortabel mit dem Auto erreichbar und mit der Yacht direkt auf die **Mecklenburgische Seenplatte** ist die Devise. „Der **Abfahrtsort** begeistert unsere **Charterkunden** von Anfang an", berichtet Frank Böning. „Selbstverständlich entwickeln wir unsere Philosophie **topgepflegter Yachten** und von gewohnt **erstklassigem Service** am Standort ständig weiter. Stellplätze für PKW, großzügige Sanitäranlagen und die Nähe zur malerischen **Inselstadt Malchow** bereichern Basis und Umfeld. Des Weiteren bauen wir das **Leistungs- und Liegeplatzangebot** für **Bootseigner** und **Gastlieger** aus.

Seit vergangenem Jahr finden Gäste bei uns im Hafen auch die beliebten **Hausboote vom Typ „La Mare"**, die sowohl mit als auch ohne Antrieb und zudem rund um das gesamte Jahr als **Boot oder Ferienwohnung** gemietet werden können." Neben einer **Vielzahl** an **Liegeplätzen** für Schiffe jeder Größenordnung verfügt das Objekt über **Hallen**, die sowohl im Sommer als auch im Winter ausreichend **Stellfläche** für **Boote** und **Yachten** bieten. Der vorhandene **Travellift**, der bis zu einem Gewicht von 15 Tonnen hebt, ermöglicht es die Schiffe schnell und unkompliziert zu bewegen. Kleinere Boote können die **Slipanlage** nutzen. Die geräumigen **Hallen** und **Werkstätten** sind eine hervorragende Grundlage, die notwendigen Ein-und Auslagerungsarbeiten an allen **Schiffen** sowie umfangreiche Reparatur- und Wartungsarbeiten durchzuführen. Das Team berät gerne individuell nach **Kundenwunsch**. Auch ist das Unternehmen ein zertifizierter Webasto-Servicepartner.

www.fb-yachtcharter.de

Wikingerfest in Malchow

Am **12. und 13. August** ist es wieder soweit: Die Wikinger halten Einzug in die **Inselstadt Malchow**. Beim diesjährigen **Wikingerfest** können die Besucher tief eintauchen in das Leben eines Nordmannes mit all seinen Bräuchen und Handwerken. An zwei Tagen, Beginn jeweil 10 Uhr, lockt **Wikingerkultur** live u.a. mit einer Seeschlacht, handgemachter Musik und einem großen Wikingerlager mit Handwerksmarkt und weiteren Attraktionen auf das Gelände des **Malchower Klosters**.

Kulturzentrum Kloster Malchow
Kloster 32 – 34, 17213 Malchow

Neuauflagen der beiden Hafenführer für Hausboote

Sowohl der Hafenführer für Hausboote (und natürlich auch für Motoryachten und Segler) – Müritz, Havel, Seenplatte als auch der Hafenführer Berlin & Brandenburg ist in einer aktualisierten 9. bzw. 6. Auflage erschienen. Zahlreiche Änderungen und Ergänzungen sind in die Neuauflagen eingeflossen. Damit bleiben die Klassiker zur Planung von Bootsurlaub auch 2023 topaktuell.

Hafenführer für Hausboote
ISBN 978-3-946148-27-2, 168 Seiten, 34,90 €
Hafenführer für Berlin & Brandenburg
ISBN 978-3-946148-28-9, 214 Seiten, 39,90 €
Erhältlich im Buchhandel und unter shop.magazin-seenland.de

JETZT auch als APP

Deutsche Post DHL startet Pakettransport per Solarschiff auf der Spree

Seit Oktober 2022 testet die Deutsche Post DHL den **Pakettransport** auf dem Wasser in **Berlin** mit einem elektrisch angetriebenen **Solarschiff**. Bei dem deutschlandweit ersten Pilotprojekt dieser Art wird das Solarschiff auf der Spree täglich **hunderte Sendungen** vom Südhafen Spandau zum Westhafen transportieren – ohne Emissionen zu verursachen. Das Solarschiff ist 10,50 Meter lang und 2,50 Meter breit und fährt **umweltschonend** und geräuschlos. Durch die Nutzung von **Photovoltaik** auf dem Schiffsdach kann ausreichend Strom für den Antrieb und die Bordenergie gewonnen werden. Für Zeiten ohne Sonne wird die Energie in Batterien gespeichert. Das **Paketboot** hat eine Antriebsstärke von fünf Kilowatt und kommt damit auf bis zu **zwölf Kilometer** pro Stunde. Mit Sonne ist die Fahrtdauer unbegrenzt, ohne Sonne kann das Schiff sechs bis acht Stunden fahren.

Seenland-News

Urlaubs-Tipps und Angebote

Kunstmarkt auf der Schlossinsel Mirow – ein Fest für die Sinne

Die **Schlossinsel Mirow** lädt wieder zum **Kunstmarkt** ein! Der Inselverein veranstaltet diesen Markt in **historischer Atmosphäre** vor dem Schloss Mirow. **80 Künstler** und **Kunsthandwerker** aus den Bereichen Keramik, Fotografie, Malerei, Schmuck-, Textil-, Holz- und Metalldesign präsentieren ihre Werke. Zusätzlich zu diesem **Kunstmarkt** bietet die Schlossinsel Mirow auch eine wunderschöne Umgebung mit historischem Flair und lädt zu einem **Rundgang** ein.

„Kunst am Schloss“, 12. und 13. August 2023
Samstag 10 – 18 Uhr, Sonntag 10 – 17 Uhr
Schloßinsel, 17252 Mirow

Zweite „Musikalische Radausfahrt“

Zur zweiten „Musikalischen Radausfahrt“ wird am **23. September** nach **Wesenberg** in der Mecklenburgischen Kleinseenplatte geladen. Vor und nach dem Spektakel gibt es Live-Musik. Treff ist um 10 Uhr an der **Burg Wesenberg**; die Tour startet um 10.45 Uhr; dann geht es gemeinsam nach Ahrensberg, Strasen und Seewalde – hier gibt es zwischendurch auch **Musik** auf die Ohren und einen Bio-Imbiss zur Stärkung. Anschließend führt der Weg nach Drosedow und zurück nach Wesenberg. Die **An- und Abreise** ist ab Wesenberg Bahnhof möglich. Wer mag, kann sich von der **Touristinformation Wesenberg** den GPX-Track zusenden lassen oder selbst bei **www.outdooractive.com** herunterladen.
www.klein-seenplatte.de

Havelland.
Stille Deine Sehnsucht
DAS HAVELLAND ZU HAUSE GENIESSEN?
Dann bestell Dir die Genusszeit.
GENUSS ZEIT
Über-raschend ANDERS
GENUSS FÜR ZU HAUSE
Finden Sie heraus, wie das Havelland schmeckt. Mit unserer Genussbox bringen wir Ihnen ein Stück unserer Reiseregion nach Hause. Sie erwartet eine Auswahl regional hergestellter Produkte entlang der Havel, die definitiv Lust auf mehr machen. Vom traditionellen Klassiker bis zur aufregenden Neukreation, hier ist für jeden etwas dabei. Lassen Sie es sich schmecken!
@havellandsehnsucht
Popcorn Bakery BERLIN

Das kleine Meer

Segeltörn auf Deutschlands größtem Binnensee:
Mit Tipps zu Häfen und Historie
rund um die Müritz.

Von Bodo Müller

Auslaufen aus dem
Binnensee bei Röbel

Foto: Bodo Müller

Der Name Müritz ist vom slawischen Wort „morze“ abgeleitet und bedeutet so viel wie „kleines Meer“. Mit einer Fläche von 113 Quadratkilometer ist die Müritz der größte See in Deutschland. Der Bodensee ist zwar größer, teilt sich aber in drei Länder auf. Mit einer Höhe von 62 Metern über dem Meeresspiegel ist die Müritz zugleich der höchstgelegene See zwischen Berlin und der Ostsee. Deutschlands größtes Binnenmeer hat noch eine hydrologische Besonderheit: es fließt über zwei verschiedene Flusssysteme ab. Der natürliche Abfluss nach Westen erfolgt über die Elde in die Elbe. Der künstlich geschaffene Abfluss nach Südosten führt zur Havel nach Berlin.

„Die **MÜRITZ** ist das schönste **SEGELREVIER** im **BINNENLAND** von Mecklenburg-Vorpommern.“

BEIDE ABFLÜSSE, seit mehr als hundert Jahren durch Staustufen reguliert, sind heute die schiffbaren Zuwegungen für Segler und Motorbootfahrer, die auf eigenem Kiel zur Müritz fahren möchten. Aus Richtung Hamburg oder Lübeck kommend biegt man bei Dömitz an der Elbe in die Müritz-Elde-Wasserstraße (MEW) ein und erreicht nach 150 Kilometern und 17 Schleusen die Müritz. Von Berlin kommend ist die Entfernung sehr ähnlich. Ab Spandau fährt man 148 Kilometer und passiert 14 Schleusen bis zur Müritz.

Beide Wasserstraßen – also von der Elbe bzw. von Berlin zur Müritz – sind für Segelboote bis 1,40 m Tiefgang passierbar. Bedingung ist eine Mastlegevorrichtung. Trotz der aufwändigen Anreise von Hamburg/Lübeck bzw. von Berlin, für die man etwa eine Woche einplanen sollte, reisen in jedem Sommer etliche Eigner von kleinen Yachten auf eigenem Kiel zur Müritz. Hierbei ist offensichtlich der Weg durch die zauberhaft schöne Mecklenburgische Seenplatte das Ziel.

ALTERNATIV KANN MAN natürlich zur Müritz trailern. In den meisten der nachfolgend genannten Häfen oder Marinas bestehen Möglichkeiten zum Slippen oder Kranen. Und wer es ganz bequem haben möchte, chartert an der Müritz eine Segelyacht. Egal, ob auf eigenem Kiel, per Trailerboot oder mit einem Charterboot – die Müritz ist das schönste Segelrevier im Binnenland von Mecklenburg-Vorpommern.

Dabei wurde das sportliche Segeln auf der Müritz und auf der Mecklenburgischen Seenplatte erst zu DDR-Zeiten entdeckt. Zwar ist das Wasserstraßensystem viel älter und es gab schon vor über hundert Jahren hölzerne Segelboote. Diese aber transportierten Getreide, Kartoffeln und Zuckerrüben von Mecklenburg nach Berlin oder Hamburg. Mecklenburg war ein rückständiges Agrarland, von dem Otto von Bismarck sagte: „Wenn die Welt untergeht, möchte ich in Mecklenburg sein. Da geht sie 50 Jahre später unter.“

Die in den 1930er Jahren konstruierten hölzernen Jollenkreuzer segelten zwar auf allen größeren Gewässern von Berlin und Brandenburg – aber nur äußerst selten in Mecklenburg. Erst zu DDR-Zeiten sah man kleine Segelkreuzer auf der Müritz, zuerst aus Holz, später aus GFK gebaut. In den Häfen gab es Nullkommanull Service. Man ankerte im Schilfsaum oder machte in Naturhäfen, wie dem Bolter Kanal, fest. Man badete nackt und abends wurden über dem offenen Feuer die selbst geangelten Fische gegrillt.

NACH DER WENDE änderte sich vieles. Aus ehemals maroden Stadthäfen wurden Marinas, aus einsamen Buchten Wasserwanderrastplätze. Segler finden heute rund um die Müritz überall Gastliegeplätze mit Strom, Wasser und modernen Sanitäranlagen.

Der Hafen der Müritz-Metropole Waren war zu DDR-Zeiten völlig heruntergekommen. Aus den Dächern der maroden Speicher-Ruinen wuchsen Bäume. Rund um den desolaten und unansehnlichen Hafen standen abgewirtschaftete Altbauten. Die Spundwände waren eingebrochen und die unbefestigten Ufer ein Meer aus Schlaglöchern und Pfützen, dazwischen ein marodes Eisenbahngleis, über das noch Züge polterten. Niemand konnte sich vorstellen, dass sich dieser Ort einmal zu einem touristischen Highlight mausern könnte. Heute ist der Hafen von Waren mit seiner Kneipen-Meile einzigartig in Deutschland.

Wir beginnen unseren Törn um Deutschlands größten Binnensee in Waren und runden das kleine Meer im Uhrzeigersinn. Sämtliche erwähnten Häfen bieten in ausreichendem Maße Gastliegeplätze mit Strom, Wasser und sanitären Anlagen an. Unser Törn endet in der Müritz-Marina Kamerun an der Westküste der Binnenmüritz, also unmittelbar vor den Toren von Waren. Gleich nebenan schließen sich drei kleine Vereinshäfen an, die hier nur erwähnt werden sollen, jedoch auch im bescheidenen Umfang Gäste aufnehmen können: das Wassersportzentrum Sailpoint, der Wassersportverein Stille Bucht von Kamerun und der Warener Segler Verein.

Literatur & Karten

Von Berlin zur Müritz
Bodo Müller, Edition Maritim, 34,90 €

Hafenführer für Hausboote
Müritz - Havel - Seenplatte, 34,90 €

Mecklenburgische Seenplatte
BinnenKarten Atlas 2, KartenWerft, 49,90 €

Planungskarte Wasserstraßen Nordost:
Bodo Müller, Edition Maritim, 34,90 €

Bestellbar auf **shop.magazin-seenland.de**

Charter
Yachtcharter Logisch mit Basis in der Marina Müritz in Rechlin zählt zu den führenden Anbietern von Segelyachten an der Müritz. Die Flotte umfasst 15 Yachten in Größen zwischen 21 und 35 Fuß.

Kontakt:
Tel. (03 46 06) 2 95 27
www.yachtcharter-logisch.de

Fotos: Bodo Müller

„**RUND** um den **HAFEN** pulst das **LEBEN** […]“

3 YACHTHAFEN RESORT & SPA MAREMÜRITZ

Neuer Yachthafen mit etwa 70 Liegeplätzen, der etwa 500 Meter südlich vom Stadthafen Waren auf dem Gelände des ehemaligen Sägewerkes errichtet wurde. Hier liegt man zweifellos ruhiger als in Waren, hat aber trotzdem die Stadt in der Nähe. Bei Westwinden kann Swell entstehen. Der moderne Yachthafen ist Bestandteil des Resort & Spa MareMüritz.
www.maremueritz.com

2 NATURERLEBNISZENTRUM MÜRITZEUM

Unbedingt empfehlenswert, vor allem für Familien mit Kindern. Die Familienkarte für 35 Euro ist sicher kein Schnäppchen, aber es lohnt sich. Hier sieht man hautnah all jene Tiere, die man selbst auf ausgedehnten Exkursionen im Nationalpark nur selten oder überhaupt nicht zu sehen bekommt. Etwa 600 Meter vom Stadthafen entfernt, mindestens drei Stunden einplanen.
www.mueritzeum.de

1 STADTHAFEN WAREN

Der Hafen der Müritz-Metropole bietet allen Service für Boot und Crew. Im Sommer ist hier viel Betrieb, wer sicher sein will, einen Liegeplatz zu bekommen, sollte vorab reservieren: Tel. (039 91) 66 67 54 oder (0172) 642 69 18. Gäste werden am Hafeneingang vom Hafenmeister per Rib abgeholt und zum Liegeplatz gelotst. Rund um den Hafen pulst das Leben, es gibt Kneipen ohne Ende und gefeiert wird bis tief in die Nacht. Der Marktplatz und die Einkaufsmeile sind in wenigen Minuten zu Fuß erreichbar. Der Stadthafen Waren wurde nach der Wende in mehreren Schüben ausgebaut, vergrößert und durch eine massive Mole geschützt.

Doch er platzt bereits wieder aus den Nähten. Aus dem Grunde sollen künftig die hier noch verkehrenden Fahrgastschiffe einen neuen Anleger westlich vom Stadthafen erhalten. Der Stadthafen wird also in Zukunft allein von Sportbooten belegt werden.
www.im-jaich.de/hafen/heimathafen-waren-mueritz

Waren ist der ideale Ausgangsort für einen Besuch des Müritz-Nationalparks, der am Ostufer der Müritz beginnt und sich weit nach Osten in Richtung Neustrelitz erstreckt. In dieser einzigartigen Landschaft, in der 107 Seen liegen, leben noch heute Seeadler, Fischadler und Kraniche. Am besten per Fahrrad oder Pferdekutsche erkunden.
www.mueritz-nationalpark.de

SCHNAKENBURGER UFER

Beliebtester Ankerplatz an der Müritz.
Das Ostufer der Müritz gehört zum Nationalpark und auch die Wasserfläche davor ist durch rot-weiß-rote Bojen gesperrt. Doch die Sperrung der Wasserfläche endet im nördlichen Teil der Müritz in Höhe des Beobachtungsturmes Schnakenburg. Boote können also im Flachwasser vor dem Ufer des Nationalparks ankern. Ruhiger geht es nicht.

„RUHIGER geht es NICHT."

MARINA MÜRITZ

Die im ringsum bestens geschützten Claassee gelegene Marina ist nicht nur der größte Yachthafen der Region. Hier gibt es auch allen nur denkbaren technischen Service rund ums Boot. Wer per Trailerboot anreist und kranen oder slippen will, ist hier genau richtig. Der Travellift der Kuhnle Werft hebt bis zu 90 Tonnen. Die Marina Müritz ist die Basis des Vercharterers Kuhnle Tours (Hausboote, Segelboote), dem größten Anbieter der Region. Auch Yachtcharter Logisch (Segelyachten) hat hier seine Basis.
www.mein-boot.eu/rundtoern-marinas/marinas-liegeplaetze

NATURHAFEN BOLTER KANAL

Einer der schönsten Häfen an der Müritz, quasi umgeben vom Nationalpark. Der heute blind endende Bolter Kanal war einst Bestandteil der Alten Fahrt, der früheren Binnenwasserstraße von der Müritz in Richtung Berlin. Mit dem Ausbau der Luftwaffenerprobungsstelle Rechlin wurde in den 1930er Jahren der Müritz-Havel-Kanal neu gebaut und die Alte Fahrt bei der ehemaligen Schleuse Bolter Mühle zugeschüttet. Der Hafen gehört zur Ferienanlage Müritzparadies (Gaststätte „Seeadler"). Segelyachten mit großem Tiefgang sollten im vorderen Bereich des Bolter Kanals anlegen. Bitte auf das Rigg achten, die alten hohen Bäume bilden ein grünes Dach über dem Kanal.
www.mueritz.com

LUFTFAHRTTECHNISCHES MUSEUM RECHLIN

Hier war einst die größte Flugzeug-Erprobungsstelle der Reichsluftwaffe. Auch erbeutete Flugzeuge der Kriegsgegner wurden hier untersucht und Probe geflogen. Ab Mai 1945 übernahm die Rote Armee die Erprobungsstelle samt Flugplatz bis zu deren Abzug im März 1993. Heute befindet sich auf dem Gelände die größte Sammlung von Fluggeräten der Wehrmacht und der Roten Armee auf deutschem Boden.
www.luftfahrttechnisches-museum-rechlin.de

MÜRITZ-SEGEL-VEREIN RECHLIN

Sehr schön gelegener Seglerhafen, der mit dem Spruch wirbt „schönster Sonnenuntergang nördlich der Donau". Gastliegeplätze mit Strom, Wasser, Sanitäranlagen, Grillplatz, Möglichkeit zum Zelten und der kultigen Segler-Kneipe „Mövennest".
www.msvr.de

6 ANKERBUCHT BOLTER STRAND

Südlich der Einfahrt zum Bolter Kanal ist die Wasserfläche wieder Teil des Nationalparks und durch Bojen abgesperrt. Ausgenommen ist jedoch ein 150 Meter breiter Streifen vor dem Bolter FKK-Strand. Boote ankern am besten mit Heckanker und lassen sich mit dem Bug ins Flachwasser in Richtung Strand treiben. Beliebter Tagesankerplatz zum Schwimmen, das Wasser ist hier sehr sauber.

10 FERIENZENTRUM YACHTHAFEN RECHLIN

Sehr schöne Marina mit allem Service für Boot und Crew und ebenso spektakulärem Sonnenuntergang wie im benachbarten Segel-Verein. Im eigenen Restaurant „Spinnaker" gibt es hervorragende Fischgerichte.
www.gew-ferien.de/reiseziele/ferienzentrum-yachthafen-rechlin

„Hervorragende **FISCHGERICHTE.**"

FISCHERHOF VIPPEROW

Im südwestlichsten Zipfel der Kleinen Müritz, wo hinter der Straßenbrücke die MEW weiter führt bis zum Müritzsee, liegt der Anleger des Fischerhofes Vipperow. Es gibt fünf Gastliegeplätze mit Strom und WC, große Yachten sollten am Kopf des Steges festmachen. Übernachtung ist möglich von 15 bis 10 Uhr. Im urigen Imbiss unter freien Himmel gibt es leckeren Fisch direkt aus der Müritz zum Lübzer Pils. **www.mueritzfischer.de/fischerhoefe/fischerhof-vipperow**

WSC-MARINA RÖBEL

Kleine Marina (ehemals WSC Röbel) am Ortseingang von Röbel mit umfangreichem technischen Service und Bootstankstelle (Super, Diesel). Absolut ruhig und idyllisch gelegen. Das Stadtzentrum ist etwa 1,6 km entfernt. **www.wsc-marina.de**

MARINA RÖBEL/MÜRITZ

Sehr schön gelegener Yachthafen im Süden des Röbeler Binnensees. Umfassender Service für Boot und Crew. Empfehlenswerter Ort zum Kranen und Slippen. Stellplätze für Wohnmobile, Pkw, Trailer und Zelte. Etwa 1 km Fußweg zum Stadtzentrum. **www.marina-roebel-mueritz.de**

SIETOW-DORF

Auf dem Wasserwanderrastplatz Sietow-Dorf am Westufer der Müritz gibt es Gastliegeplätze mit Strom, Wasser, Fäkalienabsauganlage und Sanitärgebäude (WC, Duschen). Mehrere Fischrestaurants liegen gleich am Hafen. Sehenswert ist die denkmalgeschützte Dorfkirche, die im 13. Jahrhundert aus Feldsteinen errichtet wurde.

14 STADTHAFEN RÖBEL

Die 28 Gastliegeplätze der Stadt Röbel liegen direkt an der Hafenpromenade. Strom und Wasser am Steg, Sanitärgebäude auf dem Hafenplatz. Hier liegt man mitten im Touristenzentrum, umgeben von Kneipen und Imbissbuden. Die bekannten großen Supermärkte sind wenige Schritte entfernt. Wer den Trubel mag, liegt hier richtig, sollte aber im Sommer rechtzeitig kommen, um noch einen freien Platz an der Promenade zu ergattern, oder vorab beim Hafenmeister reservieren: Tel. (03 99 31) 506 51 oder (03 99 31) 800.

17 YACHTHAFEN MÜRITZ-KAMERUN

Am Westufer der Binnenmüritz, also schon in Sichtweite der Stadt Waren, liegt in der Stillen Bucht von Kamerun der Yachthafen Müritz-Kamerun. Dahinter schließt sich der Campingplatz Kamerun an. Während die Innenplätze des Hafens Dauerliegern gehören, machen Gäste außen längsseits fest. Es gibt Strom, Wasser, sanitäre Einrichtungen und eine Gaststätte auf dem Zeltplatz. Der Hafen liegt sehr ruhig. Bis zum Zentrum von Waren sind es vier Kilometer.
www.yachthafen-kamerun.de

„**SCHLOSS KLINK** – das bekannteste **BAUWERK** am Ufer der **MÜRITZ**."

16 KLINK

Das unübersehbare Schloss Klink weist den Weg zum Hafen Klink am Westufer der Müritz. Der idyllisch und absolut ruhig gelegene Hafen bietet Gastliegeplätze mit Strom, Wasser, sanitären Einrichtungen und Hafenimbiss.
www.hafen-klink.de

Vom Hafen sind es nur wenige Schritte zum sehenswerten Schloss Klink. Das bekannteste Bauwerk am Ufer der Müritz wurde 1898 von Arthur und Hedwig von Schnitzler in Anlehnung an die französischen Loire-Schlösser errichtet. Heute ist es ein Wellness-Hotel mit gehobener Gastronomie. Das 640 Quadratmeter große MüritzSPA, inklusive Indoor-Pool mit Seeblick, Saunen und Liegewiese darf auch von Gästen des Hafens genutzt werden.
www.schlosshotel-klink.de

Von der S-Bahn aufs SUP-Board

Auf dem Stehpaddelbrett über das Wasser gleiten und neue Perspektiven genießen – Stand-up-Paddling ist auf den Gewässern um Berlin ein wachsender Trend. Denn die aufblasbaren Boards lassen sich auch auf den Rücken schnallen – mit Bus und Bahn geht es zur Einstiegsstelle. Auch Ausleihstationen gibt es immer mehr. Drei Touren für Anfänger und Fortgeschrittene.

Von Cornelia Jeske

Als Erfinder des Stehpaddelns mussten schon viele herhalten: die Gondolieri in Venedig, die Fischer aus Polynesien und zuletzt die Surflehrer auf Hawaii, die auf ihrem Board stehend ihre Eleven besser im Blick hatten. Doch wer ist eigentlich auf die grandiose Idee eines aufblasbares Paddelbretts gekommen, das in einen Rucksack passt, der damit kaum schwerer ist als die Backpacks der Globetrotter?

Die Technologie, die jedes iSUP (inflatable Stand-up-Paddleboard) im Inneren zusammenhält, nennt sich Dropstitch (dt. Fallstich). Dabei verbinden zahlreiche Kunststofffäden die Ober- und Unterseite miteinander und machen das prall mit Luft gefüllte Kunststoffboard so hart und stabil wie ein Brett. Erfunden in Korea wurde der Dropstitch vor gut 20 Jahren von verschiedenen Herstellern aufgegriffen – und seitdem revolutionieren die aufblasbaren Bretter nun schon den Wassersport.

„So viel FREIHEIT!"

Man kann es wirklich nicht anders sagen: Denn setzten Kanu & Co in der Regel ein eigenes Haus am See, ein Auto mit entsprechender Verstaufunktion oder zumindest eine Leihstation voraus, braucht es heute: nichts dergleichen! Von Vorteil aber sind: ein gesunder Rücken, ein Ticket für die BVG und ein wasserdichter Beutel für all das, was man verstauen und verzehren mag.

Vor Ort dann einfach das Board aufpumpen, das Gepäck vorn im Netz verstauen und in See stechen. Wer klug plant, muss noch nicht mal zum Ausgangspunkt zurück, sondern steigt anderswo wieder aus und in Bus oder Bahn ein. So viel Freiheit! Und auf dem Wasser kommt noch eine gehörige Portion dazu. Anfänger müssen nur die ersten wackeligen Minuten überstehen und den Dreh mit dem Paddel raushaben – doch wer einigermaßen das Gleichgewicht halten kann, wird dies in wenigen Minuten lernen. Und los geht's!

Tour für Neulinge | 8 – 10 km

Diese Tour auf der Müggelspree ist ideal für alle, die neu auf dem Brett sind. Denn hier lauern weder Windfallen noch starke Strömungen. Dafür geht es dahin, wo permanent vieles neu ist: nach Neu-Venedig, Neu-Helgoland und ganz früher sollte die Ecke sogar mal Neu-Kamerun heißen. Doch von vorn!

Los geht es am Bahnhof in **Erkner**. Einfach die Bahnhofsstraße runter zum Kreisverkehr, dort vor der Brücke rechts runter zum Wasser und parallel zum Ufer zur kleinen Badewiese an der **Strandbar Erkner** laufen. Dort entweder ein SUP leihen oder das eigene in aller Ruhe aufpumpen, beladen und einsetzen.

Der **Dämeritzsee** hat einen Durchmesser von etwa einen Kilometer und beste Verbindungen zu weiteren attraktiven Gewässern – zum Seddinsee, dem Gosener Kanal, dem lauschigen Gosener Graben und via **Müggelspree** zum Müggelsee. Entsprechend viel ist hier los. Daher am besten nah am Ufer paddeln – mit Blick auf imposante Villen und weitläufige Seegrundstücke.

Den Abzweig zur **Müggelspree** kann keiner verpassen: Ein großes Schild weist den Weg. Mit der **Triglawbrücke** aus dem Jahr 1912 – benannt nach dem gleichnamigen slawischen Gott – scheint man auch die Hektik des Alltags hinter sich zu lassen. Was für eine Idylle! Der erste Abzweig rechterhand führt über einen Kanal zum tropfenförmigen **Hubertussee** mit seiner kleinen Insel in der Mitte. Doch den lassen wir rechts liegen. Über den zweiten Abzweig, etwa 300 Meter dahinter, geht es nach **Neu-Venedig**.

Fünf verzweigte **Kanäle** führen vorbei an modernen Villen und urigen Lauben, an verwilderten Gärten und akkurat gestutzten Hecken, an knarzenden Stegen und modernen Bootshäusern. Trauerweiden bilden natürliche Vorhänge auf dem Wasser. Vor etwa hundert Jahren wurde das **Kanalsystem**, das anfangs „Neu-Kamerun" hieß, angelegt. Nach der Entwässerung der sumpfigen Spreewiesen entstanden 374 Grundstücke am Wasser. Für 3,50 Mark pro Quadratmeter fanden diese damals ihre Käufer.

In der **DDR** waren es vor allem SED-Funktionäre, die sich hier ihre Datschen an den Kanal bauten. Manchen Bauten sieht man ihre sozialistische Vergangenheit noch an, andere sind längst im Heute angekommen. Dauerhaft wohnen darf mitten in **Neu-Venedig** übrigens bis heute niemand: Die Grundstücke gelten als Flutgelände. Um die Hauptstadt bei Hochwasser zu schützen, dürfen sie gezielt geflutet werden.

Im Labyrinth der **Kanäle** können Stehpaddelnde leicht die Orientierung verlieren, doch früher oder später sind sie wieder auf der **Müggelspree**. Wer das geliehene Board zurück nach **Erkner** paddeln muss, kehrt hier um und tritt den Rückweg an. Wer auf dem eigenen paddelt, steuert dieses weiter nach Rahnsdorf und vorbei an der kleinen **Insel Schilfwall** – entweder links oder rechts herum. An das frühere Fischerdorf erinnert die **Müggelseefischerei** in Ufernähe. Wer eine Stärkung braucht, legt hier an.

Wer weiter paddelt, sieht linkerhand bald das legendäre **Restaurant Neu-Helgoland** mit seinem großen Garten. Von hier ist es nicht mehr weit zum **Kleinen Müggelsee**. Weiß leuchtet der weiße Sand, der sich am **Strandbad** eine kleine Böschung hinaufzieht, von Kiefern umrahmt. Darauf einfach zusteuern und im Sand entspannen. Später geht es zur **Bushaltestelle** Odernheimer Straße (etwa 1 Kilometer) und von dort zurück.

Länge der SUP-Strecke: 8 bis 10 Kilometer
Schwierigkeit: einfach
Anfahrt: mit R1 oder S3 nach Erkner
Rückfahrt: Bus 169 ab Odernheimer Straße oder ab Erkner
SUP-Ausleihe und Einkehr:
Badebar Erkner, www.badebar.com

Kurzes Inselhopping auf dem Tegeler See | 5 km

Der Tegeler See mit seinen sieben Inseln und der hervorragenden Wasserqualität ist ein Juwel im Norden Berlins – erst recht, seitdem kein Fluglärm mehr die Idylle stört. Für SUP-Anfänger bietet er zudem ein wenig windanfälliges Gewässer und so viel Abwechslung, dass diese ohnehin schon kurze Tour äußerst kurzweilig wird. Der Plan: Fünf Inseln in zwei Stunden. Das geht sogar gut nach Feierabend.

Von der **Bushaltestelle** runter zur Badestelle laufen und das Brett präparieren. Auf dem Wasser dient das **Strandbad Tegel** auf der anderen Seite des Sees grob zur Orientierung. Dazwischen liegt die Spitze der Insel **Scharfenberg**, der größten Insel im **Tegeler See**. Diese wird links umrundet und zwischen Festland und Insel weitergepaddelt.

Auf der **Insel Scharfenberg** steht ein staatliches Ganztagsgymnasium mit eigener Farm und Internat. Wer auf dem Festland lebt, fährt mit der Fähre zur Schule. Wie es wohl ist, auf einer Insel zur Schule zu gehen?, mag man sich fragen, während die Paddelschläge das Brett nach vorn schieben. Am Ende der Insel leicht rechts halten und **Valentinswerder**, die zweitgrößte Insel im Tegeler See, halb umrunden. 26 Insulaner leben dauerhaft auf dem Eiland. Künstler und Kreative haben sich dort Traumhäuschen gebaut.

Doch kaum hat man Valentinswerder passiert, schließt schon die nächste Insel an: **Maienwerder** mit seiner Kleingartenkolonie. Da zwischen beiden Inseln niemand hindurchfahren darf, wird auch Maienwerder halb umpaddelt und weiter geht es zwischen Festland und Inseln. Die nächste Insel links ist unbewohnt und dient der Trinkwassergewinnung. **Baumwerder** darf daher nicht betreten werden.

Anders **Reiswerder**, die letzte Insel auf dieser Tour. Einmal links um die Spitze herumpaddeln – ein Stück hinter dem Fähranleger gibt es Gelegenheit für einen Landgang. Reiswerder wurde an den Naturfreundverein verpachtet. Die Insel hat weder Strom noch fließend Wasser, dafür aber das kleinste Rathaus Europas und eine Insel-„Baude“. Hier kann man rasten – bevor es später wieder zum Startpunkt geht.

Länge der Strecke: 5 Kilometer
Schwierigkeit: einfach
Anfahrt / Rückfahrt: Bus 133 bis Haltestelle „Weg nach Reiswerder“
Einkehr: Insel-Baude auf Reiswerder reiswerder.dyndns.org

Die große Runde | 18 o. 13 km

Nie war es leichter, mit S-Bahn und SUP an einen passablen Einsatzort zu gelangen: Vom S-Bahnhof nur die Treppe hinunter und direkt am Wasser das Brett aufpumpen. Und wer noch kein Brett hat, leiht sich schnell eins bei „Potsdam per Pedales“ gleich ums Eck. Auch das: ganz einfach! (Spoiler: Sonst wird den Stehpadlern auf dieser Tour nicht viel geschenkt – es sei denn, sie schenken sich selbst die letzten Kilometer.)

Ist das Board zu Wasser, geht es zunächst nach links und das beschauliche Ufer Richtung **Babelsberg** entlang. Bald erscheint linkerhand die rosafarbene Fassade der **Villa Urbig**. Hier versteckte einst Heinz Rühmann eine Kamera im Komposthaufen, wenig später schüttelten sich Stalin, Truman und Churchill vor dem Villen-Portal die Hände.

Wenn rechts das **Jagdschloss Glienicke** am Wasser steht, sind schon drei Kilometer gepaddelt. Hinter der **Glienicker Brücke** – der Agententausch im Kalten Krieg hat sie berühmt gemacht – geht es auf den **Jungfernsee**. Achtung, hier kann es windig werden, daher rechts am Ufer halten. Auf der anderen Seite erscheint die schöne

auf dem **Großen Wannsee** bis zur nächsten Landspitze und dort nach rechts.

Drüben leuchtet der helle Strand vom historischen **Strandbad Wannsee**, während sich am Ufer rechts neben dem Brett ein Seglerhaus ans nächste reiht. Dazwischen lässt sich die **Villa Liebermann** hinter ihrem weitläufigen Garten vom Wasser nur erahnen. An der **Wannseebrücke** sind schon 13 Kilometer auf dem Brett zurückgelegt. Wem das reicht, steuert die großen Treppen der Ronnebypromenade an und zieht sein Brett aus dem Wasser. Von dort sind es nur wenige Schritte bis zum **S-Bahnhof Wannsee**.

Kirche von Sacrow. Etwa auf Höhe des dazugehörigen Turms öffnet sich rechterhand eine kleine Bucht und bietet einen schönen Platz für eine Rast.

Weiter geht es am Ufer entlang, wo auf der anderen Seite nun die **Pfaueninsel** aus der Havel wächst. Ende des 18. Jahrhunderts ließen König Friedrich Wilhelm II. und dessen Mätresse Wilhelmine Encke hier ein Lustschloss samt Meierei errichten – nach englischen und französischen Vorbildern und mit Reminiszenzen an das antike Rom. Da man hier nicht anlanden darf, geht es weiter

Wer noch Puste für die letzten fünf Kilometer hat, paddelt rechts durch die **Wannseebrücke** weiter und über den **Pohlesee, Stölpchensee und Griebnitzkanal** zurück zum **Griebnitzsee**. Es lohnt sich, dafür die letzten Reserven zu aktivieren. Denn gegen Ende wird die Tour noch einmal richtig gemütlich.

Länge der Strecke: 18 Kilometer (komplett) oder 13 Kilometer (abgekürzt)
Schwierigkeit: fortgeschritten
Anfahrt: S-Bahnhof Griebnitzsee
Rückfahrt: S-Bahnhof Wannsee oder S-Bahnhof Griebnitzsee
SUP-Ausleihe: potsdam-per-pedales.de

Erst die Seen – dann der Kanal

Eine kurzweilige Reise von Fürstenberg nach Lübz. Die größten Seen werden überquert und per Boot durchstreifen wir den bunten Herbstwald. Kultur und Geschichte verbinden sich mit Erholung in einer vielfältigen Natur.

Von Doreen Dreger

Als wir an diesem Oktobermorgen in Richtung Fürstenberg an der Havel aufbrechen, färbt der Herbst die ersten Blätter schon bunt; ein warmer Schimmer hinterlegt das Grün. Die Marina am Röblinsee ist über die B96 schnell erreicht. Hier gehen wir an Bord der „Gaia", einer Tarpon 37 Duo Prestige der Firma Revier Charter.

Auf gut elf Metern Länge und knapp vier Metern Breite richten wir uns schnell häuslich ein. Das Schiff macht einen soliden Eindruck – geräumig, gemütlich und praktisch.

Es soll auf eine herbstliche Entdeckungsreise gehen: aus der Kleinseenplatte gen Norden über die großen Seen und schließlich der Elde folgend bis nach Lübz. Baden können wir zu dieser Jahreszeit nicht mehr – aber wir versprechen uns idyllische Naturmomente auf einsamen Wasserwegen.

TAG 1: ALLE AN BORD

Doch zunächst, als das Gepäck verstaut ist und die Einkäufe in der Küche und im Kühlschrank gebunkert sind, besucht uns Stefan. Gemeinsam mit seiner Frau leitet er die Basis und kennt sich somit mit den Booten von Revier Charter bestens aus. Er zeigt uns alles ganz genau, denn auch wenn es nicht unser erster Trip auf dem Wasser ist – ich lasse mir doch immer lieber die Besonderheiten eines jeden Schiffes erklären. Die Vielfalt auf dem Wasser ist enorm und die Lösungen, die sich Werften ersinnen, sind schier grenzenlos.

Das Besondere an einer Bootsfahrt im Herbst sind die kurzen Tage. Die Öffnungszeiten der Schleusen passen sich diesen an, sodass nur wenige Stunden für die Fahrt zur Verfügung stehen. Wer jetzt also längere Strecken plant, muss mit Bedacht kalkulieren.

Der Hafen der Fischerei Alt Schwerin bietet einen großartigen Panoramablick über den Plauer See.

In der Altstadt von Lübz bieten die Fachwerkhäuser manch schöne Perspektive.

Wir haben nur etwa 116 Kilometer vor uns und mehrere Tage Zeit – wir lassen es mit Ruhe angehen und bleiben diese erste Nacht noch im Hafen der Marina Röblinsee.

In der Nacht fällt uns eine weitere Besonderheit für Bootstouren in der kühleren Jahreszeit auf: Boote sind schlecht isoliert. Die meisten klassischen Motoryachten verfügen weder über Doppelverglasung noch isolierte Außenwände. Ein solcher Standard hat sich erst mit dem Markteintritt der schwimmenden Hausboote in Ponton-Katamaran-Bauweise – von manchen auch Bungalowboote genannt – etabliert.

Selbst wenn im Indian Summer tagsüber die Sonne strahlt – nachts kriecht die Kälte ins Boot; eine Heizung ist somit unerlässlich. Nun gibt es zwei Alternativen: eine Warmluftheizung oder eine Radiatorheizung. Während unseres Törn wird sich die Zweitgenannte sehr bewähren, denn warme Luft ist schwuppdiwupp durch die Luken entwichen. Die gut beheizten Radiatoren wirken hingegen langfristig und bieten uns während der Miniwoche an Bord ein kuscheliges Wohlfühlklima.

TAG 2: SCHLAFEN AM SCHLOSS

Wie eine leichte Daunendecke schwebt im morgendlichen Licht der Dunst auf dem Röblinsee. Alle Einkäufe waren schon am Vortag getan – uns hält nichts mehr am Ufer. Die Maschine startet, Kühlwasser blubbert aus dem seitlichen Stutzen hervor: „Leinen los!"

Der Bug der „Gaia" durchschneidet das Daunenbett, die Wasseroberfläche glitzert hervor. Im Blick zurück strudelt der Morgennebel und zergleitet sanft, während die wärmende Sonne das Schauspiel langsam emporsteigen lässt.

Steinhavelmühle erreichen wir schnell. Noch vor einem Jahr war diese Staustufe wegen Bauarbeiten geschlossen. Jetzt eröffnet sich für uns eine überraschend große Schleusenkammer, denn die komplett neu erbaute Schleuse hat die doppelte Schiffsbreite. Die Kapazität wurde somit enorm gesteigert. Perfekt für Sommergäste, denn

„Die **LANDSCHAFT** gleitet vorbei und auch die **GEDANKEN** gleiten dahin."

Wartezeiten werden deutlich reduziert. Uns ist es heute egal, denn jetzt am frühen Morgen sind wir ohnehin das einzige Schiff.

Gut, dass uns die erste Schleusung des Tages so entspannt auf das Thema einstimmt. Die Müritz ist das Ziel. Sie ist der höchste Punkt des Systems und somit gilt es heute mehr als neun Höhenmeter auf dem Wasser zu überwinden.

See folgt auf Kanal folgt auf See. Die Landschaft gleitet vorbei und auch die Gedanken gleiten dahin. Wir sind noch keine 24 Stunden an Bord und schon hat sich diese Ruhe auf den Geist gelegt, für die ich Bootstouren so liebe. Wir steuern die „Gaia" vom Außensteuerstand. Zwar befindet sich ein weiterer im Salon, aber von hier oben ist der Ausblick einfach schöner. Das sonnige Herbstwetter macht den Genuss perfekt.

Bevor wir die letzte Schleuse vor der Müritz in Mirow erreichen, halten wir uns rechts. Wir wollen einen kleinen Schwenk um die Mirower Schlossinsel und entlang der hübschen Bootshäuser am gegenüberliegenden Ufer unternehmen. Doch eines haben wir nicht einkalkuliert: Hafenmeister Ole. Er hat uns sicherlich schon von

Streckenverlauf
Fürstenberg – Mirow (4 Schleusen, 34 km) **– Waren (Müritz)** (1 Schleuse, 34 km) **– Plau am See** (keine Schleuse, 28 km) **– Lübz** (4 Schleusen, 23 km)

Finde alle Häfen des Törns mit **#SLS23-01** in unserer Hafen-App auf **https://go.letsalp.com/hausboot** – Routenplanung auf **magazin-seenland.de**

Vor jeder Schleuse befindet sich eine Wartestelle für Sportboote – Zeit zum Warten und Entspannen.

Das 3 Königinnen Palais auf der Schlossinsel Mirow (l)
Der Fischereihafen der Müritzfischer an der Eldenburg bei Waren (Müritz) (r)

Weitem gesichtet – auf dem Wasser kündigt sich ja das meist rechtzeitig an. Wir sind dennoch überrascht, dass wir winkend vom Steg des Hafens an der Schlossinsel begrüßt werden. „Kommt mal ran, einer ist noch frei!" ruft Ole uns entgegen. Dabei wollten wir gar nicht anlegen… Aber wir können nicht widerstehen. Im Nu sind wir in einer Box festgemacht.

Im Büro des Hafenmeisters machen wir uns ehrlich. Brötchen für den kommenden Morgen sind bestellt. Anschließend erkunden wir die Insel und ihre Umgebung. Alte Gemäuer künden von jahrhundertelanger Geschichte: Die Kirche geht in ihren Grundmauern auf das 14. Jahrhundert zurück. Ein besonderer Tipp ist der Aufstieg auf den Kirchturm – der Ausblick ist herrlich. An seinem Fuße verbinden sich heute Geschichte und Moderne, denn als neuestes Bauwerk gibt es hier eine Ladestation für E-Bikes.

> „**TIPP:** Der **AUFSTIEG** auf den **KIRCHTURM** – der Ausblick ist **HERRLICH.**"

Wer tiefer in die Historie des Herzogtums Mecklenburg-Strelitz und seine drei berühmten Prinzessinnen – Sophie Charlotte, Luise und Friederike, die zu bedeutenden europäischen Königinnen wurden – eintauchen will, dem sei der Besuch des „3 Königinnen Palais" sehr empfohlen.

TAG 3: DIE MÜRITZ

Kein Herbststurm in Sicht. Das ist gut, denn heute wollen wir die Müritz überqueren. Auch das ist dank des Charterscheins für alle auf dem Wasserwege möglich. Eine solche Crew trägt Rettungswesten und hält sich an den grünen Tonnen.

Wir machen uns auf die Suche nach der Tonne „Müritz Mitte". Sie dient zur Orientierung für die kürzeste Überfahrt. Doch Obacht: Die Müritz ist zwar der größte Binnensee in deutschen Landen. Doch sie ist flach und hat einen steinigen Grund. Gelb-schwarze Kardinalstonnen markieren die Untiefen und es ist extrem angeraten, im Fahrwasser zu bleiben.

Am späten Vormittag erreichen wir Waren (Müritz). Die belebte Altstadt lädt zum Bummel ein. Viele kleine Geschäfte machen den Rundgang kurzweilig. Zurück zum Hafen geht es über die Steinmole entlang des Uferwegs. Zuvor decken wir uns

Der Aufstieg auf den Kirchturm der Mirower Schlossinselkirche lohnt: Weitblick über den Mirower See.

noch am dort stationär vertäuen Fischkutter mit frischer Räucherware ein.

Der Wind ist aufgefrischt – es ist Herbst. Aber die Sonne scheint. Auf dem Oberdeck der „Gaia" schmeckt der Fisch im Hafenpanorama doppelt gut. Uns freut, dass die italienische Eisdiele noch geöffnet hat. Kurzentschlossen holen wir uns eine Waffel auf die Hand und machen uns fertig zum Ablegen.

Über die Binnenmüritz ist das Ziel für die Nacht schnell erreicht. Die Marina Eldenburg liegt am Ostufer des Reecksees. Auch hier begrüßt uns ein Mecklenburger Original. Hafen Heino ist der Herr der Anlage und scheut sich nicht, die Fehler unseres nicht ganz geglückten Anlegemanövers anzusprechen … er hat Recht, aber nur so können wir lernen.

Gern nutzen wir die schicken Sanitären Anlagen für eine heiße Dusche und schlemmen am Abend im maritim-modern eingerichteten Hafenrestaurant. Das lodernde Terrassenfeuer lässt die Schatten tanzen und verleiht der Szenerie ein behagliches Ambiente.

TAG 4: SCHLEUSENFREI

Heute haben wir schleusenfrei: Kölpinsee, Fleesensee, Plauer See – alle befinden sich auf einem Level. Auch diese großflächigen Gewässer sind eher flach, sodass manche überflutete Landzunge auf geschlungener Fahrt umschifft werden will. Das bedeutet: Tonnenspiegel im Auge behalten.

Gelegenheiten für Landgänge und Abstecher bietet diese Route viele: Vom Kölpinsee lohnt ein Ausflug zum Jabelschen See mit Anlegen beim Fischer und Besuch des Wisentgeheges. Am Südufer des Flee-

Zwischen Hubbrücke und Schleuse stehen in Plau am See weitere Liegeplätze zur Verfügung.

Warten vor der letzten Schleuse unserer Tour – im Hintergrund das Wahrzeichen von Lübz, der Alte Wasserturm.

Die 2013 komplett erneuerte **Drehbrücke Malchow** gibt den Weg zur Weiterfahrt frei.

sensees befindet sich ein Hafen mit Transfer zur Golfanlage und Therme im Land Fleesensee. Doch wir halten Kurs und machen erst in Malchow fest. Die Marina am Erddamm befindet sich am linken Ufer. Von hier ist es nicht weit auf die Altstadtinsel mit den zahlreichen alten Fischerkaten und auch das weithin sichtbare Kloster ist nur einen Spaziergang entfernt.

Durch diese prominente Lage können wir uns perfekt auf die Öffnung der Drehbrücke einstellen. Erst wenn sie zehn Minuten vor der vollen Stunde die Strecke freigibt, können wir unsere Fahrt fortsetzen.

Das Schiff
Die Tarpon 37 Duo Prestige wird von der Firma Revier Charter vermietet. Es ist ein Hausboot für vier bis sechs Personen und somit sehr geräumig für zwei Paare oder eine Familie mit Kindern. Es gibt zwei Kabinen mit jeweils zwei Betten, zwei Bäder und eine komplett eingerichtete Küche mit großem Kühlschrank.

Revier Charter GmbH
Schulstraße 8, 19386 Lübz
Tel. (03 87 31) 368 49
www.reviercharter.de

Weitere Versionen der Tarpon – bspw. eine Tarpon 37 N – gibt es auf YouTube zu entdecken:
www.youtube.com/c/@derhausbootprofi

Hübsch gleiten die Bootshäuser auf dem Petersdorfer See steuerbords an uns vorbei, bevor wir den Plauer See erreichen und den Kurs gen Norden korrigieren. Zur Mittagsrast wollen wir beim Fischer in Alt Schwerin Station machen: Es gibt ein Restaurant, aber auch Fischbrötchen auf die Hand – je nach Geschmack.

Für die Nacht verholen wir die „Gaia" nach Plau am See. Wir können ganz bequem längsseits im Elde-Hafen an der Metow anlegen, denn jetzt in der Nachsaison ist freie Platzwahl garantiert. Die schön gestaltete Uferpromenade lädt zum Schlendern ein: Nach vorn zum Leuchtturm, der schnell erklommen ist und einen großartigen Rundumblick offenbart; und ortseinwärts zu Burg und Marktplatz. Kopfsteinpflaster, Fachwerkhäuser, Ferienidyll.

„[...] als würden wir einen **WALDSPAZIERGANG** auf dem **WASSERWEGE** unternehmen."

TAG 5: ES GEHT BERGAB

An diesem Tag beginnt die Talfahrt, denn dem Strom der Elde folgend verlassen wir den höchsten Punkt unserer Reise. Aber keine Sorge – das Gewässer ist in Staustufen kanalisiert und fließt ganz sanft dahin.

Als der Straßenverkehr für uns stoppt und die Plauer Hubbrücke sich hebt, machen wir uns auf den Weg. Es sind nur etwa 22 Kilometer auf unserer letzten Etappe, aber diese bieten viel Kurzweil: Vier Schleusen mit bis zu sieben Metern Hubhöhe sind zu durchfahren und die Höchstgeschwindigkeit ist auf sechs Stundenkilometer begrenzt.

Es ist wieder Zeit, die Seele baumeln zu lassen und das Kontrastprogramm zum Vortag zu genießen. Während die Weite der Oberseen den Reiz von Meer verströmt, ist es jetzt, als würden wir einen Waldspaziergang auf dem Wasserwege unternehmen. Mischwald mit Buchen und Erlen säumen das Ufer, während die Elde durchs Land mäandert. Und mitten im Wald dann Schleuse Barkow.

Das Schleusen an sich ist inzwischen kein Thema mehr: Anlegen an der Sportbootwartestelle, durch Drehen des grünen Hebels die Schleusung anfordern. Hat man Glück, befindet sich die Schleuse bereits auf Oberwasserniveau. Andernfalls heißt es warten. Selbstbedienschleusen arbeiten gemächlich, da ist es schön, wenn von der Wartestelle aus, das Ufer erreichbar ist. Vielleicht erspähen wir im nahen Herbstwald einen Pilz, der gepflückt werden will? Das grüne Lichtsignal gibt die Einfahrt frei, Boot an der Schleusenmauer sichern – nicht belegen! – Schulterblick, ob weitere Boote folgen, um dann erneut einen grünen Hebel zu drehen, der die Fortsetzung der Schleusung einleitet.

Dieses Spiel begleitet uns über den Tag. Mal öffnet sich der Uferwald und gibt den Blick auf Weiden und Felder frei. Dann

Der Hafen von Rick & Rick an der Schlossinsel bietet eine erstklassige Lage.

wieder säumen Platanen den Weg und wir wähnen uns in Südfrankreich auf dem Canal du Midi. Der Treidelweg aus den Anfängen der Frachtschifffahrt dient heute den Radfahrern zur herbstlichen Tour.

Besonders imposant ist die Anfahrt auf die Schleuse Bobzin, denn das Unterwasser liegt sieben Meter tiefer. Wir erblicken es schon beim Einlaufen und fantasieren, welch Karacho es gäbe, wenn das Schleusentor bricht. Aber das Fiasko bleibt aus und wir sinken mit der „Gaia“ zwischen roten Backsteinmauern sanft hinab.

Die Bebauung am Ufer nimmt zu und der markante Wasserturm kündet vom Ziel unserer Reise: Lübz. Die letzte Schleusung des Tages gehört uns. Hier ist noch ein Schleusenwärter zugegen. Er kann das Wasser manuell steuern und heißt uns im hinteren Bereich der Schleuse zu verbleiben. Schon bald wissen wir den Grund, denn mit Wums werden die Schooten geöffnet. Er hat Feierabend und wir verlassen die Schleuse.

Hinter den Bäumen am Ufer tauchen Schiffe auf. Aber eine Zufahrt ist zunächst nicht zu erblicken. Der schmale Stichkanal erscheint am linken Ufer erst, als wir das Hafengelände beinah passiert haben. Also aufstoppen, Ruder hart backbord und langsam einlaufen.

Familie Ventelou steht schon am Ufer. Sie haben uns erwartet und weisen uns freudig winkend eine Box zu. Das letzte Anlegemanöver, die letzte Klampe belegt, Motor aus, wir sind da. Und wir kommen wieder, denn die Müritz-Elde-Wasserstraße haben wir mit dieser Tour in unser Herz geschlossen.

Sommerurlaub auf dem Hausboot

Drei Wochen mit einer Aquino auf großen und kleinen Seen zwischen Fürstenberg/Havel und Schwerin

Von Klaus Wiswe

Endlich ist es wieder so weit. Drei Wochen mit einer Aquino 1190 liegen vor uns. Uns – das sind Ehefrau Birgit, Schafpudelhündin Trudi und ich, Klaus, frisch pensionierter Beamter aus Niedersachsen. Seit über 20 Jahren chartern Birgit und ich (in den ersten Jahren mit unseren Kindern) regelmäßig Hausboote und waren so bereits in Frankreich, Finnland, Holland, Schottland und Irland unterwegs. Die Reviere unterscheiden sich erheblich, von Revieren mit vielen Schleusen und guter Infrastruktur in Frankreich bis zur finnischen Seenplatte ohne Schleusen aber eher einsam war alles dabei. In den letzten Jahren haben wir uns für die Seen, Flussläufe und Kanäle in Brandenburg und Mecklenburg-Vorpommern entschieden. Hier ist die Zahl der Schleusen überschaubar – auch wenn die Wartezeiten manchmal nerven können –, man kann einsam ankern, hat aber auch reihenweise gute Anlegemöglichkeiten und nette Städte. Auch ist die Anreise von Niedersachsen kein Problem.

SCHNELL STELLTEN WIR allerdings fest, dass bei nur zwei Personen nicht jedes Boot wirklich gut geeignet ist. Eine gute Rundumzugänglichkeit und wenige Absätze/Stufen sind vorteilhaft, vor allem wenn wir unsere schweren E-Bikes mitnehmen. Auch die Windempfindlichkeit sollte nicht zu groß sein. Leichte Kunststoffboote machen auf der Müritz schon bei vier Beaufort keinen Spaß. So haben wir in diesem Jahr nun auch zum wiederholten Mal eine Aquino 1190 gebucht, bei der insbesondere meine Frau die großzügige Raumaufteilung schätzt. Mit der Joy-Stick Technik – Bug- und Heckstrahlruder ggf. sogar gleichzeitig – ist das Navigieren der Aquino so einfach, dass ich inzwischen wohl Schwierigkeiten hätte, auf Bug- und Heckstrahlruder zu verzichten – obwohl das durchaus gut möglich ist, wie ich aus früheren Törns in Erinnerung habe.

> „[…] man kann **EINSAM ANKERN**, hat aber auch reihenweise gute **ANLEGE-MÖGLICHKEITEN** […]“

RECHLIN – MIROW | 2 STUNDEN / 16 KM / SCHLEUSE MIROW

Wir waren bereits am Vortag angereist, um als Bootsführerscheininhaber stressfrei die kostenpflichtige Frühabreise (13 Uhr) nutzen zu können. Abendessen, Übernachtung, Frühstück im Captain's Inn waren gut. Beim Frühstück hören wir vom Nebentisch, dass der Kanal in Richtung Mirow von vielen Besuchern des Fusion Festivals auf dem ehemaligen Flugplatz bei Lärz als Badeteich genutzt wird. Dieses Festival mit fast 80.000 Besuchern ist zwar am gestrigen Sonntag zu Ende gegangen, bei dem schönen Wetter sind aber offensichtlich etliche Besucher noch länger auf dem Gelände.

Nun ist noch mit PKW ein Großeinkauf bei Edeka in Mirow angesagt. Immerhin wollten wir drei Wochen unterwegs sein.

Mit der Frühabreise klappt es dann nur halb. Unsere Vorgänger hatten Spätabreise gebucht und „unsere“ Aquino mit Namen „Göteborg“ um 11 Uhr abgegeben. Reinigung und Service dauern natürlich etwas. So können wir bei schönstem Sonnenschein nach dem Einräumen erst um 14.30 Uhr starten, bekommen aber die Gebühr für die Frühabreise gutgeschrieben. Das finden wir sehr entgegenkommend, denn reguläre Übergabe wäre erst ab 16 Uhr gewesen. So sind wir ohne Aufpreis doch früher als die anderen Charterboote unterwegs.

TAGESZIEL IST MIROW, möglichst die Marina Granzow im Granzower Möschen, nördlich vom Mirower See. Zur Sicherheit rufe ich dort an und erfahre, dass alle Anlegestellen besetzt sind. Das fängt ja gut an. Also Anruf beim Bootsservice Rick an der Schlossinsel in Mirow. Kein Problem, so ist zu meiner Erleichterung die Antwort. Wir tuckern frohgemut gen Mirow.

Kurz hinter dem Sumpfsee treffen wir dann auf Hunderte von überwiegend jungen Menschen, die – fast alle gänzlich unbekleidet – bei lautstarker Techno-Musik am Ufer tanzen, aber zu Dutzenden auch unmittelbar vor uns im Kanal schwimmen oder vom Ufer in das schmale Fahrwasser springen.

Bei der Schleuse in Mirow rechnen wir (16 Uhr) mit einer ähnlich langen Wartezeit wie im letzten Jahr. Wir werden über-

Kleiner Pälitzsee in Kleinzerlang: Restaurant und Marina „Boot & Mehr"

Die Crew: Klaus, Birgit und „Trudi"

rascht, nur ein Boot wartet und wir können fast sofort in die Schleuse einfahren. Unsere Trudi muss sich jetzt wieder daran gewöhnen, bei einer Schleusung in einer Kajüte eingesperrt zu werden. Alles andere ist uns zu gefährlich.

In Gegenrichtung will kein einziges Boot schleusen. Die freundliche Schleusenwärterin sagt, dass gestern deutlich mehr los gewesen sei, allerdings der Bootsverkehr in diesem Jahr – bisher zumindest – deutlich geringer als im letzten Jahr sei – weniger Charterboote, aber auch weniger Eigentümerboote.

An der Schloßinsel in Mirow werden wir bei Rick's vom Hafenmeister freundlich begrüßt und zum Längsanlegen an den ersten Anlegesteg dirigiert. Ich wende etwas umständlich das Boot, um backbord anzulegen. Steuerbordseitig ist die Badeleiter und die will ich mir für das allmorgendliche Schwimmen freihalten. Nach Festmachen, Bimini aufklappen (unverzichtbarer Sonnenschutz!) und Anmelden beim Hafenmeister mit Brötchenbestellung ist ein ausgiebiger Hundespaziergang angesagt. Trudi ist etwas aufgeregt, findet die Umgebung sehr spannend. Dann hört sie weniger auf uns, muss dann eben auch an die Leine.

Nach einem kühlen Bier und Entspannung an Deck ist ein Besuch der direkt angrenzenden Braugaststätte vorgesehen. Aber leider ist alles ausgebucht. Wir gehen in die Innenstadt, wo wir einen ganz ordentlichen Italiener mit schattigem Biergarten finden. Trudi verhält sich im Restaurant wie immer 1A und so können wir unsere Pizzen in Ruhe genießen.

MIROW – KLEINZERLANG | 4 STUNDEN / 18 KM / SCHLEUSEN DIEMITZ UND CANOW

Nach ausgiebigem Frühstück (und Hundespaziergang) legen wir mit Ziel „Boot & Mehr" in Kleinzerlang ab. Keine große Entfernung, aber auf der Strecke liegen mit Diemitz und Canow zwei Schleusen, die in der Saison für lange Wartezeiten „berüchtigt" sind.

Zu unserer freudigen Überraschung gibt es aber fast keine Wartezeiten, so dass wir schon am frühen Nachmittag bei „Boot & Mehr" eintreffen. Diesen idyllischen kleinen Gastanleger mit einer guten Küche und Biergarten direkt am Steg haben wir letztes Jahr kennengelernt. Betreiber sind Karin und Hermann Gautzsch, unterstützt werden sie u.a. von Andreas (kümmert sich um die ankommenden Boote) und Andrea (ist für den Service im Biergarten zuständig). Wir freuen uns, diese kompetente, freundliche und humorvollen Mannschaft wieder zu treffen.

> „Diesen **IDYLLISCHEN** kleinen **GASTANLEGER** mit einer **GUTEN KÜCHE** und **BIERGARTEN** direkt am Steg haben wir **LETZTES JAHR** kennengelernt."

Andreas gesteht mir ein rückwärtiges Anlegen mit freier Steuerbordseite zu („Eine Badeleiter an der Steuerbordseite habe ich noch nie gesehen" sein Kommentar). Schon bei der Anmeldung reserviere ich uns einen Tisch für den Abend und auch gleich einen gebratenen Saibling für mich. Im letzten Jahr hat mir ein vorheriger Gast den letzten Saibling vor der Nase weggegessen.

Nach ausgiebigem Waldspaziergang liegt Trudi entspannt unter unserem Tisch. Birgit hat sich Matjes bestellt und ich bekomme meinen Saibling. Auf Deck, unter dem Bimini lassen wir den Abend bei Weißwein und Aperol Spritz mit Blick auf Biergarten und Kleinen Pälitzsee ausklingen.

KLEINZERLANG – FÜRSTENBERG | 6 STUNDEN / 21 KM / SCHLEUSEN STRASEN, STEINHAVEL, FÜRSTENBERG

Nach temperaturbedingt etwas „frischem" Schwimmen verzichten wir auf das ansonsten sehr zu empfehlende Frühstück von Karin Gautzsch. Birgit und ich sind noch satt vom Vorabend. So starten wir gleich in Richtung Fürstenberg. Als wir um die letzte Kurve vor der Schleuse Steinhavel kommen, haben wir dann weniger Glück. Die Wartezone ist voll belegt, wir müssen sogar kurzzeitig vor uns her dümpeln. Nach gut 90 Minuten sind wir aber durch und kommen über den Röblinsee nach Fürstenberg. Bei der Selbstbedienungsschleuse (SB) Fürstenberg das gleiche Spiel wie bei der Schleuse Steinhavel. Aber nach „nur" 90 Minuten sind wir durch und steuern den Stadtanleger an. Nicht unsere Lieblingsmarina, eng und unpersönlich, Anlegen teilweise nur mit dem Bug erlaubt (was bei vielen Booten den Ein – und Ausstieg erschwert). Vorteil des Anlegers ist die Nähe zu größeren Supermärkten und das direkt am Anleger liegende gute italienische Restaurant. Beides nutzen wir, bevor wir nach Hundespaziergang bei einsetzendem Regen unter unserem Bimini den Tag ausklingen lassen

FÜRSTENBERG – WESENBERG | 5 STUNDEN / 24 KM / SCHLEUSEN FÜRSTENBERG, STEINHAVEL, WESENBERG

Frühstart ohne Frühstück, aber mit einer Kanne Kaffee um 9 Uhr, denn wir wollen

Finde alle Häfen des Törns mit **#SLS23-02** in unserer Hafen-App auf **https://go.letsalp.com/hausboot** – Routenplanung auf **magazin-seenland.de**

Pizza direkt am Stadthafen Fürstenberg/Havel

schnell durch die SB-Schleusen Fürstenberg und Steinhavel. Ohne Wartezeiten passieren wir die Schleusen, ankern auf dem Menow-See und genießen bei kurzzeitigem Nieselregen in aller Ruhe unser Frühstück. Das Ankern ist durch die elektrische Winsch einfach. Allerdings fahren wir mit heruntergelassenem Anker wohl ein paar Meter zu viel. Der Anker ist von Seepflanzen umschlungen, die ich dann mühsam mit dem Schiffshaken abkratzen muss, bevor wir weiterfahren können.

Für Samstag haben wir Freunde aus der Gegend zu uns auf das Boot eingeladen. Dazu wollen wir im Yachthafen Priepert anlegen. Bis dahin haben wir noch zwei Tage, die wir ohne viel Fahrerei verbummeln wollen. So soll es heute nur bis zum Stadthafen Wesenberg gehen. Dort waren wir vor vielen Jahren und sind gespannt, wie es heute dort ausschaut.

In der Schleuse Wesenberg werden wir von vielen Paddlern begleitet, denen der plötzlich einsetzende starke Regen nicht viel auszumachen scheint. Wir sprechen mit dem Schleusenwärter ab, dass die Paddler zuerst aus der Schleuse fahren und wir sie dann überholen.

DEN HAFEN VON WESENBERG finden wir so idyllisch in einer gepflegten Parkanlage vor, wie wir ihn erinnern. Die Anlage ist auch Übernachtungsstation für Paddler/Kanuten. Ein langer Anlegesteg, der bis etwa zur Hälfte von größeren Booten genutzt werden kann (max. Tiefgang ca. 1m), bietet noch Platz für uns. Allerdings reicht das Stromkabel nur sehr knapp bis zum Anschluss, so dass wir – als das vor uns liegende Boot ablegt – noch einmal umlegen und näher an den Elektroanschluss heranrücken. Zum Hafen gehört ein Kiosk/Imbiss, den die sehr nette Hafenmeisterin betreibt. Gleich neben dem Hafen sind Burg und Innenstadt, auf der anderen Seite kommt man fußläufig schnell zum Fischereihof.

Dort essen wir und beschließen dann den Abend auf Deck, nicht ohne den einen oder anderen Schnack mit weiteren Skippern oder Spaziergängern am Steg.

SB-Schleusen contra Schleusen mit Wärtern

Bei der neuerbauten Schleuse Steinhavel – gerade im Mai 2022 eröffnet – zeigt sich das Grundproblem der Selbstbedienungsschleusen („SB-Schleusen"). Die einzelnen Vorgänge im Schleusenvorgang sind – wohl aus Sicherheitsgründen – sehr langsam. Hinzu kommen große zeitliche Sicherheitsabstände zwischen den einzelnen Vorgängen. Der einzelne Schleusenvorgang dauert dann sehr lange, viel länger als bei Schleusen mit Schleusenwärtern. Hinzu kommt, dass ohne die „ordnende Stimme" des Schleusenwärters die Skipper den Raum der Schleuse häufig nicht effektiv nutzen. Da nützt es dann nur wenig, wenn z.B. die neue SB-Schleuse Steinhavel deutlich größer ist als die alte Schleuse mit Wärter.

WESENBERG

Der Himmel ist blau, es ist windstill und die Temperaturen sind angenehm. Die Paddler und Kanuten bauen ihre Zelte ab. Wir beschließen, einen weiteren Tag in Wesenberg zu verbringen. So können wir mit unserem Hund entspannt eine kleine Radtour machen und für das morgige Essen mit unseren Freunden einkaufen. Abends gehen wir in die Innenstadt und essen am Marktplatz gute regionale Hausmannskost

WESENBERG – PRIEPERT | 2 STUNDEN / 11 KM / SCHLEUSE WESENBERG

Auf zum Ellbogensee. Die Schleuse Wesenberg ist schon offen, der Schleusenwärter wartet noch auf einige Paddler, dann geht es los. Schon zu Mittag sind wir im Yachthafen Priepert und werden von Detlev, den wir von den Vorjahren kennen, begrüßt. Zuerst legen wir zum Abpumpen und Wassernachfüllen an. Ob das überhaupt nötig ist, übersehen wir nicht. Der Schmutzwassertank der Aquino hat keine Anzeige, fasst aber 1.200 Liter und der Wassertank (1.000 Liter) ist noch mehr als halbvoll. Aber bei drei Wochen gehen wir lieber auf Nummer sicher.

Unseren Anlegeplatz können wir uns dann frei auswählen. Im Yachthafen Priepert läuft alles mit einer Chipkarte, die man im Kiosk am Automaten erwerben muss. Wenn man das System verstanden hat, ist es ganz einfach. Allerdings muss ich beim Blick auf die Preisliste doch kurz schlucken. Der Yachthafen hat kräftig die Preise erhöht, ist teurer als im aktuellen Hafenführer angegeben.

Ich gehe mit Trudi spazieren, Birgit beginnt mit dem Essensvorbereitungen. Wegen einer Straßensperrung etwas verspätet treffen unsere Freunde gegen 17 Uhr ein und wir verbringen einen schönen Abend mit Spaghetti Bolognese, Salat und guten Gesprächen. Bei den Getränken bewährt sich, dass wir unseren Eiswürfelbereiter mit an Bord genommen haben und so perfekten Aperol Spritz anbieten können.

PRIEPERT – MIROW | 5 STUNDEN / 23 KM / SCHLEUSEN STRASEN, CANOW, DIEMITZ

Nun soll es Richtung Waren und weiter Richtung Schwerin gehen. Insbesondere die Elde-Müritz Wasserstraße und Schwerin reizen uns. Und in Waren waren (!) wir seit bestimmt 15 Jahren nicht mehr. Mal sehen, wie es ausschaut. Kuhnle empfiehlt den Stadthafen nur für „erfahrene Skipper". Sind wir als einmal pro Jahr Skipper erfahren genug?

Morgen soll der Wind auf der Müritz noch günstiger sein, also legen wir – nachdem wir die Schleuse Strasen in Rekordzeit überwunden haben und auch die weiteren Schleusen Canow und Diemitz zügig passieren können – als Zwischenstopp wieder bei Rick an der Schloßinsel Mirow an. Der übliche Hundespaziergang und Entspannung an Bord, Klönschnack mit anderen Skippern. Interessant ist – wie immer – welch positive Reaktion unsere Schafpudelhündin auslöst. Sei es im Hafen, sei es beim Warten an der Schleuse oder beim Fahren auf den Seen und Kanälen, sehen die Leute Trudi, löst das regelmäßig ein Lächeln oder Winken aus.

Heute klappt es auch mit der Terrasse vom Braugasthaus, das Essen hat zu Recht einen sehr guten Ruf.

MIROW – WAREN | 5 STUNDEN / 34 KM / SCHLEUSE MIROW

Hundespaziergang, bestellte Brötchen beim Hafenmeister abgeholt und dann starten wir. Vor der Schleuse stehen schon einige Boote und wir müssen einen Durchgang abwarten. Über den Mirow Kanal, Sumpfsee geht es in die Kleine Müritz, wo wir zum Frühstücken den Anker herunterlassen. Der vorsorgliche angerufene Hafenmeister von Waren sieht keine Notwendigkeit für eine Reservierung („Kommt man, wir haben schon genug Platz."). Also raus auf die Müritz. Drei Beaufort mit etwas Böen (4 Bft). Unser Stahlboot liegt wie ein Brett, kommt höchstens etwas in Wallung durch eng vorbeirasende kleine Boote. Wissen deren Fahrer überhaupt, welchen Wellengang sie auslösen?

In Waren empfängt uns der Hafenmeister in einem kleinen Motorschlauchboot, dirigiert uns durch die zugegeben nicht sehr großen Gassen zwischen den Booten und weist uns einen Platz zum rückwärtigen Anlegen direkt an der Kaimauer zu. Großes Hallo, direkt neben uns ein Charterboot mit Kölnern, deren Skipper wir an der Schleuse Canow kennengelernt haben (wo er uns mit lustigen Skippergeschichten die Wartezeit verkürzte) und die auch in Mirow bei Ricks angelegt hatten.

Waren ist die größte und lebhafteste Stadt im Bereich der Müritz und der Hafen ist quasi das Zentrum der Stadt. Das merkt man sehr deutlich. Es gibt schon im Hafen viel zu sehen und man selbst

Hafen Wesenberg: Idylle für Kanus, Hausboote und Motoryachten

Wesenberg: Einer unserer Lieblingsanleger

wird auch viel angesehen. Klönschnacks mit Bootsnachbarn und Spaziergängern sind gang und gebe. Für unseren Hund ist dies städtische Flair mit viel Beton und wenig Grün nicht sehr schön, woran auch eine Radtour an den Stadtrand nicht viel ändert. Abends wollen wir nicht in die Innenstadt laufen und essen entspannt auf der weitläufigen Terrasse des italienischen Restaurants gegenüber den Fahrgastschiffen der weißblauen Flotte. Unsere Bootsnachbarn aus Köln haben in der Innenstadt einen Irish Pub entdeckt, der aber erst um 20 Uhr öffnet. Uns ist das zu spät.

„**INTERESSANT** ist, […] welch **POSITIVE** Reaktion unsere **SCHAFPUDELHÜNDIN** auslöst […] sehen die Leute **TRUDI**, löst das regelmäßig ein **LÄCHELN** oder **WINKEN** aus."

WAREN – FISCHER DAMEROW | 3 STUNDEN / 17 KM / KEINE SCHLEUSE

Der kleine Supermarkt am Hafen („Wir haben alles was Sie brauchen! Täglich geöffnet") hat leider Ruhetag, was nur kleingedruckt an der Eingangstür vermerkt ist und so marschiere ich zur Bäckerei am Markt neben der Kirche, kann aber auf dem Rückweg an einem Marktstand auch ein Glas heimischen Honigs ergattern.

Nach dem ergiebigen Frühstück legen wir ab, wollen angesichts der gestiegenen Temperaturen raus auf die großen Seen. Bisher unbekannt ist uns der Jabelsche See und so navigieren wir unsere Aquino durch die enge Zufahrt in Richtung Maribell Yachthafen. Vor Ort entschließen wir uns aber spontan zu einem Abstecher auf die gegenüberliegende Seeseite mit dem Fischerhof Damerow. Dort können wir sehr gut anlegen, haben auch Stromanschluss.

Auf der windgeschützten Steuerbordseite liegt vor uns der See mit der Möglichkeit zum Baden, auf der anderen Seite die innere Marina, vorwiegend von kleinen Booten genutzt, deren Insassen im Fischerhof essen wollen. Auch viele Radfahrer kommen vorbei. Eine sehr entspannte Atmosphäre und ein von der Architektur her besonders gelungenes Fischrestaurant mit weitläufiger Terrasse. Wir essen große Fischbrötchen mit einer hervorragenden Marinade, dazu ein kühles Bier. Urlaub pur!

Um 18 Uhr schließt das Restaurant und dann wird es schnell ganz ruhig. Eine kleine Radtour endet auf einer grünen Wiese vor dem eingezäunten Wisentgebiet. Dort treffen wir ein junges Paar mit einem Hund ähnlicher Statur wie Trudi. Wir lassen die Hunde ohne Leine herumtollen, bevor es zurück zum Boot geht.

DAMEROW – BERMUDADREIECK / KUPPENTIN | 6 STUNDEN / 36 KM / DREHBRÜCKE MALCHOW, HUBBRÜCKE UND SCHLEUSE PLAU, SCHLEUSE BARKOW

Nun soll es in die Müritz-Elde-Wasserstraße gehen. Unter den Schatten der Uferbäume sollte das Fahren auch bei 28 Grad ganz angenehm sein. Ziel ist das Bermudadreieck hinter der Schleuse Barkow. In Malchow kommen wir etwas zu spät und müssen mangels Anlegemöglichkeit eine halbe Stunde hin- und herfahren, bevor die Drehbrücke geöffnet wird. In Plau wird uns schnell die Hubbrücke geöffnet und

Der Hafen von Waren: Lebhaftes Zentrum, nicht nur für Bootsfahrer.

auch die Schleuse steht uns gleich offen. Nun gut, Anlegen in Plau können wir auch auf der Rückfahrt.

Der Schleusenwärter bestätigt uns, was wir schon gelesen haben. Die neuen Betreiber des Bermudadreiecks haben das bisherige Konzept des Wasserwanderrastplatzes/Campingplatzes deutlich verändert. Nix mehr mit Bratwurst/Bratkartoffeln/Currywurst mit Pommes und gemütlichem gemeinsamen Grillen, dafür Wildbratwurst/vegane Bratwurst/Frikadelle/Pizzen auch vegan usw. Schauen wir mal. Der Reiz des beschaulichen, kleinen Anlegers liegt ja auch in seiner Lage inmitten eines großen Waldgebiets.

Wir treffen dort schon gegen 15 Uhr ein, finden deshalb problemlos Platz zum Anlegen. Ein junger Mann (Stefan, man duzt sich ja) bittet uns freundlich, sehr eng zum vor uns liegenden Boot anzulegen, damit möglichst viele nach uns kommende Boote auch noch anlegen können. Nun gut, das kennen wir auch vom früheren Betreiber und folgen seiner Bitte.

Die Speisekarte hat sich tatsächlich sehr in Richtung Vegan geändert. Das wirklich kalte Lübzer Fassbier zu 3,90 € der halbe Liter ist ein Highlight im Angebot der Betreiber, die, das soll nicht verschwiegen werden, überaus freundlich sind. Besonderheit ist, dass wir für unseren Hund extra bezahlen müssen. Die 2 Euro schmerzen uns nicht, die Liegegebühren sind insgesamt ok, aber bisher haben wir noch nirgendwo extra für den Hund bezahlen müssen.

> „Wir essen große **FISCHBRÖTCHEN** mit einer hervorragenden **MARINADE**, dazu ein kühles Bier. **URLAUB PUR!** “

Wir ärgern uns nicht weiter, erfreuen uns an der schönen Lage, gehen mit Trudi am Wasser lang, essen die Wildbratwurst mit Kartoffelsalat und trinken dazu das Lübzer Bier. Wir haben Urlaub !

Motorboote und Paddler in der Schleuse

Während bei der Einfahrt in die Schleuse klar die Motorboote Vorrang haben, ist dies bei der Ausfahrt nicht vorgegeben, auch wenn es zumeist sinnvoll ist, wenn die Paddler zuerst die Schleuse verlassen. Hintergrund ist, dass die Motorboote nur verbunden (nicht festgemacht!) mit Schleusenwand/Poller einigermaßen stabil im Wasser liegen und kein Schlenkern die Paddelboote gefährdet. Nicht zu vergessen auch, dass die Abgase der Motorboote für die Paddler kein Vergnügen sind.

KUPPENTIN – UFERCAMP ELDEBLICK | 5 STUNDEN / 28 KM / SCHLEUSEN BOBZIN, LÜBZ, NEUBURG

Beim morgendlichen Schwimmen merke ich, dass wir eine Wassertiefe von nur wenig mehr als 1 m haben. Für die Aquino mit einem Tiefgang von 0,75 m kein Problem, aber wenn ich mir die anderen großen Boote ansehe …

Nach der gestrigen längeren Fahrerei soll es heute etwas beschaulicher und kürzer sein. Allerdings kosten die Schleusen auf der Elde-Müritz-Wasserstraße auch bei dem aktuell zum Glück geringen Bootsverkehr immer viel Zeit, denn es müssen ungewöhnlich große Höhenunterschiede überwunden werden. Deshalb sollten es heute wenigstens, aber auch nicht mehr als zwei Schleusen sein. Als Anleger haben wir den Wasserwanderrastplatz Burow auserkoren, den wir aus einem früheren Törn in guter Erinnerung haben.

Die SB-Schleuse Bobzin dauert, auch weil wir eine Gegenschleusung abwarten müssen. Die Schleuse Lübz geht demgegenüber ruck-zuck, auch weil dort ein Schleusenwärter die Schleuse bedient. Die Brücke muss er nicht hochziehen, unsere Aquino passt so durch. Nach Lübz wird die Wasserstraße eng, bei etwaigen Bootsbegegnungen heißt das besondere Vorsicht und vor allem: Langsam fahren!

Langsam wird der Kanal breiter, aber der Wasserwanderrastplatz Burow ist leider so stark verkrautet, dass ich das Einfahren abbreche und wir noch durch die Schleuse Neuburg fahren, bevor wir am Ufercamp Eldeblick festmachen. Laut Hafenführer wird für den neu gebauten Anleger samt Restaurant ein neuer Pächter gesucht. So war es, ein schöner Anleger, geeignet auch für größere Boote, eine große gemähte Grünfläche und ein verlassenes Restaurant mit Terrasse. Wir sind ganz für uns, der Hund genießt das Herumtollen auf der Grünfläche und wir bedienen uns zum Essen aus unseren Vorräten

ELDEBLICK – MATZLOW-GARWITZ | 4 STUNDEN / 22 KM / SCHLEUSEN PARCHIM UND GARWITZ

Gestern waren wir länger als geplant unterwegs, nun soll es doch etwas weniger Fahrerei sein. Start nach ausgiebigem Frühstück. Parchim ist schnell überwunden, auch die Schleuse Garwitz ist gut zu passieren. Es ist wenig Bootsverkehr. Nach der Schleuse geht es gleich links in die Marina Matzlow-Garwitz. Unweit des Hafens gibt es eine nette Gaststätte, die wir in guter Erinnerung haben. Außerdem scheint uns die Marina gut für einen Radausflug mit Trudi zu sein.

So legen wir rechts im für Gäste vorgesehenen Bereich an. Unkompliziert ist das nicht, weil wir mit unserer Aquino (3,90 m breit) nur knapp zwischen die Dalben passen. Schräg hereinfahren geht nicht. Aber mit etwas Korrekturen klappt es dann, wobei wir – wie eigentlich immer – Hilfe von anderen Skippern bekommen.

Steg des „Bermudadreiecks":
Platzsparend anlegen ist Trumpf.

Marina Matzlow-Garwitz:
„Jetzt ist eine Radtour angesagt…"

Festmachen, Stromkabel legen, Anmelden usw. wie üblich. Danach fahre ich mit Trudi mehrere Kilometer den Kanal entlang. Weit und breit kein Mensch oder Hund zu sehen. So traue ich mich, sie von der Leine zu lassen, was sie natürlich begeistert. Nach etwa 10 x baden (der Hund, nicht ich) fahren wir zurück. Telefonische Reservierungsanfrage bei der Gaststätte. Antwort: Kommt gleich 17.30 Uhr, für später ist alles reserviert. Das erzähle ich auch unseren Bootsnachbarn, die sich dann – wie wir – auch bald auf den Weg machen.

Das Essen ist lecker, trotz leichtem Wind können wir auch draußen sitzen.

MATZLOW-GARWITZ – NEUSTADT / GLEWE | 4 STUNDEN / 14 KM / SCHLEUSEN LEWITZ UND NEUSTADT-GLEWE

Eigentlich wollen wir – endlich – mal weiter Richtung Dömitz, aber das scheint uns zeitlich den Besuch von Schwerin zu gefährden. Aber zumindest Neustadt/Glewe soll es sein, auch weil Edwin, zusammen mit Ehefrau Heidrun Betreiber des dortigen Bootshafens auf telefonische Nachfrage eine funktionsfähige Fäkalienpumpe meldet. Die Fahrt, zu großen Teilen zwischen großen Fischteichen, ist trotz eher nieseligem Wetter sehr schön, auch wenn wir dieses Mal weder See- noch Fischadler sehen. Bei der SB-Schleuse Lewitz müssen wir die Gegenschleusung abwarten, bevor es zügig zur SB-Schleuse Neustadt/Glewe geht. Schnell ohne Gegenschleusung überwunden fahren wir gleich rechts in den Bootshafen ein. Am langen Steg liegen einige Eignerboote, aber es ist genug Platz für unser Charterboot. Wir legen wieder backbord an, legen Strom und ich melde mich an.

Gleich neben dem Hafen ist eine große Grünfläche, auf der wir Trudi herumtollen lassen.

Dann die spannende Frage: Wo gehen wir essen? Links das Burgrestaurant, welches wir ob der Qualität in guter Erinnerung haben, oder auf der anderen Seite der Elde das uns unbekannte italienische Restaurant Al Porto? Neugierig entscheiden wir uns für das Al Porto und lassen uns auch nicht von Hinweisen auf besonders große Portionen abschrecken. Reservierung ist kein Problem. Bei unserer Ankunft um 17.45 Uhr ist noch wenig los, aber das ändert sich schnell. Ich bestelle mir ein Fleischgericht, Birgit Tagliatelle mit Pfifferlingen. Es war schlicht eine riesige Portion Fleisch, gut schmeckend, aber nicht annähernd zu schaffen (und ich bin ein guter Esser).

NEUSTADT/GLEWE – PLATE STÖRKRUG | 5 STUNDEN / 25 KM / SCHLEUSEN NEUSTADT/GLEWE, LEWITZ, BANZKOW MIT HUBBRÜCKE

Am nächsten Tag ist die Fäkalienpumpe wegen der Ruderboote eines Rudervereins aus Leer (Ostfriesland/Niedersachsen) schlecht zu erreichen. Ok, dann frühstücken wir in aller Ruhe, wir haben Urlaub.

Die Ruderer haben abgelegt, wir legen um und pumpen ab. Wie ich auch andernorts schon festgestellt habe, wird auch diese Abpumpstation nur wenig in Anspruch genommen. Wenn überhaupt, sehe ich auch nur Charterboote an solchen Stationen. Wo bleiben eigentlich die Abwasser der vielen Boote? Bei Kuhnleeigenen Booten wird ja sogar das Dusch – und Abwaschwasser im Fäkalientank gesammelt, obwohl das Ablassen des sogenannten Grauwassers sogar erlaubt sein soll. Und manche entsorgen nicht einmal die Fäkalien an den Abpumpstationen? Soviel zum Umweltbewusstsein der manchmal etwas hochnäsigen (gegenüber Charterern) Bootseigentümer.

Nun aber los Richtung Schwerin durch den eher langweiligen, aber dafür langen Störkanal. Nächstes Ziel ist der Anleger bei der Gaststätte Störkrug in Plate. Wir wollen dort essen gehen und unserer Trudi vor Schwerin noch ausgiebigen Auslauf ins Grüne verschaffen. Telefonische Reservierung um 11.27 Uhr klappt nicht, nur der Anrufbeantworter läuft. Das Anlegen ist kein Problem aber von einer Reservierung will niemand etwas wissen. Da wir keine Telefonnummer angegeben hätten, wäre kein Rückruf möglich gewesen. Na ja, ich kenne nur noch Telefone, die – wenn nicht unterdrückt – die Nummer des Anrufenden anzeigen. Was solls, wir greifen auf unsere Vorräte zurück.

PLATE – SCHWERIN | 2 STUNDEN / 10 KM / KEINE SCHLEUSEN

Nun wird es warm. Der Schweriner See ist fast wellenlos und Schwerin empfängt uns bei bestem Wetter. Wir legen – wieder – beim Schweriner Seglerverein von 1894 im Beutel an. Zu unserem Erstaunen lesen wir am Hafenbüro, es gibt heute keinen Hafenmeister, man möge das ausgelegte Formular ausfüllen und samt der anfallenden

Langsam ist Trumpf

Ich wundere mich immer wieder, wie schwer es offensichtlich manchen Skippern fällt, Fahrt rauszunehmen. Dabei kann bei geringer Fahrt praktisch kein nennenswerter Schaden entstehen. Bei höherer Geschwindigkeit sieht das schnell ganz anders aus. Beim Anleger Damerow erlebte ich, welche großen Anlegeschwierigkeiten ein Skipper hatte, nur weil er schlichtweg zu schnell fuhr, dann – ebenfalls zu schnelle – Korrekturmanöver einleitete und fast gegen andere Boote krachte. Das Anlegen klappte erst, als andere Skipper und ich ihm zuriefen, er solle deutlich langsamer fahren. Kleine Bonmots: Die erwachsene Tochter des Skippers sagte entschuldigend, ihr Vater sei Taxifahrer und langsames Fahren nicht gewohnt. Und: Der Skipper war aus der Region, gleichwohl war es seine Jungfernfahrt, wie er einräumte.

Das Schweriner Schloss am Schweriner See

Blick auf den Beutel in Schwerin, im Hintergrund auch das Gebäude mit dem italienischen Restaurant

Gebühren in den Briefkasten werfen. Das tun wir natürlich brav und freuen uns über unseren Liegeplatz an vorderster Reihe mit unverbautem Seeblick.

Ein Stadtspaziergang und ein Ausflug in die angrenzenden Grünanlagen bestätigen unsere Einschätzung, dass Schwerin eine wunderschöne Stadt ist. Wir nutzen die Zeit für Einkäufe. Hier kann ich mir in Jacques Weindepot auch einen neuen Weinschlausch gönnen, der auf einem Boot ungemein praktisch ist.

Da auch das Vereinsrestaurant geschlossen ist, gehen wir abends nach telefonischer Reservierung zu einem nahen Italiener. Schnell merken wir, dass das Restaurant überaus beliebt ist und sind froh, einen Tisch auf der Terrasse bekommen zu haben.

„Wir **KOMMEN** vielfältig in nette **GESPRÄCHE**."

SCHWERIN – MATZLOW-GARWITZ | 5 STUNDEN / 30 KM / SCHLEUSE UND HUBBRÜCKE BANZKOW

Die Temperaturen steigen und wir fahren nach dem Frühstück (inkl. Hundespaziergang) zum Ankern und Baden auf den See hinaus. Nach ausgiebigem Schwimmen wollen wir doch lieber einige Meilen in Richtung Rechlin schaffen. Keinesfalls sollen die letzten Tage in Hetze ausarten. So beginnen wir gegen 15.30 Uhr unsere Rückreise zur Basis von Kuhnle in Rechlin. Und wir haben richtig Glück. Die Hubbrücke in Platen öffnet sich genau bei unserer Ankunft, Brücke und Schleuse in Banzkow warten geradezu auf uns. So bewältigen wir – nahezu allein, keine Boote weit und breit – auch den Störkanal und können gegen 19.30 Uhr erneut in der Marina Matzlow-Garwitz anlegen. Da die nahe Gaststätte Ruhetag hat – wussten wir – müssen wir dann auf unsere Vorräte zurückgreifen.

MATZLOW-GARWITZ – PARCHIM | 3 STUNDEN / 13 KM / SCHLEUSEN GARWITZ UND PARCHIM

Der heißeste Tag, bloß kein Stress. Wir fahren früh los, wollen aber nur bis zum Wasserwanderrastplatz Fischerdamm Parchim. Hier ist auch viel Platz. Wir legen nicht ganz vorne an, sondern bei der Kleingärtnersiedlung. Hier darf man baden, was außer uns auch einige Kleingärtner- und gärtnerinnen tun. Wir kommen vielfältig in nette Gespräche. Einen vorbeifahrenden Kanuten fragen wir, ob das Paddeln bei dieser Hitze nicht zu anstrengend ist. Wir hätten recht, aber er hätte eine Hutmethode, mit der es erträglich sei. Mit diesen Worten taucht er seinen Strohhut ins Waser und setzte sich den nun triefend nassen Hut wieder auf.

Die Wasserqualität ist ganz ok, weil die Elde durch den Hafen fließt und nicht steht. Als wir die badenden Kleingärtner nach einer Restaurantempfehlung fragen, empfehlen sie uns ein ungarisches Restaurant, zu dem wir uns dann auf den Weg machen. Aber auf dem Weg entdecken wir ein italienisches Restaurant (La Casetta) mit schattiger Terrasse und dezenter Live-Musik nach unserem Geschmack. Das Essen ist deutlich besser als in anderen italienischen Restaurants. Nur mit dem Nachschub an Eiswürfeln hapert es – die Hitze fordert ihren Preis.

PARCHIM – BERMUDADREIECK | 5 STUNDEN / 37 KM / SCHLEUSEN NEUBURG, LÜBZ, BOBZIN

Wieder zum Bermudadreieck. Die Fahrt dahin völlig problemlos, auch bei den Schleusen. Die Lage inmitten des Waldes ist wirklich einmalig (findet insbesondere Trudi), die Leute sind nett, das kalte Lübz vom Faß ist preiswert und gegen das vegane Essangebot hilft Selberkochen. Wollen wir aber nicht. Stattdessen bestellen wir uns die nichtveganen Angebote – Wildbratwurst plus Frikadelle plus Kartoffelsalat und Sauerkraut. So geht es (auch wenn ich die Currywurst vermisse) und sowieso: Wir haben Urlaub!

BERMUDADREIECK – ALT SCHWERIN | 4 STUNDEN / 20 KM

Zurück auf die großen Seen. In der Schleuse in Plau erzählt der Schleusenwärter von seinem Bootstörn in Frankreich. Dort müssten die Boote in den Schleusen aus Sicherheitsgründen ihren Motor laufen lassen. Wir sind uns einig, dass dies wenig sinnvoll ist. Dieses Mal legen wir für einen Zwischenstopp in Plau vor der Hubbrücke an. Wir kaufen uns den „Parkschein", spazieren über die Hubbrücke und ich entdecke als Angebot auf der anderen Seite indisches Lamm auf Reis. Eine willkommene Abwechslung.

Den Fischereianleger in Alt Schwerin haben wir in besonders guter Erinnerung und wir können problemlos anlegen und den Fisch im Restaurant genießen. Neben uns ein Boot aus Neuseeland. Der ältere Skipper ist schon seit Monaten in Deutschland unterwegs („I love the German summer."). Das Boot, so erzählt er weiter, hat er tatsächlich von Neuseeland nach Deutschland transportieren lassen. Wäre es nicht preiswerter gewesen, hier ein Boot zu kaufen oder zu leihen? Er zuckt mit den Achseln.

ALT-SCHWERIN – SIETOW | 6 STUNDEN / 39 KM

Ich rechne aus, wann wir starten müssen, um in Malchow nicht lange auf die Öffnung der Drehbrücke warten zu müssen und gehe von 75 Minuten Fahrzeit aus. Die Rechnung geht genau auf, wir sind pünktlich in Malchow, um sofort durch die geöffnete Drehbrücke zu kommen. Der Brückenwärter muss aber einen Skip-

Anleger Alt-Schwerin: Gerade ist hier noch genug Platz zum Anlegen.

Auch Trudi genießt das Bootfahren.

per mehrfach und deutlich auffordern, die Fahrrinne für die Berufsschifffahrt freizumachen.

Ziel ist jetzt Sietow. Wir wollen unseren Törn in Ruhe ausklingen lassen. Die Windverhältnisse sind gut, das Fahren auf der Müritz sehr angenehm. Von weitem sehe ich viele Boote an dem langen T-förmigen Anlegesteg in Sietow. Aber es ist noch Platz für uns (und noch weiteren Boote). Festmachen, Stromkabel legen, Anmelden, alles klappt wie am Schnürchen. Überall sind auch Radfahrer. Ob hier wohl eine Radtour mit Trudi möglich ist? Ich versuche es und entdecke in Richtung Klink sogar einen so wenig genutzten Weg, dass Trudi mal wieder frei laufen kann.

Das Fischrestaurant kündigt für heute ab 17 Uhr ein Grillfest mit irischer Live-Musik und Kilkenny-Bier vom Fass an. Nach dem vielen Fisch reizen uns eine Bratwurst oder ein gegrilltes Steak und wir finden uns um 17.30 Uhr ein. Bratwurst gibt es aber nur für Kinder. Reine Altersdiskriminierung werfe ich schmunzelnd der Grillmannschaft vor und bestelle gegrillte Steaks und frisch gezapftes Kilkenny. Die Musik ist nett, aber doch nicht so richtig irisch. Wir genießen unseren letzten Abend auf dem Deck unseres Bootes mit Blick auf die Müritz

SIETOW – HAFENDORF MÜRITZ | 2 STUNDEN / 13 KM

Wir fahren bei bestem Wetter über die Müritz zum Claassee, räumen das Boot und übergeben es der Crew von Kuhnle. Es waren drei wunderschöne Wochen.

Von Residenzstadt zu Residenzstadt

Warum entstand im ländlichen Mecklenburg Europas größtes zusammenhängendes Wassersportrevier? Die spannende Antwort auf diese Frage erfahren wir bei einer spätsommerlichen Tour per Boot von Rechlin bis Neustrelitz.

Von Heidi Arnau & Michael Zielke

Wir starten unsere Reise vom Liegeplatz der Recipe, einer Kent 28 Launch, im Yachthafen Rechlin. Anfangs geht es entlang des Tonnenstrichs über die Kleine Müritz. An der Wasserstraßen-Kreuzung weist ein Schild nach Steuerbord auf die Müritz-Elde-Wasserstraße hin, nach Backbord auf die Müritz-Havel-Wasserstraße.

Wir nehmen Kurs nach Backbord in den Mirow-Kanal, folgen ihm durch den Sumpfsee, vorbei am Servicehafen Lärz bis zum Anleger vor der Schleuse Mirow. Immer der Sonne entgegen, gleiten wir durch gleißendes, glitzerndes Wasser. Viele Luftblasen treiben auf dem Wasser – wann ist wer vor uns gefahren? Die Schleusenwartestelle ist leer, die Schleuseneinfahrt zeigt grün, so dass wir direkt hineinfahren können. Runde drei Meter geht es hinab.

Nach Ausfahrt aus der Schleuse liegt Backbord die Zufahrt zum Mirower See mit seinen Anlegemöglichkeiten bei Ricks Bootsservice an der Schlossinsel, am Strandhotel Mirow sowie bei Ricks Bootsservice fast am Ende des Sees.

LOHNENDES AUSFLUGSZIEL: SCHLOSSINSEL MIROW

Das Mirower Schloss stellte eine weitere Residenz der Herzöge von Mecklenburg-Strelitz dar und ist ein Zeugnis dieser herzoglichen Wohnkultur. Nicht zuletzt wegen der berühmt gewordenen Prinzessinnen von Mecklenburg Strelitz hat das Schloss Mirow Anziehungskraft: Charlotte wurde Mitte des 18. Jahrhunderts Königin von England und bescherte ihrer Heimatstadt die Strelitzie, eine Paradiesvogelblume. Frederike wurde Königin von Hannover und Luise preußische Königin – sie

Die „Recipe" am Liegeplatz im Hafendorf Rheinsberg.

Schloss Rheinberg vom Seeufer aus

Heidi Arnau und Michael Zielke sind mit ihrer Kent 28 „Recipe“ wieder unterwegs im Seenland.

Müritz-Elde-Wasserstraße und Müritz-Havel-Wasserstraße: schiffbare Verbindung zwischen Elbe und Berlin

Die **Müritz-Elde-Wasserstraße** verbindet die Mecklenburgischen Großseen mit der Elbe. Sie folgt weitgehend dem natürlichen Verlauf des Flusses Elde. Diese Wasserstraße ist bereits seit **1575** schiffbar und wurde zu Beginn des 19. Jahrhunderts weiter ausgebaut, um den Anforderungen an den wachsenden **Schiffsverkehr** gerecht zu werden. Ebenfalls zu Beginn des 19. Jahrhunderts schufen die Regierungen in Mecklenburg-Schwerin, Mecklenburg-Strelitz und in Preußen die Verbindung von der Müritz über die Bolter Mühle und über die sich darin anschließende Seen in die Havel: die **Müritz-Havel-Wasserstraße**. Viele Verträge waren vonnöten, um die Wassermenge zu regeln, die über die Bolter Mühle und Schleuse für den Wasserstand in der Havel sorgen sollten.

Anfang des 20. Jahrhunderts sah sich die Schweriner Regierung gezwungen, das Mühlenareal zu erwerben, so dass es nicht in preußische Hände geriet. Die Regelung der Wasserstände zwischen der **Müritz-Elde-Wasserstraße** und der **Müritz-Havel-Wasserstraße** sollte in Mecklenburger Hand bleiben. Als aus militärischen Gründen 1936 der Mirower Kanal und die Mirower Schleuse als Verbindung von der **Kleinen Müritz** bis an die **Havel** entstand, war der Bolter Kanal und seine Verbindung zur Havel Geschichte. In den 1950er Jahren wurde die Schleuse zugeschüttet. Diese **„Alte Fahrt“** ist heute nur noch mit Muskelkraft zu befahren. Das Mühlengelände ist ein reger **Veranstaltungs- und Ausstellungsort** und das historische Mühlrad darf 100 Liter Wasser pro Sekunde aus der **Müritz** schaufeln.

gebar den ersten deutschen Kaiser. Die Ahnentafel der Mecklenburg-Strelitz-Dynastie ist im Schloss zu sehen, in einem kleinen Kinosaal wird die Geschichte von einem Hofschreiber dargeboten. Und Kunstinteressierte erfreuen sich an den Rokoko-Dekorationen der Räume. Die Schlossinsel – auch Liebesinsel genannt – ist die Ruhestätte des letzten Großherzogs von Mecklenburg-Strelitz. Da er sich selbst 1918 das Leben genommen hatte, durfte er nicht in der Familiengruft in der Schlosskirche Mirow beigesetzt werden. Mit ihm ging der letzte Thronerbe, so dass Mecklenburg-Strelitz nun von Schwerin aus verwaltet wurde. Jedoch war Monate später die Monarchie beendet; einige Jahre später wurden Mecklenburg-Schwerin und Mecklenburg-Strelitz zu einem Land Mecklenburg.

„[…] Schleusen **DIEMITZ** und **CANOW** […] mit **40.000 SPORTBOOTEN** pro Jahr auf **PLATZ EINS** in Deutschland.“

Nach einem kurzen Landgang lassen wir Mirow sprichwörtlich links liegen und folgen dem Kanal, vorbei an vielen Bootshäusern, die in der Hochsaison als Feriendomizile genutzt werden. Heute stehen sie verschlossen und winterfest.

Wir folgen der Müritz-Havel-Wasserstraße über Seen und Kanäle und passieren die Schleusen Diemitz und Canow. Beide Schleusen wurden beim Ausbau der „Alten Fahrt“ gebaut und berücksichtigen bereits das erste deutsche Standardmaß für Binnenschiffe, das Finowmaß (40,2 m lang, 4,65 m breit, 1,40 m tief). Der Hub der Schleusen beträgt knapp 1,50 m. Sie gehören zu den meist frequentierten Schleusen in der Region, brachten es vor einigen Jahren mit 40.000 Sportbooten pro Jahr auf Platz eins in Deutschland. Das ist nicht verwunderlich, da jeder hier durchfahren muss, will er von der Müritz Richtung Kleinseen oder von den Kleinseen zur Müritz fahren. Und diese Zahl sagt letztlich auch etwas darüber aus, wie beliebt diese Region bei Bootfahrenden ist – und allerdings auch darüber, mit welchen Wartezeiten man in der Hochsaison an den Schleusen rechnen darf.

GRENZE ZWISCHEN BRANDENBURG UND MECKLENBURG

Am Kleinen Pälitzsee liegt der Landhafen Boot & Mehr, nicht weit vom Hüttenkanal entfernt, der über die Schleuse Wolfsbruch in die Rheinsberger Gewässer führt. Die Pälitzbrücke bei der Einfahrt in den Hüttenkanal bildete einst die Grenze zwischen Preußen und Mecklenburg-Strelitz. Heute verläuft am südlichen Ufer die Landesgrenze zwischen Mecklenburg-Vorpommern und Brandenburg. Kämen bei uns routinemäßig Gastlandflaggen zum Einsatz, wäre nun der Zeitpunkt gekommen, die Brandenburgische zu setzen.

Schloss und 3 Königinnen Palais auf der Schlossinsel Mirow

Der **Yachthafen Rheinsberg** liegt nur einen kurzen Fußweg vom Schlosspark entfernt

Blick auf den **Rheinsberger Obelisken** (l)
Schlossansicht von der Altstadt aus (m)
Heckentheater im Schlosspark Rheinsberg (r)

Die Crew: Heidi & Micha
- Bootseigner seit 2017
- gemeinsames Chartern (Segeln und Motoren) seit 2001
- Wassersporterfahrung seit ca. 1990

Youtube Kanal: „Minimax“
www.youtube.com/c/Minimax581

Am nächsten Morgen starten wir in die Rheinsberger Gewässer. Bei Sonnenschein geht es durch die Pälitzbrücke in den Hüttenkanal. Eigentlich lautet die offizielle Bezeichnung dieses Teils der Bundeswasserstraße „Wolfsbruchkanal“. Bis 1998 jedoch nannte man ihn Hüttenkanal und diese Bezeichnung findet sich auch noch heute in vielen Karten. Der Name Hüttenkanal stammt von den vielen Glashütten, die seinerzeit in diesem Bereich betrieben wurden. Nicht zuletzt die Notwendigkeit, auch diese Produkte an Bestimmungsorte zu befördern, war der Anlass zum Ausbau der Wasserstraßen. Ab 1840 wurden die Seen zwischen Rheinsberg und Kleinzerlang durch Kanäle miteinander verbunden, ebenso erfolgte ein Anschluss über Kanäle zu den Zechliner Gewässern. Ab 1870 ermöglichte der Bau der Schleuse Wolfsbruch den Zugang zu den Mecklenburgischen Seen und somit eine schiffbare Verbindung von Rheinsberg nach Berlin und Stettin.

IN DEN RHEINSBERGER GEWÄSSERN

An der Wartestelle am Unterwasser der Schleuse Wolfsbruch stehen etliche Boote. Ganz offensichtlich sind noch einige Bootsfahrende unterwegs. Von einem Boot aus wird geangelt und entgegenkommende Paddler müssen unter der Angelschnur hindurch fahren. Wir passieren an Backbord die Marina Wolfsbruch, eine große Charterbasis. Dieser Umstand führt während der Hochsaison an Schiffsübernahmetagen zu sehr, sehr langen Wartezeiten vor der Schleuse Wolfsbruch. Man tut gut daran, Termine für Schiffsüber- und -abgaben im Blick zu haben und an diesen Tagen die Schleuse Wolfsbruch zu meiden. Doch zu dieser Jahreszeit ist das Chartergeschäft fast im Winterschlaf.

Unsere Fahrt geht durch mehrere durch Kanäle verbundene Seen. Am Ende des Tietzowsees liegt an Backbord der Anleger am Restaurant „Zum Achtern“ und im anschließenden Jagowkanal erstreckt sich an Backbord der Ort Zechliner Hütte, an dem 150 Jahre lang erfolgreich Glas hergestellt wurde. Anfang des 20. Jahrhunderts wurde auch für „Hütte“ die Produktion beendet. Nach der Abholzung der Wälder, dem Beginn der landwirtschaftlichen Bewirtschaftung, der Umstellung der Glashütten auf teure Steinkohle und Gas und die Anforderung an die Massenproduktion von eher alltäglichen Gegenständen anstelle von Luxus- und Prunkgütern wurden die Hütten nach und nach aufgegeben.

Im Rheinsberger See passieren wir das Hafendorf Rheinsberg und gelangen schließlich in den Grienericksee, an dem an Backbord Rheinsberg mit seiner Anlegestelle für Fahrgastschiffe und dem Yachthafen Halbeck liegt. Von dort aus hat man einen direkten Weg in die Stadt. Wir wenden, denn wir wollen dieses Mal im Hafendorf Rheinsberg festmachen. Wären wir noch etwas weiter in den See hineingefahren (was alle hier verkehrenden Fahrgastschiffe auf ihren Routen tun), hätten wir die Schlossanlage Rheinsberg vom Wasser aus bewundern können. Wären, hätten – haben wir nicht, wir haben schlicht geschlafen.

Hafendorf Rheinsberg: Blick vom Leuchtturm auf die Hotelanlage und den Gastliegebereich des Hafendorfs

Im Hafendorf Rheinsberg machen wir im Gästebereich fest. Der Bereich zeigt sich als ausgedehntes Rund, an dessen Seite gegenüber der Einfahrt ein sehr großes Hotel steht. Rechts und links stehen viele kleine bunte Häuser in Reih und Glied, die Feriendomizil für Eigner oder Mieter sind. Alle haben einen Stellplatz für ein Auto und einen Liegeplatz für ein Boot. Das Hafendorf könnte man auch als Hüttendorf bezeichnen. Bei der Einfahrt in den Hafen werden wir von einem Leuchtturm (ohne nautische Funktion) begrüßt, die einzelnen Bereiche Gastlieger und Festlieger sind durch geschwungene Brücken miteinander verbunden. Die Wege sind recht weit: Vom Gastliegeplatz gelangen wir über den Leuchtturm auf die Brücke hinunter zum Hafenmeisterbüro und den Sanitäranlagen sowie zur Charterbasis von Lanke Charter. Viele der Charterboote liegen aufgereiht an der Hafenmauer. Folgt man dem Weg weiter, gelangt man zum Hotel. An dieser Stelle befand sich ab 1983 ein großer Plattenbau, ein Ferienheim, das der Erholung der arbeitenden Bevölkerung diente. Nach der Sprengung im Jahre 2002 wurde der Plan des Hafendorfs umgesetzt, seit 2008 ist es nun im Betrieb.

Eine knappe halbe Stunde Fußweg ist es bis zur Stadt Rheinsberg. Dort gelangen wir über die Seestraße herunter zum Hafen Halbeck und genießen sowohl die Aussicht auf den See als auch von dort aus auf die Seestraße.

„Theodor **FONTANE** und Kurt **TUCHOLSKY** würdigten **RHEINSBERG** entsprechend nachhaltig."

RHEINSBERG WIRBT: VERLIEBE DICH!

Die Stadtrechte erhielt Rheinsberg in der ersten Hälfte des 14. Jahrhunderts. Drei Familien besaßen nacheinander die Ackerbürgerstadt. Mitte des 16. Jahrhunderts entstand eine Wasserburg am Grienericksee, die im 30-jährigen Krieg arg in Mitleidenschaft gezogen wurde. 1733 wurde Rheinsberg für den Kronprinzen Friedrich II gekauft und die Wasserburg wurde zum Schloss umgebaut. Der Kronprinz bezog das Schloss und Rheinsberg konnte sich nun Residenzstadt nennen. Nachdem Friedrich II. König in Preußen wurde („Friedrich der Große" wurde er später genannt) und nach Potsdam ging, bezog sein Bruder Prinz Heinrich von Preußen das Schloss. Unter seiner Herrschaft hatte die Stadt ihre Blütezeit. Er baute Schloss und Schlossgarten mit dem Ansinnen um, der Stadtbevölkerung Zugang zu der Residenz zu schaffen. Eine Kluft zwischen Herrscher und Untertanen sollte es nicht geben. Auch das Stadtbild sollte sich ändern: breite, gerade Straßen, gesäumt durch Häuser mit uniformen Fassaden, die den Stand der Bewohner nicht zur Schau stellen sollten. Diese Ziele galten für das preußische Wiederaufbauprojekt, das nach einem Großbrand in der Stadt 1740 startete und zudem Brandschutz und Hygienevorschriften zum Inhalt hatte. Chausseen wurden gebaut, um umliegende Ortschaften wie zum Beispiel Flecken Zechlin über Land erreichen zu können. Handwerk und Gewerbe wurde stark gefördert, ebenso die Bildung und die Kunst: ein Sommertheater im Schlosspark wurde gebaut.

Prinz Heinrich starb Anfang des 19. Jahrhunderts. Rheinsberg blieb ein wichtiges Handelszentrum in der Region und verfügte über die wichtigste Steingutmanufaktur Preußens. Zwar war die Bedeutung der Stadt als Residenzstadt gesunken, jedoch erfuhr Rheinsberg neuen Schwung, als Ende des 19. Jahrhunderts der Anschluss ans Eisenbahnnetz erfolgte. Der Tourismus nahm Fahrt auf, Touristen fuhren zu Beginn des 20. Jahrhunderts auch gern mit der Bahn oder dem Dampfer nach Flecken Zechlin. Rheinsberg warb als Ausflugs- und Kurort mit dem Schloss und dem Park als Touristenmagneten. Theodor Fontane (1862: „Wanderung durch die Mark Brandenburg") und Kurt Tucholsky (1912:„Rheinsberg - Ein Bilderbuch zum Verlieben", heute ein Motto des Stadtmarketings) würdigten Rheinsberg entsprechend nachhaltig. Das Schloss blieb im Besitz der Hohenzollern bis zur Enteignung durch die sowjetische Besatzungsmacht 1945. Zu DDR- Zeiten beherbergte das Schloss ein Diabetiker-Sanatorium. Nach der Wende fand eine umfangreiche Sanierung statt. Schlosspark und Schloss sind seitdem wieder öffentlich zugänglich. Heute ist für die gesamte Anlage die Stiftung preußische Schlösser und Gärten Berlin-Brandenburg zuständig.

Mir hat es der Schlossgarten angetan. Der vor dem Schloss zum Wasser abfallende Bereich ist klar und deutlich aufgeräumt: Statuen und exakt zu Pyramiden beschnittene Koniferen lenken den Blick auf den Rheinsberger Obelisken am gegenüberliegenden Ufer des Grienericksees. Der Obelisk wurde von Prinz Heinrich zur Ehrung seines Bruders Prinz August Wilhelm von Preußen errichtet, der beim König in Ungnade gefallen war. Weiteren 28 Personen wird in personalisierten Gedenktafeln gedacht. Sie waren wegen ihrer Verdienste im Siebenjährigen Krieg (da kämpfte unter

Das Boot: „Recipe"
- Kent 28 Launch
- Baujahr 2002
- Länge: 8,50 m
- Breite: 3,50 m
- Tiefe: 0,90 m
- Höhe: 3,40 m
- Volvo Penta D2
- 55 PS
- Verbrauch 2,1 l/h
- im Besitz seit 2017
- Heimathafen Rechlin

St. Laurentiuskirche in Rheinsberg

Fischerhütte am Schwarzen See in Flecken Zechlin

anderem Preußen um schlesische Gebiete) nach Ansicht von Prinz Heinrich vom König nicht gebührend gewürdigt worden.

Im Schloss haben heute das Tucholsky Literaturmuseum und die Musikakademie ihr Zuhause. Das Festival der Kammeroper und der Theatersommer sind fest geplante jährliche Veranstaltungen und Höhepunkte in der Region, genauso wie der Töpfermarkt, der Kunsthandwerkermarkt und das Hafenfest.

Das Revier	**niedrigste Brücke**	**max. Tiefgang***
Müritz-Havel-Wasserstraße:	3,9 m	1,4 m
Obere Havel-Wasserstraße (OHW):	4,0 m	1,4 m
OHW Wesenberg-Neustrelitz:	3,4 m	1,0 m
Rheinsberger Gewässer:	3,7 m	1,2 m
Zechliner Gewässer:	3,4 m	1,0 m

** bei mehr Tiefgang unbedingt vor der Fahrt nach dem Wasserstand erkundigen*

Unser Weg führt uns in die Altstadt: zur Felssteinkirche St.Laurentius, die bereits im 13. Jahrhundert entstand, zum Keramikmuseum, durch die Straßen rund um die Kirche und zum zentralen Triangelplatz, auf dem eine Postmeilen-Säule mit Entfernungsangaben zu Städten wie Berlin, Potsdam, Stockholm und Sankt Petersburg steht. Eine Tafel zeigt einen alten Stadtplan aus der Zeit nach dem Wiederaufbau im 18. Jahrhundert; deutlich sind die geraden Straßen zu erkennen. Gegenüber vom Triangel-Platz entdecken wir die Touristen-Information, die in der ehemaligen Schlossremise ihren Platz gefunden hat. Und unweit vom Triangelplatz steht die Statue des Kronprinzen Friedrich, der schließlich in Rheinsberg seine glücklichste Zeit verbracht haben soll.

ÜBER DIE ZECHLINER GEWÄSSER ZUM SCHWARZEN SEE

Am nächsten Morgen verlassen wir bei Sonnenschein das Hafendorf mit Ziel Schwarzer See, der als letzter See in der Reihe der Zechliner Gewässer im Westen bei Flecken Zechlin liegt.

Im Tietzowsee biegen wir nach Backbord und durchfahren den Zootzensee und den Großen Zechliner See. Beide sind beliebte Anker- und Badereviere. Als wir gegen Mittag den Anleger beim Fischer am Ende des Sees erreichen, hat uns leider die Sonne verlassen, so dass die viel gelobte grüne Farbe des Seewassers nur vage zu erkennen ist. Der Anleger hat eine äußerst heimelige Atmosphäre, wir fühlen uns sofort willkommen. Die Betreiber erzählen, dass sie gegen Ende dieser Woche die Saison beenden und so schätzen wir uns glücklich, dass wir heute hier etwas zu essen bekommen.

Hinter der Fischerhütte erstreckt sich Flecken Zechlin. Zum touristischen Ziel wurde Flecken Zechlin 1907 durch die Errichtung einer Dampferanlegestelle, die auch heute noch von Rheinsberg aus angefahren wird. Die Anbindung an die Eisenbahn erfolgte 1926, dadurch konnten Gäste aus Rheinsberg und aus Berlin anreisen. Die ehemalige Bahntrasse ist heute Teil eines Radfernwegs.

ÜBER DIE OBERE HAVEL-WASSERSTRASSE NACH NEUSTRELITZ

Nach diesem Ausflug landen wir wieder beim Landhafen Boot & Mehr. Von dort aus starten wir nach Neustrelitz. Durch den Kleinen und den Großen Pälitzsee gelangen wir durch die Schleuse Strasen in den Ellbogensee, den wir kurz vor dem Hafen Priepert nach Backbord verlassen. Hier endet die Müritz-Havel-Wasserstraße, die an der kleinen Müritz, also direkt vor unserer Haustür in Rechlin, beginnt. Wir befahren nun die Gewässer der Oberen Havel-Wasserstraße. Sie beginnt weiter südlich hinter Liebenwalde kurz vor dem Oder-Havel-Kanal, folgt über weite Strecken dem Verlauf der Havel und führt über Kanäle in viele Seen und endet schließlich in Neustrelitz am Zierker See.

Unsere Fahrt geht durch den Großen Priepertsee, über die naturbelassene romantische Finowhavel in den Finowsee. Hinter dem Finowsee überspannt die Ahrensburger Hausbrücke die Havel. Die Überdachung konnte zwei Gründe gehabt haben: Holzbrücken wurden häufig zum Schutz vor allzu schneller Verrottung überdacht oder die Hausbrücke sollte den Wildwechsel verhindern, was insbesondere naheliegt, da Ahrensburg eine Mecklenburg-Schweriner Enklave in Mecklenburg-Strelitz war und das kostbare Wild bitte nicht überlaufen sollte. Direkt hinter der Brücke liegt an Backbord ein Anleger beim Wesenberger Fischer.

Am nördlichen Ufer des Woblitzer Sees biegen wir in den Kammerkanal ein. 1840 wurde der ehemalige Torfflößerkanal am Zierker See umgebaut, um eine schiffbare Verbindung vom Zierker See über den Woblitzsee zur Havel herzustellen. Dadurch sank der Wasserspiegel des Zierker Sees um 1,60 m, so dass der See seitdem ein sehr flaches Gewässer darstellt. Der Bau der Schleuse Voßwinkel sorgte für einen ausgeglichenen Wasserstand beider Seen.

Kurz hinter der Schleuse Voßwinkel (eine Selbstbedienungsschleuse) sehen wir von Steuerbord kommend „HANSI“, den Schienenbus der Kleinseenbahn, die von Neustrelitz nach Mirow fährt. Er quält sich schein-

Finde alle Häfen des Törns mit **#SLS23-03** in unserer Hafen-App auf
https://go.letsalp.com/hausboot – Routenplanung auf **magazin-seenland.de**

Die Hausbrücke bei Ahrensberg
überspannt die Havel hinter dem Finowsee.

bar die Steigung zur Brücke hoch und nimmt Fahrt auf, als er sie wieder verlässt. Tatsächlich gibt es hier für ihn wohl eine Geschwindigkeitsbegrenzung, da die Brücke etwas in die Jahre gekommen ist. Diese Eisenbahnbrücke hat mit 3,40 m die niedrigste Durchfahrthöhe auf der gesamten Oberen Havel-Wasserstraße, was so manchen Bootsfahrer von einer Tour nach Neustrelitz abhält. Ebenso gibt es verbreitet Bedenken hinsichtlich des niedrigen Wasserstandes. Mit unseren 90 cm Tiefgang haben und hatten wir noch nie Probleme, da das Fahrwasser im Zierker See sehr gut ausgetonnt ist.

DER ZIERKER SEE UND SEINE LANDMARKEN

Der Zierker See hat seinen Namen von der gleichnamigen Stadt Zierke am Nordostufer des Sees, vom Wasser aus an dem Kirchturm zu erkennen. Auch zu Zierke gibt es eine nette Geschichte, wonach Zierke (= „Zentrum") zur Germanenzeit ein Ort an einer Handelsroute war. Allerdings war der Zierker See zu dieser Zeit deutlich kleiner, so dass das alte Zierke der Germanen und die Handelsroute nun seit 1.200 Jahren im Schlamm des Zierker Sees versunken ist.

STADTHAFEN NEUSTRELITZ – EIN RICHTIGER, LEBENDIGER HAFEN

Nachmittags machen wir im Stadthafen Neustrelitz fest, einem richtigen Hafen mit schönem Ambiente und regem Publikumsverkehr. Er wurde von 1841 bis 1846 erbaut. Seine Bedeutung für den Personen- und Güterverkehr wuchs ab 1927 durch den Bau der Ha-

Im Kammerkanal auf dem Weg nach Neustrelitz

fenbahn mit Gleisanschluss an den Bahnhof Süd in Neustrelitz. Nach der Wende wurde der Transport zunehmend auf die Straßen gelegt, so dass der Bahnverkehr hier 1998 eingestellt wurde. Doch 2020 fuhr tatsächlich ein ICE-Messwagen im Hafen vor, begleitet von den stolzen Mitgliedern des aktiven Eisenbahnvereins. Zum Wasserrastplatz mit Gastliegeplätzen und einem Anleger für die Fahrgastschifffahrt wurde der Hafen Mitte der 90er Jahre. Rundfahrten über den Zierker See, durch den Kammerkanal bis Wesenberg hat die Blau-Weiße Flotte im Angebot. In früheren Zeiten gab es Fahrten bis nach Rheinsberg. Das Hafenbecken umrunden wunderschön restaurierte Speichergebäude mit Hotel- und Gastronomie-Angeboten und einer Kaffeerösterei. Im Hafenmeistergebäude mit Sanitäranlagen werden Hafen und der naheliegende Wohnmobilstellplatz verwaltet.

AM ZIERKER SEE ENTLANG ZU DEN UREINWOHNERN

Ein Spaziergang im Uhrzeigersinn entlang des Sees führt an der Insel Helgoland mit dem großen Biergarten vorbei, am Fischergelände, auf dem man im Strandkorb sitzen und den frisch gefangenen und zubereiteten Fisch genießen kann. Ein Stückchen weiter gibt es das Bootshaus, eine Pension mit Restaurantbetrieb und einer herrlichen Terrasse, die den Sonnenuntergang über dem Zierker See beobachten lässt. Vom landseitigen Eingang des Bootshauses hat man bereits einen schönen Blick auf den Schlosspark. Wir nehmen den Weg am Bootshaus vorbei und gelangen zu einem weißen Pavillon. Das ehemalige Wäschespülhäuschen der großherzoglichen Residenz ist nun ein Café direkt am Wasser. Der Weg führt zur weißen Brücke. Sie führt über den alten Floßkanal und von dort geht es weiter durch ein Wäldchen entlang des Zierker Sees bis hin zum Slawendorf. In Erinnerung an die slawischen „Ureinwohner" Mecklenburgs betreibt ein Verein den Erhalt und den Ausbau des Dorfes. Viele Mitmachangebote sind insbesondere für Kinder interessant.

SCHLOSSGELÄNDE OHNE SCHLOSS

Der Schlosspark erstreckt sich vom Schlossberg hinunter bis an den Zierker See. Das Schloss wurde Ende des zweiten Weltkrieges zerstört. Unter einem abgesperrten Bereich liegt der unter Denkmalschutz gestellte Schlosskeller. Ein Schlossbergprojekt sieht die Begehbarkeit des Schlosskellers und die Neu-Errichtung des Schlossturms nach altem Vorbild vor. Auch der Wiederaufbau des Schlosses wird derzeit diskutiert. Banner an der Umzäunung des Schlosskellerbereichs zeigen, wie das einstige Residenz-Gebäude ausgesehen hat.

Vor der imposant in den Himmel ragenden Schlosskirche steht das Denkmal von Großherzog Georg. Folgt man dem Weg weiter am Schlosskellergelände vorbei, gelangt man zum ehemaligen Prinzenpalais, das heute das Standesamt beherbergt. Und ein Stück weiter rechter Hand steht das Landestheater Neustrelitz. Seit 1779 war das Mecklenburgisch-Strelitzsche Hoftheater an dieser Stelle kultureller Treffpunkt. Nach einem Brand um 1920 wurde es als Landestheater Neustrelitz nach alten Plänen wiederaufgebaut. Schlosspark und Schlossberg sind bekannt für die jährlich stattfindenden Schloss-Festspiele – Operetten und Schauspiele werden hier in der Freiluft präsentiert und setzen damit die jahrhundertlange kulturelle Tradition fort.

Nimmt man den mit Skulpturen und schönen Laternen gesäumten Weg vom Schlossberg über die Schlossstraße, passiert man das ehemalige Kavaliershaus, in dem heute das Straßenbauamt untergebracht ist und die Orangerie, die als Winterlager für empfindliche Pflanzen gebaut wurde. Derzeit wird sie saniert, deutlich erkennbar an den Baugerüsten.

Der Schlosspark beherbergt den Luisentempel zu Ehren der Prinzessin Luise, die preußische Königin und Mutter des ersten deutschen Kaisers war. Ein Zeugnis der späteren Geschichte im Schlossgarten sind die Grabsteine für 1945 gefallene sowjetische Soldaten.

Tag	Strecke	Fahrtzeit	Gewässer	Schleusen
1	Yachthafen Rechlin Landhafen Boot & Mehr	3 h	Müritz-Havel-Wasserstraße, Kleiner Pälitzsee	Mirow, Diemitz, Canow
2	Landhafen Boot & Mehr Hafendorf Rheinsberg	1 h 30 min	Rheinsberger Gewässer	Wolfsbruch
3	Hafendorf Rheinsberg Flecken Zechlin Landhafen Boot & Mehr	3 h 10 min	Rheinsberger und Zechliner Gewässer, Kleiner Pälitzsee	
4	Landhafen Boot & Mehr Stadthafen Neustrelitz	3 h 25 min	Kleiner Pälitzsee, Müritz-Havel-Wasserstraße, Obere Havel-Wasserstraße	Strasen, Wesenberg, Voßwinkel
5	Stadthafen Neustrelitz Yachthafen Priepert	2 h 30 min	Obere Havel-Wasserstraße	Voßwinkel, Wesenberg
6	Yachthafen Priepert Yachthafen Rechlin	3 h 50 min	Müritz-Havel-Wasserstraße	Canow, Diemitz, Mirow

Schleuse Wesenberg

Die „Recipe“ im Stadthafen Neustrelitz

Hinter dem Schloss liegt ein Waldgebiet, der Tiergarten, der bereits vor der Stadtgründung von Neustrelitz den Herzögen als Jagdrevier diente. Das Hirschportal führt vom Schlossberg in den Wald. Der Weg direkt links dahinter führt hinunter zum heutigen Eingang des Tiergartens, ein Zoo-Gelände mit vielen begehbaren Tiergehegen. Sogar Affen kann man ganz nah kommen.

„Der **SCHLOSSPARK** beherbergt den **LUISENTEMPEL** zu Ehren der **PRINZESSIN LUISE**, die preußische Königin und Mutter des ersten **DEUTSCHEN KAISERS** war.“

DER MARKTPLATZ – ERGEBNIS EINER STADTPLANUNG AM ZEICHENBRETT

Die Schlossstraße bringt uns zum Marktplatz, dem Herzstück dieser barocken Planstadt. Lohnenswert ist ein Spaziergang über die Glambecker Straße bis zum gleichnamigen See mit Freibad, dem „Glammi“. In den vom Marktplatz sternförmig abgehenden Straßen ist der Baustil der Zeit noch erkennbar, die Häuser entstanden bis zur ersten Hälfte des 19. Jahrhunderts und wurden saniert, viele stehen unter Denkmalschutz. Die Strelitzer Straße ist eine Einkaufsstraße, zahlreiche Geschäfte laden zu einem Stadtbummel ein und die Touristeninformation bietet unter anderem Stadtführungen und Touren in den nahegelegenen Müritz-Nationalpark an.

Im Gegensatz zur Bebauung der Planstadt Neustrelitz musste das preußische Wiederaufbauprojekt in Rheinsberg bereits vor-

Hebetempel im Schlosspark Neustrelitz

Schlosskirche Neustrelitz

„Derart **BEWAHRTE** und erlebbare **GESCHICHTE** zieht den **TOURISMUS** an […]“

handende Strukturen der ehemaligen Ackerbürgerstadt nutzen. Neustrelitz wirkt großzügiger, es gibt in der Stadt mehr freie Flächen. Die einst zur Selbstversorgung genutzten großzügigen Hinterhöfe wurden in unterschiedlichster Weise bebaut. Beide Residenzstädte halten durch vielseitige kulturelle Veranstaltungen die Tradition der „schönen Künste“ aufrecht, denen bereits die Regenten in Rheinsberg und in Neustrelitz sehr zugetan waren. Derart bewahrte und erlebbare Geschichte zieht den Tourismus an, so dass beide Städte und ihre Regionen entsprechend werben und davon leben. Wir konnten auf dem Wasserwege buchstäblich erfahren, wie sich die Region zwischen Neustrelitz und Rheinsberg entwickelte und wie sich die Residenzstädte heute präsentieren. Sowohl in Neustrelitz als auch in Rheinsberg stiegen nach ihrer jeweiligen Ernennung zur Residenzstadt die Einwohnerzahlen schnell: Die Herrschaft benötigte Bedienstete. So zählten die Rheinsberger 1785 1.552 Seelen (40 Jahre früher waren es gerade einmal 626), die Neustrelitzer in 1787 2.873 Seelen. Auch heute ist die Einwohnerzahl in Neustrelitz Kernstadt mit ca. 8.000 um einen ähnlichen Faktor größer als die in Rheinsberg mit ca. 4.000.

Wir verlassen Neustrelitz und bringen die Recipe in ihren Heimathafen nach Rechlin.

Eine abwechslungsreiche Reise vor schöner spätherbstlicher Kulisse geht zu Ende. Im Gepäck haben wir viel Gelerntes über die Geschichte der Region, haben Fotos und Filmmaterial gesammelt und nehmen somit Aufgaben für die Zeit ohne Boot mit.

Die Entstehungsgeschichte des Markplatzes von Neustrelitz

Das **Herzogtum Mecklenburg-Strelitz** entstand erst 1701 durch eine Teilung des Landes Mecklenburg. Herzog Adolf Friedrich III. residierte zunächst in einer Wasserburg in Strelitz. Als diese Burg 1712 abbrannte, wurde aus einem Jagdschlösschen auf dem heutigen Schlossberg die neue Residenz mit der Anlage des Schlossgartens erbaut. Nach dem Motto **„Wer einen Park zu planen versteht, kann auch eine Stadt planen“** ließ der Herzog ab 1732 die **Planstadt** am Zeichenbrett entwerfen. Im Gegensatz zur Residenz in Rheinsberg, in der die Regierenden den Kontakt zu den Stadtbewohnern auf Augenhöhe leben wollten und sich als Diener des Staates verstanden, war dem **Herzog von Neustrelitz** wichtig, dass die Stadt zu den Füßen seiner Residenz erbaut wurde und so der Unterschied zwischen Regenten und Untertanen deutlich blieb. Es entstand der **quadratische Marktplatz**, von dem acht Straßen sternförmig abzweigen – diese barocke Bauanlage ist etwas Besonderes.

Rund um den **Marktplatz** entstanden zunächst größere Häuser der höfischen Verwalter. Um die Stadt weiter zu besiedeln, wurden potentielle **Neubürger** mit kostenfreiem Grund, Bauholz und Steuerfreiheit für 10 Jahre angeworben. Jedes Haus sollte ein steinernes Dach und eine Fassade aus Holz und Steinen haben. Hinter jedem Haus erstreckten sich große Flächen, die sowohl mit kleinen Hinterhäusern bebaut werden durften als auch zur Selbstversorgung genutzt werden sollten. Bauern im Vollerwerb gab es in Neustrelitz nicht. Der damalige **Kronprinz Friedrich II von Preußen** schrieb 1736 einen Bericht über seinen Besuch in Mecklenburg-Strelitz an seinen Vater,

den König von Preußen. Er erlebte das **Neustrelitzer Schloss** samt Park zwar ähnlich schön wie die Anlage in Rheinsberg, jedoch beeindruckte ihn die erst zu einem kleinen Teil bewohnte Stadt nicht. Den damaligen Herzog befand er für einfältig und ganz und gar unpolitisch.

Friedrich Wilhelm Buttel – Gestalter des Stadtbildes

Unter dem **Großherzog Georg** fand ab 1816 eine weiter rege Bautätigkeit in der Stadt statt: Beispiele sind das **Rathaus** und der Turm der **Stadtkirche**, die als Blickfänge am Marktplatz stehen, die **Schlosskirche** und die **Orangerie** im Schlossgarten, der **Kammerkanal** und der Hafen und die Artillerie- und Infanteriekaserne in der Strelitzer Straße. Sämtlichen Bauwerken drückte der Baumeister Buttel seinen Stempel auf und ergänzte die **barocke Wohnstadt** um klassizistische Elemente.

BAUHAUS®
NAUTIC®
Der Wassersport-Ausrüster
Kompetenz
für Schiff und Crew
• Anker, Fender & Tauwerk
• Bordinstallation, Sanitär & Trinkwasser
• Rettung, Sicherheit & Flaggen
• Elekrtik & Beleuchtung
• Bootsfarbe & Bootspflege
• Reparatur & Dichtstoffe
• Deckbeschläge & Befestigung
• Boote, Bootsmotoren & Wassersport
• Navigation
• Lagerung & Transport
• Angelzubehör
• Seekarten & Bücher
• Weitere Bootsaustattung
BAUHAUS 12 x in Berlin/Brandenburg und M/V
Info unter: www.bauhaus.info

Ein Hausboot-Wochenende im Dahme-Seenland

Raus aus der Stadt, ab aufs Wasser – die Seen rund um Berlin bieten dafür beste Voraussetzungen. Vor allen das Dahme-Seenland ist ein abwechslungsreiches Revier mit hervorragender Wasserqualität und verkehrsgünstiger Anreise. Selbst ein Kurztörn lohnt sich hier.

Von Jan Peterson

Liegeplatz mit Ausicht im Hafen der **Fischerei „Am Wolziger See“.**

René von Nautilus Hausboot Charter in Niederlehme macht uns den Start in das Hausbootwochenende einfach. Gemeinsam mit einer weiteren Crew nehmen wir im kleinen Hafenbüro oberhalb der Steganlage Platz. Es folgt eine kurze Einweisung in die Grundlagen der Bootshandhabung einer Nautilus samt Tipps zum Revier und Liegeplätzen. Als passionierter Segler kennt René sich auf dem Wasser aus. Tipps und Tricks zu Boot und Revier fallen ihm leicht. Jede Frage wird kompetent und auf Augenhöhe beantwortet; eine super Einweisung.

NEBENSAISON – HAUPTSAISON FÜR GENIESSER

Jetzt Mitte Oktober herrscht hier im Revier Nachsaison und die Häfen haben ausreichend freie Liegeplätze. In der Hauptsaison sind Gastliegeplätze hoch begehrt und die Planung eines Hafens für die Nacht ist wichtig, samt vorheriger Anmeldung.

Der theoretischen Einweisung folgt die Praxis: Eine kurze Runde vor dem Hafen inklusive Anlegemanöver runden die Einweisung ab. Wir fühlen uns sicher an Bord unseres 10,90 Meter langen und 3,65 Meter breiten Bootes.

Offiziell ist Platz für vier Erwachsene und zwei Kinder. Wir sind zwei Erwachsene und ein Kind und finden die Belegung für die kältere Jahreszeit optimal. Das Schlafsofa im Salon müssen wir nicht nutzen, was uns platztechnisch entgegenkommt. Das Kind schläft in der zu drei Betten umbaubaren Heckkajüte. Im Sommer können zusätzlich zwei weitere Personen im unbeheizten Aufstelldach auf dem Oberdeck nächtigen.

Die Nautino Maxi Comfort setzt in Sachen Lifestyle durch charakteristische Formgebung und funktionales Design Maßstäbe im Segment der Katamaran-Hausboote. Die einzigartige Handschrift der Firma Nautilus zeigt sich in der gekonnten Verknüpfung von Holzoptik mit Glas und Aluminium zu außergewöhnlichen Hausbooten. Unser Boot ist mit 25 PS motorisiert und deshalb führerscheinpflichtig. Im Angebot sind aber auch führerscheinfreie Boote mit geringerer Motorleistung.

Von Niederlehme aus geht es entweder in Richtung Berliner Speckgürtel oder raus ins Dahme-Seenland bis nach Bad Saarow oder den Teupitzer Gewässern. Auch eine Fahrt in Richtung Oder auf der Spree wäre möglich. Die Berliner Innenstadt sollte man mit dem Boot aufgrund der hohen Dichte an Berufsschifffahrt und der Sprechfunkpflicht am Tage nicht befahren.

Vermieter

Nautilus Hausboot Charter steht für modern designte und gut ausgestattete **Hausboote** für drei bis sechs Personen. Die Boote werden **vor Ort gefertigt** und stehen sowohl zur **Vermietung** als auch zum **Kauf** bereit. An den Standorten Niederlehme und Fürstenberg/Havel findet die Vermietung der **Hausboote** statt. **Flöße und Loungeboote** können in Niederlehme und Köpenick gemietet werden.

Der reine **Mietpreis** für das Standard Boot **Nautino Maxi Classic** beträgt in 2023 ab Niederlehme je nach Saison zwischen 850 und 1.900 Euro pro Woche (Stand April 2023). **Nebenkosten** wie Endreinigung, Benzin und Wäschepaket etc. kommen noch hinzu. Wir sind eine Nautino Maxi Comfort gefahren. Infos unter: **www.nautilus-hausbootcharter.de**

EINE KURZE FAHRT IN DEN ABEND

Wir wollen die Ruhe und die Natur genießen. Zwei Stunden vor Sonnenuntergang legen wir ab und nehmen Kurs auf die nahe Schleuse Neue Mühle. Viel Zeit bleibt uns also nicht, sich mit der Nautino mit Namen „Ghost“ vertraut zu machen. Aber die gute Einweisung macht sich bezahlt. Gemeinsam mit der zweiten Crew des Tages laufen wir elegant in die Schleusenkammer ein. Dank der kleinen Straßenzugbrücke vor der Schleuse und des hellen Backsteins ist die Schleuse ein beliebtes Fotomotiv.

Langsam nähert sich die Sonne dem Horizont und es wird Zeit, einen Platz für die Nacht zu suchen. Wir entscheiden uns für einen Ankerplatz in einer kleinen Bucht auf dem Krimnicksee. Mit der Dämmerung kommt etwas Wind auf. Zur Sicherheit legen wir zusätzlich zum Hauptanker an der Terrasse einen zweiten Anker am Heck des Bootes aus. Anhand der Lichter an Land und des in der Nähe liegenden festen Hausbootes überzeugen wir uns davon, dass unser Boot nur zwischen den Ankern pendelt. Um ganz sicher zu gehen aktiviere ich zusätzlich noch die praktische App „Ankeralarm“. Bei dieser wird der Standort ausgewählt und zusätzlich um diesen ein Sicherheitsradius gezogen. Bewegt sich das Boot außerhalb dieses Bereichs, wird ein Alarm ausgelöst. Die Nacht bleibt ruhig.

„Das **DAHME-SEENLAND** ist so ganz **ANDERS** als die **REGIONEN** nördlich von **BERLIN**.“

DER TRAUM VOM HAUS AM SEE

Am nächsten Morgen gehört der erste Blick dem Elektropanel. Ist noch genug Saft auf den Batterien? Das Display zeigt 12,2 Volt an – alles im grünen Bereich. Zudem verspricht es ein sonniger Tag zu werden, sodass das Solarpaneel seine Arbeit verrichten kann, und der Motor lädt zusätzlich die Batterien auf.

Auf den Krüpelsee folgen Dolgensee und Langer See. Diese sind jeweils mit kurzen Kanalabschnitten miteinander verbunden. Die Bäume stehen in herbstlichen Farben Spalier am Ufer. Das Dahme-Seenland ist so ganz anders als die Regionen nördlich von Berlin. Hier wechseln sich stark besiedelte Gebiet mit absolut dichter Natur ab. Das macht es kurzweilig: Mal schauen wir in die individuell gestalteten Gärten am Ufer, mal beobachte ich die Vögel in den Bäumen. Beneidenswert, wie viele hier über ein Wassergrundstück samt kleinem Boot verfügen, denke ich oft beim Vorbeigleiten.

Was mir zudem auffällt, sind die kleineren Abmessungen der Boote, die hier in der Überzahl sind. Dementsprechend sind auch die Anleger in der Region dimensioniert. Besonders in der Hauptsaison sind Liegeplätze heiß begehrt und möglichst früh zu reservieren (Tipp: Den Hafenführer für Hausboote mit den Telefonnummern der Hafenmeister nutzen). Durch die starke Verbreitung von windanfälligen und führerscheinfreien Hausbooten, sind diese bei einigen Anlegestellen, besonders am Scharmützelsee, nicht ohne vorherige Anmeldung willkommen. Anrufen und fragen lohnt sich!

Wie angespannt die Lage bezüglich Anleger ist, sehen wir beim Anlaufen des Fischers am Wolziger See; die zwei Steganlagen begrüßen mit unzähligen Hinweisschildern: Anlegen nur nach vorherigem Anruf. René hat uns den Hafen empfohlen und so rufen wir an. Es ist Nebensaison, die Stege sind komplett leer. Wir sind also willkommen und uns wird ein Platz im kleinen Hafenbecken angeboten. Ich zögere etwas beim Gedanken mit der Nautino in das von hier aus sehr eng wirkende Hafenbecken einzulaufen. Zumal ein weiteres Hausboot dort schon vertäut ist. Mit einem Lächeln auf den Lippen bietet uns der Chef des Hauses seinen Skipperservice an und kommt selbst an Bord. Dankbar nutze ich das Angebot und die Nautino liegt schnell routiniert an der Kaimauer.

ZU GAST BEIM FISCHER

Der Fischereihafen bietet einen kleinen Imbiss mit Fischbrötchen, Frischfisch und sehr leckerer Räucherware. Im gleichen Gebäude, jedoch wirtschaftlich unabhängig voneinander, befindet sich das Restaurant „Zur Fischerhütte“ mit hervorragenden Rezensionen im Netz. Wir bevorzugen mit Kleinkind jedoch das Essen an Bord und decken uns mit Räucherfisch ein.

Ein kurzer Spaziergang führt uns am Abend auf das benachbarte Gelände der Jugendbildungsstätte Blossin der Brandenburgischen Sportjugend. Eine sehr große Anlage mit eigenem Hafen. Sicherlich eine Alternative für die Nacht, wobei ein Blick auf die Wassertiefe im Hafenbecken trotz unserer geringen 60 cm Tiefgang meine Zweifel weckt. Auch hier ist ein Anruf beim Hafenmeister und ein Blick in die eigenen Bootspapiere bezüglich Tiefgang dringend angeraten. In der Saison von Mai bis September gibt es ein Hafencafé und einen Wassersportverleih. Vermietet werden Kanus, Segel- und Motorboote sowie SUP‘s. Geöffnet ist an Sonn- und Feiertagen ab 11 Uhr sowie in den Sommerferien.

Am nächsten Morgen erleben wir vor unserem Liegeplatz einen phänomenalen

Finde alle Häfen des Törns mit **#SLS23-04** in unserer Hafen-App auf **https://go.letsalp.com/hausboot** – Routenplanung auf **magazin-seenland.de**

Milder Fahrtwind beim Steuern dank seitlicher Schiebetür an Bord der „Ghost".

Mitten im Dahme-Seenland legen wir am **Dorfanleger von Philadelphia** an. (o)
Lichtdurchfluteter Steuerstand mitten im Geschehen, die Terasse ist der verlängerte Salon. (u)

Sonnenaufgang über dem Wolziger See. Groß und rot durchdringen Sonnestrahlen die in Frühnebel gehüllte Wasseroberfläche.

ÜBER PHILADELPHIA NACH STORKOW

Wir nutzen die Energie des Morgens und starten zu unserem Tagesziel Storkow. Der gleichnamige Kanal führt uns in zahlreichen Kurven durch eine idyllische Gegend. Im kleinen Örtchen mit dem besonderen Namen Philadelphia legen wir am Wasserwanderrastplatz an. Die Tanknadel nähert sich der Nulllinie. Anlegen im Kanal ist verboten und ohne Motor sind wir manövrierunfähig. Also fülle ich den Tank aus dem Reservekanister auf. Das erfordert anfangs etwas Übung, gelingt dann aber problemlos. Kurze Zeit später erreichen wir den Wasserwanderrastplatz in Storkow. Wir sind das einzige Boot am gebührenfreien Steg, der aber auch über keinen Stromanschluss verfügt.

VOM BOOT ZUR BURG

Der Nachmittag bringt unerwartet Niederschlag und Bewölkung. Also werden die Regenjacken übergeworfen und bei Nieselregen erkunden wir Storkow. Die Stadt hat eine lange und interessante Geschichte, die bis ins 13. Jahrhundert zurückreicht. Der Ort wurde erstmals im Jahr 1209 urkundlich erwähnt und gehörte zunächst zum Territorium der Slawen.

Das kleine brandenburgische Städtchen verfügt über einen großen Marktplatz, um den sich die Altstadt gruppiert. Empfehlenswert ist der Rundgang entlang der Hinweisschilder an zahlreichen Häusern, die Wissenswertes über die Geschichte der Stadt und ihrer Bewohner erzählen. Die Burganlage samt Touristinfo, Bibliothek, kleinem Café und Ausstellungen liegt direkt vor der Altstadt und ist in zehn Minuten vom Hafen aus erreichbar. In der Saison finden auf der Freilichtbühne im Burghof zahlreiche Veranstaltungen statt.

Zurück an Bord ordern wir uns eine Pizza und genießen den Tagesausklang.

SONNENMANGEL

Mein erster Gang am Morgen führt mich zum Elektropanel. Meine stille Vermutung stimmt: Die Voltanzeige nähert sich dem kritischen Wert. Ein Nachmittag ohne Sonne und eine Nacht ohne Stromanschluss aber mit angestellter Heizung haben viel Energie verbraucht. Wir müssen mit laufendem Motor frühstücken, um die Batterien wieder zu laden. Vor der Abfahrt möchte ich zur Sicherheit noch den Reservekanister auffüllen. Also geht es mit Sackkarre und Kanister zur Tankstelle an der Kummersdorfer Straße. Der Weg ist nicht weit und nach einer halben Stunde bin ich mit genügend Benzin wieder zurück an Bord.

RÜCKFAHRT NACH NIEDERLEHME

Am nächsten Morgen müssen wir die „Ghost" zurückgeben. Vier Tage sind dann doch etwas kurz um es bis nach Bad Saarow zu schaffen. Aber das Schloss Hubertushöhe wollen wir dennoch anschauen. Das ehemalige Hotel wird aktuell zu ei-

Häfen
Generell gilt in der Hauptsaison: unbedingt vorher an den Häfen anmelden; begrenzte Kapazitäten.

Heimathafen der Nautilus
in Niederlehme mit Tankstelle

Anleger der **Fischerei am Wolziger See**
Tel. (03 37 67) 804 56

Jugendbildungszentrum Wolziger See
Tel. (03 37 67) 754 00
Achtung: Wassertiefe vorab erfragen!

Stadtanleger Storkow: kostenfrei

Schloss Hubertushöhe mit **Fischerkate**
Tel. (03 36 78) 44 57 96

Optional am Scharmützelsee:
Marinapark am Scharmützelsee
Tel. (0171) 990 43 50

Die einzigartige Handschrift der Firma Nautilus: Außergewöhnliche Hausboote durch die gekonnte Verknüpfung von Holzoptik mit Glas und Aluminium.

Tipp zum Mitnehmen: Eine Lichterkette in Kombination mit der besonderen Bordbeleutung lässt an lauen Herbstabenden Kinderaugen leuchten.

nem Kunst- und Literaturpark entwickelt und steht nur für Events und Hochzeiten zur Verfügung. Der Schlosspark mit Fischkate und Biergarten ist aber in der Saison öffentlich zugänglich. Wir passieren also Schleuse und Klappbrücke Storkow und drehen eine Runde über den malerischen Storkower See. Hier ändert sich die Vegetation und der See ist von hohen Bäumen umrandet. Kurz vor dem Anlegen am Außensteg des Schlosshafens bemerken wir einen Zettel an einer Dalbe: Wir sind leider zwei Tage zu spät für einen Imbiss in der Fischkate; der Hafen ist schon geschlossen. Also drehen wir nur eine Ehrenrund über den See und treten die Rückreise an.

„Wir **ERLEBEN** die herbstlichen **FARBEN** nochmal **INTENSIVER** und entdecken neue **BLICKE** auf die **LANDSCHAFT**."

Obgleich wir die Route schon kennen, erleben wir die herbstlichen Farben nochmal intensiver und entdecken neue Blicke auf die Landschaft. Die Fahrt läuft wie ein Uhrwerk, keine Wartezeiten an den Schleusen und wir sind alleine auf den Seen – ein herrliches Gefühl von Freiheit.

Gegen 17 Uhr laufen wir in Niederlehme ein. Fürs Abendbrot gibt es Fish & Chips vom Food-Truck vor der Basis. Die Rückgabe am nächsten Morgen erfolgt so routiniert und freundlich wie die Einweisung. Tiefenentspannt und glücklich verabschieden wir uns von René am Steg in Niederlehme.

Das hat uns besonders gefallen:

Die **Nautino Maxi** setzt in Design und Komfort besondere Maßstäbe. Tolle maritime Elemente wie die Bullaugen, der futuristische Steuerstand im Salon und die schön gestaltete Dusche lassen das Boot sehr modern und leicht wirken. Die Fußbodenheizung der **Comfort Modelle** wärmt wunderbar und mittels der großen, verschiebbaren Fensterflächen ist man auch am Steuerstand ganz nah an der Natur. Durch die Kombination aus Terrasse und begehbarem Oberdeck ist genug Platz an Bord, um sich auch einmal aus dem Weg zu gehen.
Für **Familien** mit kleineren Kindern ist die große Liegefläche in der Heckkabine perfekt. Das Kind kann bei den Eltern schlafen und sich einkuscheln. Im Sommer ist man auf dem Modell Comfort dank Solarpanel und Kläranlage völlig autark an Bord: **Einfach auf dem See ankern und die Seele baumeln lassen – herrlich!**
Die Region bietet Abwechslung zwischen urbaner Uferbebauung und purer Natur mit glasklaren Seen zum Baden. Als **Highlight** gibt es frischen Fisch unterwegs und Brandenburgs größten See, den Scharmützelsee mit dem Kurort Bad Saarow, als besonders Etappenziel.

Das hätte ich gern vorher gewusst:

Das **Boot** wird für vier Erwachsene und zwei Kinder bis 12 Jahren angeboten. Zwei Schlafplätze befinden sich in dem ausklappbaren **Aufstelldach** auf dem Oberdeck. Diese sind unbeheizt und somit nicht optimal für die **Nebensaison** auf dem See geeignet. Die Nutzung der Schlafkoje auf dem Oberdeck ist in der Nebensaison nur mit Schlafsack empfehlenswert. In der warmen Jahreszeit ist die Option der **Schlafkoje** für größere Kinder sicher ein super Spaß. Kleinere Kinder schlafen besser bei den Eltern oder auf dem Schlafsofa, da nur eine steile Leiter nach oben führt. Zwei weitere Schlafplätze können auf dem Klappsofa im Salon eingerichtet werden. Stauraum an Bord ist begrenzt.
Das **autarke Konzept** mit der Stromversorgung über Batterie und Solarpaneele klappt nur bei Sonnenschein, an bewölkten Tagen muss die Batteriespannung im Auge behalten werden, um keine Tiefenentladung zu produzieren.
Tanken: Die Tanks müssen bei längerer Fahrstrecke unterwegs per Kanister nachgetankt und gegebenenfalls muss der Reservekanister an einer Straßentankstelle aufgefüllt werden. Dafür steht eine klappbare Sackkarre an Bord bereit. Das erspart man sich, wenn man einfach den Tag an **Bord** auf einem See genießt und nicht unbedingt Strecke um jeden Preis machen möchte.

Beste Jahreszeit für die Tour:

Der **Sommer** eignet sich besonders gut für Crews, die autark auf den Seen ankern wollen und die Zeit an Bord genießen möchten. Allen, die Strecke machen möchten und Landgänge einplanen, sei die **Vor- und Nachsaison** empfohlen. Dann sind die Schleusen leerer und die Gastliegeplatzsuche ist entspannter – jedoch sind nicht mehr alle Gaststätten geöffnet.

Karten/Literatur
Hafenführer für Berlin & Brandenburg 39,90 €, ISBN 978-3-946148-28-9
Berlin und Brandenburg, BinnenKarten Atlas 3, KartenWerft, 49,90 €, ISBN 978-3-944082-00-4

Messe Berlin
BOOT & FUN
SEEN SIND DEIN DING?
BESUCHE DEINE BOOTS- & FREIZEITMESSEN
FÜR WASSERSPORT, OUTDOOR, ADVENTURE & REISEN –
INMITTEN EUROPAS GRÖSSTEM BINNENREVIER!
Erlebe auf der BOOT & FUN INWATER einen stimmungsvollen Mix aus neuesten Booten, Probefahrten und Verkaufspagoden entlang des Hafens und entdecke die einzigartige Markenvielfalt der BOOT & FUN BERLIN mit ihren Verbundmessen ANGELWELT BERLIN, dem BERLIN TRAVEL FESTIVAL und der AUTO CAMPING CARAVAN.
INWATER
25.–27. AUGUST 2023
MARINA HAVELAUEN
WERDER (HAVEL)
BERLIN
30. NOV – 03. DEZ 2023
MESSEGELÄNDE BERLIN
EINGÄNGE SÜD & HALLE 21
ONLINE
365 TAGE IM JAHR
BOOT-BERLIN.DE
BOOT & FUN APP

SO GEHT BOOTSURLAUB
50 Tipps vom Profi

Urlaub auf einem Hausboot oder einer Motoryacht ist etwas ganz Besonderes. Ein Abenteuer, eine Auszeit vom Alltag in den wunderbaren Wasserwelten Brandenburgs und Mecklenburgs. Aber wie bereitet man sich darauf vor, wie plant man eine solche Reise? Wie läuft der Urlaubsalltag an Bord? Und wie steuert man das Boot – auch ohne Führerschein – sicher über Seen und Flüsse? Wir haben die häufigsten Fragen zum Bootsurlaubs zusammengetragen – und geben Antworten und Tipps, damit die Zeit auf dem Wasser unvergesslich wird.

DER HAUSBOOT PROFI
FRAGEN & ANTWORTEN

1. Wie sind Hausboote ausgestattet?

Hausboote sind in der Regel wie eine Ferienwohnung ausgestattet – nur mit Motor und auf dem Wasser. Alle Annehmlichkeiten wie Küche, Betten, Badezimmer etc. sind an Bord. Über Nacht macht man mit seinem schwimmenden Feriendomizil dort fest, wo es einem am besten gefällt. Fragen Sie Ihren Vermieter vor Reiseantritt, in der Regel erhalten Sie eine detaillierte komplette Liste der Ausstattung.

2. Gibt es Wasser auf dem Hausboot?

Hausboote besitzen Frisch- und Abwassertanks. Frischwasser kann in fast jedem Hafen nachgefüllt werden. Das Wasser aus den Tanks ist kein Trinkwasser, sondern dient lediglich als Brauchwasser. Flöße verfügen häufig über Wasserkanister.

3. Gibt es Strom auf dem Hausboot?

Auf Hausbooten und Motoyachten gibt es Strom, auf rustikalen Flößen meist nicht. Wie viel Strom und in welcher Spannung er verfügbar ist, unterscheidet sich jedoch gewaltig. Es gibt heute Hausboote, die mit riesigen Battery-Packs im Rumpf sogar eine Dampfsauna über Solarstrom betreiben. Ältere Anlagen zwingt schon der Betrieb eines Laptops über Nacht in die Knie, eine Kaffeemaschine beschädigt bereits die Anlage. Liegt man in einem Hafen, wird das Hausboot an den Landstrom angeschlossen. Hierzu hat jedes Boot ein Verlängerungskabel an Bord, das an die dafür vorgesehenen Stromsäulen auf dem Steg angestöpselt wird. Auf diese Weise ist der Stromversorgung mit 230 V gesichert und die bekannten Haushaltssteckdosen an Bord können genutzt werden. Ohne Landstrom verhält es sich jedoch anders: Jetzt wird die Stromversorgung des Hausboots über die Batterien und bei laufendem Motor über die Lichtmaschine sichergestellt. Diese produzieren aber nur eine Spannung von 12 V Gleichstrom. Diese kann über ggf. vorhandene Auto-Steckdosen (Zigarettenanzünder) oder auch USB-Steckdosen genutzt werden. Um auch jetzt, unter Fahrt oder vor Anker, eine Spannung von 230 V auf dem Boot zu nutzen, wird ein Wandler benötigt. Auf fast allen Hausbooten gehört dieser zur Grundausstattung. Dieser Wandler versorgt alle oder nur ausgewählte Haushaltssteckdosen mit 230 V. TV-Gerät oder Handy lassen sich darüber ganz gewöhnlich betreiben bzw. laden. **Aber Achtung:** Nur auf wenigen Hausbooten verfügt der Wandler über so viel Leistung, dass auch eine Kaffeemaschine, ein Toaster oder ein Fön über ihn betrieben werden können. Für diese Geräte im Zweifelsfall immer lieber auf den Landstromanschluss warten oder den Vermieter gezielt fragen.

4. Wie werden Müll und Abwasser entsorgt?

In den Häfen stehen Müllcontainer zur Entsorgung von Hausmüll und Glas bereit. Die Entsorgungsgebühr wird mit der Liegeplatzgebühr zusammen abgerechnet. Abwasser aus der Toilette wird an Bord in einem Fäkalientank aufgefangen und muss in regelmäßigen Abständen an Abpumpstationen entsorgt werden. Dafür stehen in Häfen fest installierte Pumpen bereit. Der dortige Abpumpschlauch wird an den Stutzen am Fäkalientank angebracht. Je nach Hafen werden die Pumpen durch den Hafenmeister oder durch die Besatzung bedient. Üblich ist ein Euro Gebühr für 50 Liter. Fäkalientanks sind üblich ab 200 Liter und fassen bis zu 800 Liter. **Wichtig:** Füllstandanzeige des Fäkalien- und Abwassertanks im Auge behalten! Wobei man zugeben muss, dass diese Anzeige sehr häufig nicht korrekt funktioniert. Je nach Fassungsvermögen, Besatzung und Nutzungsverhalten der sanitäten Anlagen also auch den gesunden Menschenverstand gebrauchen. Leider werden Spül- und Duschwasser (Grauwasser) bei vielen Hausbooten immer noch direkt in die Gewässer eingeleitet. Es gibt Initiativen dies zu verbieten, denn im Gegensatz zur Toilettennutzung beinhalten diese Abwässer ja schließlich auch Chemikalien. Es sollte also auf jeden Fall auf abbaubare Reinigungsmittel und einen sparsamen Gebrauch geachtet werden.

5. Muss ich selber tanken?

Bei der Übernahme ist das Boot in der Regel vollgetankt, so dass damit zwei Wochen durchschnittlicher Fahrt (sechs bis zehn Stundenkilometer; vier bis fünf Stunden pro Tag) abgedeckt sind. Preislich gesehen entspricht das etwa 25 bis 80 Euro Kosten für Diesel pro Tag. Je nach Motorisierung, Wind und Wellengang sowie Nutzungsintensität der Heizung kann dieser Wert stark variieren. Bootstankstellen sind nicht in allen Revieren gleich häufig zu finden – im Vorfeld informieren! Ähnlich wie bei Mietwagen gibt es unterschiedliche **Tankregelungen:** Rückgabe mit vollem Tank und Eigenbetankung, Abrechnung nach Motorstunden, Abrechnung nach Tankstand, Abrechnung als Tagespauschale.

6. Wo gibt es Bootstankstellen?

In der Regel wird man keine Bootstankstelle anlaufen müssen. Denn der Tank des Hausboots ist bei der Übergabe voll und sollte für mindestens zwei Wochen Bootsurlaub reichen. Trotzdem ist es ratsam, sich beim Vermieter über Bootstankstellen entlang der Route zu informieren. Auch unsere Hafenführer und das Magazin BOOTE geben einen Überblick, wo man Diesel oder Benzin nachzapfen kann.

TIPPS vom Hausboot Profi

Boote für Familien

Bist du auf der Suche nach dem passenden Boot für deinen Urlaub mit der Familie? Dann bist du in dieser Playlist genau richtig, denn hier habe ich für dich ein paar Hausboote und Motoryachten zusammengestellt, die sich besonders für den Urlaub als Familie mit Kindern eignen.

https://bit.ly/HBP-Familien

Foto: Jan Peterson, Icons: www.vecteezy.com

7. Darf ich in jedem Hafen anlegen?

Die Reviere in Brandenburg und Mecklenburg-Vorpommern verfügen über ein flächendeckendes Angebot an Häfen, in denen angelegt und übernachtet werden kann. Dabei gibt es **drei Kategorien:**

1. Privat betriebene Häfen/Marinas/Stege zeigen mit der „Gelben Welle" oder „Gastlieger willkommen"-Schildern am Steg an, dass Gastlieger anlegen dürfen. Dafür stehen oftmals extra Gastliegeplätze zur Verfügung. Einfach in einen Hafen an einer freien Stelle anzulegen, ist keine gute Idee. Entweder man fährt langsam an den Steg und ruft herüber, man meldet sich vorher beim Hafenmeister an oder man legt am Kopfsteg an und begibt sich auf die Suche nach dem Hafenmeister. Liegeplätze, an deren Kopfende ein „Belegt"-Schild hängt, sind tabu. Pro Nacht zahlt man zwischen einem und 1,50 Euro pro laufenden Bootsmeter (plus eventuell noch einen Betrag pro Person). Duschen und Wäsche waschen, Müll und Chemietoilette entsorgen, Wasser auffüllen und Strom aufladen sind in der Regel gegen eine Gebühr möglich. Vor allem in der Hauptsaison empfiehlt es sich, nicht allzu spät, am Besten schon nachmittags, am gewünschten Hafen zu sein bzw. im Vorfeld beim Hafenmeister telefonisch anzufragen, ob noch Liegeplätze vorhanden sind. Denn: Reservieren kann man sie nicht, es gilt: Wer zuerst kommt, mahlt zuerst.

2. Öffentliche Wasserwanderliegeplätze sind von den Gemeinden betriebene Stege, die extra für Bootsurlauber gebaut wurden. Dort ist das Anlegen meist gegen eine geringe Gebühr gestattet.

3. 24h-Wartestellen bzw. -Liegestellen sind in größeren Städten installierte Liegestellen entlang der Wasserstraßen. Diese verfügen über keine Infrastruktur, sind dafür aber kostenlos maximal 24 Stunden nutzbar.

Einen detaillierten Überblick über Häfen und Liegeplätze bieten unsere Hafenführer.

8. Darf ich auch auf einem See ankern und übernachten?

Grundsätzlich darf auf einem See außerhalb des Fahrwassers mit dem Boot geankert und übernachtet werden. Es gilt dafür die optimale Position zu finden: nah genug an Land, damit das Wasser nicht zu tief ist und die Ankerkette lang genug. Zudem muss man auf den Schwojekreis achten, denn das Hausboot dreht sich um den Anker. Ist man zu nah unter Land landet das Boot eventuell im Schilfgürtel oder läuft auf Grund. Aus Sicherheitsgründen muss man auf die Wetteraussichten achten.
Ist es zum Beispiel windig: Lieber ab in einen sicheren Hafen.

TIPPS vom Hausboot Profi

Boote für Gruppen

Ihr wollt als Gruppe reisen und gemeinsam in See stechen? Da ist es das Wichtigste, dass alle Platz an Bord haben und vor allem auch einen Schlafplatz finden. Für euch habe ich hier eine Auswahl passender Boote zusammengestellt, die für große Gruppen ideal sind.

https://bit.ly/HBP-Gruppen

9. Was ist ein Kurzlieger?

Wer mit seinem Boot nur für einen kurzen Landgang stoppt, muss in manchen Häfen eine Kurzliegegebühr entrichten. Wie lange man liegen darf, sollte mit dem Hafenmeister geklärt werden. **Wichtig zu wissen:** In den meisten Häfen werden nach 16 Uhr keine Kurzlieger mehr angenommen, da die Plätze für Nachtgäste reserviert werden.

10. Darf ich angeln?

In jedem Revier darf man die Angel direkt vom Hausboot aus auswerfen. **Voraussetzung in Mecklenburg-Vorpommern:** Touristenfischereischein (24 EUR, erhältlich z. B. in Tourismusämtern oder Angelshops) sowie die Angelerlaubnis (Angelkarte) für das jeweilige Gewässer.

Voraussetzung in Brandenburg: Hier ist das Angeln von Friedfischen ohne Fischereischein möglich. Vorausgesetzt man hat die Fischereiabgabe entrichtet (u. a. in Angelshops) und sich für das jeweilige Gewässer eine Angelkarte beim Pächter gekauft.

11. Darf ich baden?

Aber natürlich – das ist mit das Schönste an einem Hausbooturlaub! Entweder man springt direkt von Deck ins kühle Nass oder man taucht über die Badeleiter ein. Kanäle und schmale Flussläufe sind nicht geeignet, dafür aber die zahlreichen Seen der Mecklenburgischen Seenplatte und Brandenburgs mit ihrer hervorragenden Wasserqualität. Also ruhige Bucht suchen, Anker werfen und genießen.

12. Wird man auf einem Hausboot seekrank?

Mit dem Hausboot befährt man Kanäle, Flüsse und kleine Seen. Wenn nicht gerade Windstärke 8 herrscht (dann ist das Fahren eh verboten), gibt es daher keine nennenswerten Wellen. Aber manchmal wird das Boot schon etwas schaukeln. Zum Beispiel, wenn ein größeres Boot kreuzt oder man die oft recht windige Müritz überquert. Besonders Empfindliche sollten daher ein Medikament gegen Reiseübelkeit mitnehmen, sich an der frischen Luft bewegen, leichte und kleine Mahlzeiten zu sich nehmen und weitgehend auf Alkohol verzichten.

13. Wie bereite ich sicheres Anlegen mit dem Boot vor?

Grundsätzlich muss jedes Manöver gewissenhaft vorbereitet und ausgeführt werden, um Schaden am eigenen Boote, an dem anderer und natürlich an der Mannschaft zu vermeiden. Dazu gehört es, alle benötigten Mittel vorzubereiten. Für ein Anlegemanöver sind dies die Festmacherleinen – idealerweise vier Stück – und die Fender. Die Leinen müssen klar laufen, sie dürfen also nicht verheddert sein oder Knoten haben und sollten sich am richtigen Platz befinden. Auch sollte das eine Ende der Leine bereits sicher am eigenen Hausboot festgemacht sein und so platziert werden, dass sie beim

Gebrauch nicht mit der Reling verklemmt. Fender müssen so platziert werden, dass sie den Schiffskörper effektiv schützen. Steg und Kaimauer können in jedem Hafen sehr unterschiedlich gestaltet sein. Mit ein bisschen Fantasie kann man bereits vorab einschätzen, wie die Steganlage, das Boot und die Fender zusammenpassen. Dazu ein wichtiger **Hinweis:** Ein Hausboot dreht sich immer um seinen Schwerpunkt. Das bedeutet, wenn das Heck sich zu der einen Seite bewegt, versetzt sich der Bug zur anderen.
Falls das Manöver nicht auf Anhieb gelingt am besten abbrechen und mit Ruhe nochmals neu anfahren.

14. Inwiefern beeinflussen Wind, Strömung und Wellen das Anlegen?

Umwelteinflüsse wie Wind, Strömung und Wellen verändern das Verhalten eines Hausbootes in Abhängigkeit von seiner Bauform direkt. Einige Beispiele: Ein hohes Gewicht macht das Boot träge. Es reagiert langsamer, sowohl auf Umwelteinflüsse als auch auf den Motoreinsatz. Ein geringer Tiefgang bedeutet einen geringen Wasserwiderstand. Das Boot treibt also schneller ab. Hohe Aufbauten wirken wie Segel und verstärken den Einfluss des Windes. Diese Effekte mit einzuplanen, ist Teil der ordentlicher Manövervorbereitung und je nach Situation sehr individuell. Grundsätzlich sind diese Einflüsse auf den für Hausboote idealen Binnenwasserstraßen an den meisten Tagen sehr gering.

15. Was bedeutet der Radeffekt beim Hausboot?

Der Radeffekt beschreibt den Einfluss des sich drehenden Propellers bei einem rückwärts fahrenden Hausboot. Je nach Drehrichtung der Schraube wird das Heck bei der Rückwärtsfahrt nach links oder rechts verschoben. Wie stark sich dieser Effekt auf die Fahreigenschaft des Bootes auswirkt ist sehr individuell.

16. Welche Antriebsformen gibt es bei Hausbooten?

Die meisten Hausboote verfügen über einen Dieselmotor, der mittschiffs verbaut ist. Über eine starre Welle wird der Propeller am Heck angetrieben. Dies ist die gängigste Antriebsform für Boote in klassischer Verdrängerbauweise. Viele Hausboote sind auch als Katamaran in Pontonbauweise konstruiert. Diese Boote werden meist mit einem Außenborder am Heck angetrieben. Als Treibstoff dient hier Benzin. Für eine wesentlich stärkere Motorisierung wird gesorgt, wenn in beiden Bauformen jeweils zwei Motoren zum Einsatz kommen. Weitere Antriebsformen wie Elektromotor, Z-Antrieb, Hydraulikmotor usw. sind bei Hausbooten selten anzutreffen.

TIPPS vom Hausboot Profi

Boote für Paare

Ein Bootsurlaub zu zweit. Der Sonnenuntergang über dem Wasser während das Schiff in einer einsamen Bucht sanft auf den Wellen wippt. Das passende Boot für solche Wohlfühlmomente als Paar an Bord eines Hausboots findest Du in dieser Playlist.

https://bit.ly/HBP-Paare

17. Wie lege ich in einer Box an?

Mit einem Hausboot legt man am besten rückwärts in einer Box gegen den Wind an. Dabei kommt das Heck mit der Badeplattform am Steg zu liegen. Das macht das Ein- und Aussteigen sehr einfach. So geht man dabei vor:

1. Mit dem Hausboot in sehr langsamer Fahrt an der Box vorbei fahren bis die Schiffsmitte sich etwa auf der Höhe der Box befindet.
2. Aufstoppen
3. Rotationsbewegung des Bootes eingeleitet und damit das Heck für die Einfahrt zum Steg hin ausgerichtet: Ruder weg vom Steg voll einschlagen, Antrieb vorwärts einkuppeln; sobald man die Drehbewegung im Schiff wahrnimmt, den Gashebel wieder auf neutral stellen.
   Die Drehbewegung ggf. mit Bug- und Heckstrahlruder unterstützen.
4. Für die Rückwärtsfahrt das Ruderblatt in neutrale Position legen und den Antrieb rückwärts kurzzeitig einkuppeln. Pfähle der Box ggf. schon in Vorbeifahrt mit Leinen locker belegen.
5. Schließlich kommt der Moment des Aufstoppens kurz bevor das Heck gegen den Steg fährt.
   Ganz wichtig: Ruderlage auf Neutralstellung überprüfen. Mit einem kurzen Einkuppeln und dem entsprechenden Vorwärtsimpuls wird das Boot aufgestoppt.
6. Die Heckleinen werden ausgebracht und sicher belegt. Auch die Bugleinen können jetzt fixiert werden. Schließlich muss man noch die Lage der Fender kontrollieren.

18. Wie lege ich an einem Steg an?

Anlegeseite des Bootes mit Fendern abpolstern, dabei die Höhe des Stegs und ggf. Lücken der Spundwand im Auge behalten. Parklücke im 45°-Winkel ansteuern und bei Annäherung immer spitzer werden. Immer gegen Wind und Strömung anlegen, so bleibt man selbst der aktive Part im Geschehen. Vom Steuerstand ist die Situation am Bug schwer einzuschätzen, daher ein Crew-Mitglied am Bug des Hausbootes platzieren, das einem den Abstand signalisiert. Aufstoppen, sobald das Boot parallel zum Steg liegt. Eventuell mit Bug- und Heckstrahlruder korrigieren. Zum Festmachen werden Klampenschlag und Palstek angewandt.

19. Wie gelingt sicheres Ablegen?

Ob Sie mit Ihrem Boot aus einer Box heraus ableben, von der Kaimauer oder einem Steg, das Vorgehen ist immer dasselbe:

1. Landstrom abstöpseln.
2. Festmacherleinen prüfen, damit beim Ablegen alles klar läuft. Am besten auf Slip legen, also so, dass die Leine von Bord aus gelöst und eingeholt werden kann.
3. Antriebsmaschine starten.
4. Freien Fahrweg im Hafen überprüfen.

Icons: www.vecteezy.com

DER HAUSBOOT PROFI
FRAGEN & ANTWORTEN

5. Leinen Schritt für Schritt lösen und langsam Fahrt aufnehmen (ggf. auch rückwärts).
6. Auf Rotationsradius des Schiffes und freies Heck achten. **Tipp:** Das Heck bekommt man vom Ufer frei, indem man das Ruder zum Ufer hin einschlägt.

20. Darf ich am Kanal- oder Flussufer anlegen?

Nein, „wildes" Anlegen am Ufer oder Festmachen an Bäumen ist in Deutschland nicht gestattet. Hausboote mit Katamaranrumpf dürfen bei manchen Charterfirmen angelandet werden, das heißt im seichten Wasser leicht an einen Strand gefahren werden. Holen Sie sich dafür aber vorab die Genehmigung ihres Vermieters, da ansonsten hohe Kosten bei Unterwasserschäden aufkommen. Schilfgürtel und Ufervegetation sind in jedem Fall tabu, da Lebensraum geschützter Arten.

21. Wie fahre ich mit dem Boot durch eine Schleuse?

Schleusen macht Spaß, bietet Gelegenheit für einen Plausch mit dem Schleusenwärter oder anderen Crews. Und: Schleusen ist kein Hexenwerk, allerdings hat vor der Premiere wohl jede Crew etwas Herzklopfen. Ein paar einfache **Regeln** sind zu beachten:

1. Langsames Einfahren erst bei grün. Die Berufsschifffahrt hat Vorrang. Motor aus sobald man sicher liegt.
2. Leinen niemals an Klampen oder Schleusenleitern festknoten! Das kann böse ausgehen. Vielmehr muss die Leine beim Sinken oder Steigen des Wasserspiegels locker durch die Hand gleiten.
3. Beim Aufwärtsschleusen geht ein Crewmitglied an Land, legt die Leinen um Poller und gibt die Enden zurück an Bord. Bei größerem Hub sind Stangen oder Poller vom Boot aus erreichbar. Steigt das Boot an, werden die Leinen laufend dichter gezogen. Beim Abwärtsschleusen wird Leine nachgegeben, solange das Boot sinkt.

Normalerweise sind die Schleusen täglich zwischen 7 Uhr und 19.45 Uhr geöffnet und können kostenfrei passiert werden. Auf bestimmten Streckenabschnitten gelten andere Betriebszeiten und manchmal sogar Mittagspausen.

TIPPS vom Hausboot Profi

Klassische Motoryachten

Es gibt Motoryachten, die sind einfach Klassiker. Sie zeichnen sich durch eine traditionelle Raumaufteilung und gediegenes Interieur aus. Wer also klassische Linienführungen und maritimes Flair in Verbindung mit hoher Qualität schätzt, ist auf dieser Playlist genau richtig.

https://bit.ly/HBP-Klassiker

22. Wie funktioniert eine Selbstbedienungsschleuse?

Neben den gewöhnlichen Schleusen gibt es auch solche, die durch den Sportbootsführer selbst bedient werden. Durch das Betätigen eines grünen Hebels an der Wartestelle meldet sich der Nutzer zur Schleusung an. Eine elektronische Anzeige bestätigt, dass die Schleusung vorbereitet wird. Nach kurzer Zeit öffnen sich die Schleusentore. Eine Lichtsignalanlage gibt durch grünes Licht die Einfahrt frei. Nachdem alle Boote eingefahren sind und festgemacht (niemals belegen, Leinen immer in der Hand führen) haben, betätigt der zuerst Eingefahrene einen grünen Hebel in der Schleusenkammer. Achten Sie immer auf alle Mitreisenden – vielleicht will ein Nachzügler auch noch mit. Nun werden die Tore geschlossen und der Pegelstand wird hergestellt. Danach öffnen sich die Tore und bei grünem Ausfahrtssignal kann die Schleusenkammer wieder verlassen werden.

23. Gibt es Reviere ohne Schleusen?

Nein, in Brandenburg und Mecklenburg-Vorpommern gibt es kein Fahrgebiet, das gänzlich ohne Schleusen auskommt. Aber natürlich gibt es unterwegs immer wieder Streckenabschnitte, die schleusenfrei sind, z. B. die Oberseen (Müritz, Kölpinsee, Fleesensee, Plauer See) oder die Peene.

24. Darf ich an der Schleuse übernachten?

Im Schleusenbereich darf man nur unter bestimmten Bedingungen stillliegen bzw. übernachten:
- wenn der Schleusenbetrieb für den Tag bereits eingestellt ist
- wenn man die nächste zu durchfahrende Schleuse nicht mehr vor Beendigung der Schleusenbetriebszeit erreichen kann
- wenn man die Fahrt, zum Beispiel im Fall eines Schadens, nicht fortsetzen kann
- wenn es die Schleusenaufsicht ausdrücklich erlaubt

Legen Sie immer so an, dass andere Ihre Absicht erkennen. Also nicht auf Warteposition eins, wenn Sie gar nicht als erstes Boot am nächsten Morgen schleusen wollen. Oder in verkehrter Fahrtrichtung am Ende der Wartestelle, wenn Sie zur nächsten Schleuse aufbrechen wollen.

25. Wie ankere ich mit dem Hausboot?

Um in einer schönen Bucht mit genügend Abstand zum Ufer und zu anderen Booten eine längere Zeit zu liegen, braucht es die Ankerwinsch bzw. Ankerwinde am Bug des Boots. Dabei sind folgende Schritte zu beachten:

Anker werfen
- Wassertiefe feststellen (Wasserkarte oder Echolot, Ankerkette sollte drei bis fünf Mal so lang sein wie die Wassertiefe)
- Bug des Boots gegen den Wind drehen und aufstoppen, den Motor aber laufen lassen
- Anker auf den Grund lassen (nach und nach, nicht in einem Rutsch)
- langsam rückwärts fahren, damit er sich im Grund eingräbt
- sichere Lage des Schiffs durch Kreuzpeilung und Beobachten des Schwojekreises überprüfen

Anker lichten
- Kette langsam über die Ankerwinsch einholen
- wenn sie senkrecht zwischen Anker und Boot steht: Motor starten
- Anker von Schlamm oder Sand befreien

26. Wie bremse ich ein Hausboot?

Sie bremsen das Boot mit dem Rückwärtsgang. Beachten Sie aber das Trägheitsmoment durch das Gewicht des Schiffs. Das Boot bremst also verzögert und hat einen langen Bremsweg. Beim Rückwärtsfahren ist das Boot nicht über das Ruder steuerbar. Dies geschieht über das Bug- bzw. Heckstrahlruder oder durch kurzfristiges Vorwärtsfahren. Der Radeffekt kommt zusätzlich ins Spiel. Um einen Getriebeschaden zu vermeiden dürfen Sie niemals in einem Schwung den Gashebel vom eingelegten Vorwärtsgang direkt in den Rückwärtsgang durchreißen (oder ansers herum). Legen Sie immer eine Schaltsekunde auf neutraler Stellung ein.

27. Welche Seemannsknoten sollte ich können?

Um das Boot sicher festzumachen, sind im Wesentlich drei Knoten wichtig:
- Klampenschlag (Belegen einer Klampe mit Kopfschlag)
- Webeleinstek
- Palstek

28. Was bedeuten die Tonnen auf dem Wasser?

Wer auf Binnengewässern schippert, dem begegnen vor allem rote und grüne Tonnen. Sie zeigen die Begrenzung des Fahrwassers, das heißt, nur zwischen diesen darf sicher gefahren werden. Grüne Tonnen markieren die linke, rote Tonnen die rechte Seite (jeweils stromabwärts gesehen; stromaufwärts ist es

Tipps und Routen für Urlaub auf dem Floß

Urlaub auf dem Floß gehört wohl zu den entspanntesten Arten, die Gewässer von Berlin, Brandenburg und Mecklenburg zu erkunden. So mancher wird jetzt sicher an die Abenteuer von Tom Sawyer und Huckleberry Finn, Ganz so rudimentär muss man heute nicht mehr unterwegs sein. Auf unserer Website haben wir Infos zu Floßurlaub auf den Seen und Flüssen der Mecklenburgischen Seenplatte, der Havel und der Kleinseenplatte bis hin zur Müritz zusammengestellt: **www.magazin-seenland.de/tourberichte/floss**

entsprechend anders herum). Gelbe oder schwarz-gelbe Tonnen bedeuten z. B. Untiefe oder Gefahrenstelle. Besitzen sie ein rotes Band oder Kreuz, handelt es sich um ein Sperrgebiet, das nicht durchfahren werden darf. Umgangssprachlich werden Tonnen auch häufig als Bojen bezeichnet.

29. Was muss ich beim Fahren eines Hausboots beachten?

Mit einem Hausboot ist man formal als Sportboot unter Antriebsmaschine unterwegs. Alle anderen Wassersportler haben demnach Vorrang. Solange man sich jedoch mit dem Hausboot allein auf dem Gewässer befindet, darf dort gefahren werden, wo es einem als am besten geeignet erscheint. Gerade bei der Fahrt auf schmalen Kanälen ist dies in der Regel die Mitte. Erst sobald wir einem anderen Hausboot begegnen, treten **Regeln** in Kraft:

1. Wer von rechts kommt, hat die Pflicht seinen Kurs zu halten, wer von links kommt, weicht aus.
2. Bei frontaler Begegnung weichen beide Boote nach rechts aus. Allen anderen Wasserfahrzeugen müssen wir ohnehin immer ausweichen.

Ein Rechtsfahrgebot gibt es auf dem Wasser nicht. Grundsätzlich müssen immer alle so fahren, dass niemand behindert oder beschädigt wird.

30. Dürfen alle Mitreisenden das Boot steuern?

An Bord hat immer genau eine Person die Verantwortung – nämlich der Schiffsführer bzw. die Schiffsführerin. Sie kann jedoch eine andere geeignete, mindestens 16 Jahre alte Person bestimmen (Rudergänger), die das Boot steuert. In der Praxis muss man aber nicht ständig das Steuer in der Hand halten, um ein Hausboot zu navigieren. Wer sich zum Beispiel mit seinem Kind ans Steuer setzt und dabei die Übersicht behält, wird merken, dass auch der Nachwuchs schnell den Bogen raus hat. Besitzt der Antrieb weniger als 15 PS, so gilt die Altersgrenze nicht.

31. Darf ich mit dem Hausboot nachts fahren?

Nein, das ist aufgrund der Unfallgefahr nicht erlaubt. Hausboote müssen vor Einbruch der Dunkelheit einen geeigneten Liegeplatz gefunden haben.

TIPPS vom Hausboot Profi

Boote für Anfänger

Aller Anfang ist leicht – so sollte es zumindest beim Urlaub auf dem Hausboot sein. Dank Charterschein können die meisten Boote führerscheinfrei gemietet werden. Damit dann auch die ersten Erfahrungen auf dem Wasser positiv sind, habe ich für dich einige Hausboote und Motoryachten zusammengestellt, die einen unbeschwerten Start für dich und deine Crew ermöglichen.

https://bit.ly/HBP-Anfaenger

32. Ab welcher Windstärke darf ich nicht mehr fahren?
Die Windstärke wird in Beaufort (Bft) gemessen. Für Segler ist er ein Freund und macht die Fahrt erst möglich. Bei einem Hausboot erfordert der Umgang mit Wind eine gewisse Übung und Erfahrung, denn der Wind nimmt direkten Einfluss auf das Fahrverhalten des Bootes. Bei weniger als 4 Bft sind diese Einflüsse sehr gering – ab 4 Bft sollte man sich informieren und das eigene Können realistisch einschätzen. Für Hausboote, die führerscheinfrei, also mit dem Charterschein geführt werden, gelten besondere Regelungen und ein generelles Fahrverbot ab Windstärke 4 Bft.

33. Gibt es auf dem Wasser Geschwindigkeitsbegrenzungen?
Die erlaubte Fahrtgeschwindigkeit auf den Wasserstraßen in Brandenburg, Berlin und Mecklenburg-Vorpommern beträgt zwischen 6 und 12 km/h. Auf Kanälen sind es meist 9 km/h. Welche Geschwindigkeit wo gilt zeigen Schilder und ein Blick in die Wasserkarte. Zu bestimmten Tages- und Nachtzeiten können abweichende Geschwindigkeiten auf dem Wasser gelten. Auf Elbe und Oder gibt es keine generellen Geschwindigkeitsbeschränkungen. Auf Seen und seenartigen Erweiterungen mit einer Gewässerbreite von mehr als 250 Metern gilt für Sportboote unter Motor in der Regel die zulässige Höchstgeschwindigkeit von 25 km/h. Und ja, es gibt auch Blitzer auf dem Wasser. Die Wasserschutzpolizei misst gern mit Laser und kassiert vor Ort. Als **Faustformel** gilt: jedes km/h zu viel kostet 10 EUR.

Tipps und Routen für Urlaub mit dem Kanu

Die Mecklenburgische Seenplatte sowie die Gewässer Brandenburgs und Berlins sind ein Eldorado für Urlaub mit dem Kanu. Paddler erwartet dort unberührte Natur und eine gute Infrastruktur an Biwak- und Campingplätzen. Zudem sind einige Seen und Flussläufe für den Motorbootverkehr gesperrt und nur per Kajak oder Kanadier befahrbar. 12 Routenvorschläge und Tipps zum Paddeln finden sich auf unserer Website unter **www.magazin-seenland.de/tourberichte/kanu**

TIPPS vom Hausboot Profi

Bungalowboote

Bist du auf der Suche nach einem schwimmenden Ferienhaus? Dann wirst du in dieser Playlist bestimmt fündig. Die Namen für diese Wasserfahrzeuge sind vielfältig; ob Hausboot, Pontonboot oder Bungalowboot ... alles befindet sich auf einer Ebene und du hast überall Stehhöhe und viel Raum zum Leben.

https://bit.ly/HBP-Bungalow

34. Sind Rettungswesten an Bord?
Wettungswesten gehören verpflichtendend zur Sicherheitsausstattung eines jeden Hausbbots. An Bord befinden sich immer ein Rettungsring sowie ausreichend Rettungswesten. Kinder sollten diese stets tragen, wenn sie sich an Deck befinden. Bootsurlauber, die mit einem Charterschein unterwegs sind, müssen auf bestimmten Seen und Streckenabschnitten ebenfalls eine Rettungsweste tragen. Überprüfen Sie vor Abfahrt, ob die passenden Größen an Bord sind.

35. Wo erhalte ich Informationen zu Sperrungen auf dem Wasser?
Der Elektronische Wassersstraßen-Informationsservice (ELWIS) der Wasser- und Schifffahrtsverwaltung des Bundes liefert viel Wissenswertes vor und während der Bootstour. Darunter aktuelle Schleusenbetriebszeiten, eventuelle Streckensperrungen und Wasser- bzw. Pegelstände für Deutschland.

36. Brauche ich einen speziellen Führerschein, um ein Hausboot zu fahren?
Nein, viele Gewässer in Brandenburg und Mecklenburg-Vorpommern können mit Hausbooten ganz unbürokratisch ohne amtlichen Führerschein befahren werden. Benötigt wird nur die sogenannte Charterbescheinigung (oder: Charterschein), die jedoch an bestimmte Bedingungen geknüpft ist. So müssen Freizeitkapitäne am Anreisetag an einer rund dreiständigen Bootseinweisung teilnehmen. Vom Bootsvermieter ausgestellt, ist die Charterbescheinigung dann während der gesamten Charterzeit gültig. Neben allgemeinen Beschränkungen, wie einem Fahrverbot bei Nacht, gelten auf bestimmten Gewässern zusätzliche Sondervorschriften, beispielsweise Rettungswestenzwang und ein Fahrverbot ab Windstärke 4 Beaufort.
Achtung: Auf einigen Streckenabschnitte in Deutschlands Norden gilt der Charterschein nicht. Sportboote, also auch Hausboote, mit einer Motorisierung von weniger 15 PS (11,03 KW) dürfen ganz ohne Führerschein gefahren werden. Diese Regelung gilt auf allen Bundeswasserstraßen mit Ausnahme des Rheins und des Bodensees.

37. Muss ich Vorkenntnisse mitbringen, um das Hausboot zu fahren?
Nein, im Grunde nicht. Alles Wichtige um ein Hausboot sicher zu führen, wie z. B. Verkehrsregeln, Knoten, Technik an Bord, An- und Ablegen, lernt der Bootsführer bei der rund 3-stündigen Charterschein-Einweisung am Anreisetag bzw. beim Skippertraining. Wenn man den Grundsatz „Seemann, mach langsam – es ist eilig" beherzigt, hat man die Situation mit Sicherheit im Griff.

38. Wie plane ich eine Route?
Für die Planung sollte man sich im Vorfeld mit allen Reisenden zusammensetzen und seine Vorstellungen besprechen:
- Will man möglichst viel auf dem Wasser unterwegs sein und „Strecke machen" oder auch die Region an Land erkunden? Wenn ja: Welche Städte und Sehenswürdigkeiten sind besonders interessant?
- Sind Kinder mit an Bord? Dann sollten in jedem Fall Landgänge eingeplant werden, die Abwechslung bringen.
- Soll das Ganze auch ein Bade- oder Angelurlaub sein? Dann sollten statt lange Strecken auf Flüssen und Kanälen vor allem Seen die Reise prägen.
- Auch die Anzahl an Schleusen (Wartezeit in der Hauptsaison!) und besonders schöne Häfen, die man ansteuern möchte, können die Entscheidung für eine Reiseroute beeinflussen.
- Wie sind die Anreisemöglichkeiten vom Heimatort? Wenn Sie sich für einen Hausboot-Vermieter entschieden haben, fragen Sie nach Empfehlungen und Tipps. Auch unser Online-Tourenplaner ist hilfreich.

39. Welche Gewässer sind für Hausboote geeignet?
Besonders geeignet sind Gewässer mit wenig oder keiner Berufsschifffahrt. Grundsätzlich ist Urlaub auf dem Hausboot aber auf allen Binnengewässern möglich – überall dort, wo Hausboote zum Mieten angeboten werden. Zum Ausprobieren empfehlen sich Gewässer mit Führerscheinfreiheit und guter Infrastruktur an Häfen und Vermietern, wie die Mecklenburgische und Brandenburgische Seenplatte.

40. Wie viel Fahrzeit pro Tag ist realistisch?
Drei bis fünf Stunden Fahrzeit pro Tag sind optimal, um Entdeckungen an Land und Bootsfahrt miteinander zu kombinieren. Auf dem Wasser gelten je nach Wasserstraßenabschnitt Geschwindigkeitsbegrenzungen, sodass von einer

Durchschnittsgeschwindigkeit von acht bis zehn Stundenkilometern ausgegangen werden kann. Zusätzlich müssen Wartezeiten an Schleusen und Hubbrücken von 20 Minuten bis mehreren Stunden in der Hauptsaison eingeplant werden. Hinzukommt noch ein Stündchen pro Tag zum An- und Ablegen und zum Trödeln. Wer es vorzieht, seine Reise entspannt und ohne Stress zu gestalten, wird auf durchschnittlich rund 32 bis 50 Kilometer pro Tag kommen.

41. Wie finde ich das passende Boot?

Grundsätzlich sollte man sich im Vorfeld dazu vier Fragen stellen:
Wie viele Personen kommen mit auf die Reise?
Wie viel Platz brauchen wir?
Welche Ausstattungsmerkmale sind wichtig?
Reicht „einfach" oder sollte es schon „luxuriös" sein?
Was bin ich bereit auszugeben?
Will ich mitunter schnittig oder eher ganz gemächlich unterwegs sein?
Hat man sich diese Fragen beantwortet, kann zwischen verschiedenen **Bootstypen** gewählt werden:

Floß
Ein Bootstyp für all jene, die rustikales Abenteuer-Feeling der Geschwindigkeit vorziehen. Ein bisschen wie Camping auf dem Wasser, mit Gaskocher, Nottoilette und Liegestühlen auf dem kleinen Sonnendeck. Manche bieten Liegeflächen mit Matratzen an, bei anderen muss man Schlafsack und Isomatte mitbringen. Für den Antrieb sorgt in der Regel ein 5 PS-Außenborder. Im Verhältnis sehr günstig zu mieten.

Bungalowboot
Basis sind Katamaran- oder Pontonschwimmkörper. Wohn- und Schlafbereich befinden sich auf einer Fläche. Beim Manövrieren ist etwas Geschick gefragt, da Bungalowboote relativ windanfällig sind und meist auch kein Bugstrahlruder besitzen. In der Regel ist dieser Bootstyp wie ein Ferienhaus ausgestattet (WC, Pantry, Schlafkoje etc.). Trotzdem ist der Mietpreis im Vergleich zu so mancher Motoyacht günstiger.

Hausboot
Die zumeist aus Glasfaserverbundstoff (GFK) gefertigten Boote wurden speziell für den Wassertourismus im Binnenrevier entwickelt. Sie sind nicht ganz so wendig wie Motoryachten, besitzen aber auch ein unterstützendes Bug- und/oder Heckstrahlruder. Hausboote punkten vor allem mit ihrem ausgefeilten Wohnkonzept und einem Platzangebot für bis zu zwölf Personen.

Motoryacht
Die guten Fahreigenschaften verdankt dieser über neun Meter lange Bootstyp dem spitz zulaufenden Kielrumpf. Bug- und/oder Heckstrahlruder unterstützen das Manövrieren. Mehrere Kabinen und Nasszellen, Pantry, Wohnsalon und ein weitläufiges Außendeck – Platz ist hier für bis zu zwölf Personen. Der Wohn- und Stauraum ist meist geringer als bei einem Hausboot.

Kajütmotoryacht
Wendige Motorboote mit geringem Tiefgang und einer Länge von bis zu 8,50 Metern. Zwei bis vier Personen finden Platz; im Wohnsalon wird meist – nach ein paar umbauenden Handgriffen – nachts auch geschlafen. Der Mietpreis ist im Vergleich günstiger.

TIPPS vom Hausboot Profi

Luxus-Motoryachten und Hausboote

Wenn es für dich im Urlaub in jedem Fall das gewisse Extra sein muss, dann sind die Hausboote und Motoryachten dieser Playlist genau passend.
Wohlgemerkt geht es hier nicht um die sogenannten Mega- und Super-Yachts. Aber auch ausgewählte Yachten auf den Binnenwasserstraßen bieten puren Luxus.

https://bit.ly/HBP-Luxus

42. Auf welche Ausstattung muss ich beim Boot achten?

Das Boot sollte zur jeweiligen Region (Tiefgang, Windanfälligkeit durch hohe Aufbauten, führerscheinfrei) und zur Jahreszeit (Heizung, Innensteuerstand) passen. Bei Kindern an Bord sollte das Achterdeck abgrenzbar sein und möglichst wenig Stufen an Bord haben, sowie eine einfache Ein- und Ausstiegsmöglichkeit aufweisen. Die maximale Belegung des Bootes sollte nie ausgeschöpft werden: Ein 4+2 bedeutet, dass Personen in Behelfsbetten schlafen, also beispielsweise im Salon. Für einen entspannten Urlaub sollte jede Person einen festen Schlafplatz in den Kabinen haben. Stauraum, Mückenschutz, Bugstrahlruder sind weitere Merkmale. Fast immer ist die Küche eines Hausboots komplett mit Geschirr und Besteck sowie Kochutensilien ausgestattet. Selten sind die Betten bei Anreise bereits bezogen. Wie bei Mietwagen finden sich auch bei der Bootsmiete einfache und luxuriöse Modelle. Die Wahl ist subjektiv – die Crew sollte sich darauf wohlfühlen.

43. Wie buche ich ein Hausboot?

Ein Hausboot zu mieten, ist so einfach wie das Buchen eines Mietwagens. Vermieter, Region, Zeitraum und Boot wählen und direkt online buchen. Wie beim Mietwagen bucht man nur das Fahrzeug an sich, alle weiteren Dinge sind Nebenkosten (Tank/Betriebsstunden, Bettwäsche/Handtücher, Endreinigung etc.) und werden im Zweifel einzeln abgerechnet oder fallen noch bei der Reise unterwegs an (Liegegebühren in Häfen, Charterscheinschulung, Proviant). Die meisten Vercharterer bieten eine Buchung über ihre Internetseite oder per Telefon an. Es kann aber auch über Internetprotale, spezialisierte Agenturen oder auf Bootsmessen gebucht werden.

44. Welche Mietdauern sind gängig?

In der Regel werden Boote wochenweise vermietet; die Über- und Rückgabetage sind meist Freitag, Samstag oder Montag. Aber auch viertägige Mini- bzw. Kurzwochen, eine Vermietung übers Wochenende oder spezielle Angebote für Kurzurlaub auf dem Wasser sind möglich. Wer zeitlich flexibel ist, sollte auf Last-Minute-Angebote und Restwochen schauen. Es können immer mal Lücken im Buchungskalender entstehen, die der Charteranbieter zu günstigen Preisen füllen möchte. Die Mietdauer für das Hausboot ist dann nicht immer eine ganze Woche, da durch abweichende Wechseltage manchmal andere Zeitfenster für die Bootsmiete entstehen.

Mit dem Charterschein – einfach aufs Wasser

Die morgendliche **Ruhe über dem See** genießen, die **Natur entdecken, Baden, Orte bereisen** und am Abend den roten Sonnenball am Horizont verschwinden sehen – das ist **Bootsurlaub**. Das Chartern von Booten und damit der **Urlaub auf dem Wasser** ist auf bestimmten Flüssen und Seen denkbar einfach. Durch die **Charterscheinregelung** darf ein Freizeitkapitän für die Zeit seiner Charter ein Schiff auch ohne einen amtlichen Bootsführerschein steuern. Diese Regelung gilt für ganz bestimmte Reviere.

Nach einer gründlichen Einweisung vor Ort kann man schon in See stechen. Unter **www.charterschein.de** finden Interessierte über 35 Videotutorials, die in übersichtlichen Kapiteln in die Thematiken **Charterbescheinigung, Bootshandling und Sicherheit auf dem Wasser** einführen. Der Vorteil liegt auf der Hand. Man kann sich in aller Ruhe zu Hause auf die neue, für manche auch ein wenig abenteuerliche Urlaubsform vorbereiten – gemeinsam mit allen Mitreisenden. Das steigert die **Vorfreude** auf den Urlaub und minimiert den Schulungsstress am Anreisetag. Schließlich hat man alles schon mal gesehen und gehört.

LESERAKTION
Jetzt 20 % sparen!!!
Seenlandbegeisterte sparen **5,20 €** bei der **Erstanmeldung** für einen **Premiumaccount Rabatt-Code: Seenland**, Rabatt-Code einlösen auf **www.charterschein.de/premium**
(Aktion gültig bis 31.12.2023)

Icons: www.vecteezy.com

DER HAUSBOOT PROFI
FRAGEN & ANTWORTEN

45. Wie viel kostet die Hausboot-Miete?

Eine generelle Aussage zum Mietpreis eines Hausboots ist aufgrund der Vielfalt des Angebots naturgemäß nicht möglich. Der Mietpreis für eine Woche auf dem Hausboot kann 500 Euro, aber auch 4.500 Euro betragen. Die Frage ist immer, was man dafür bekommt. Die meisten Boote schlagen in der Hauptsaison mit 1.800 bis 3.000 Euro zu Buche. Es gibt aber verschiedene Parameter, an denen man sich für die **Miete** eines Boots orientieren kann: Ausstattung, Komfort und Qualität, Alter bzw. Pflegezustand des Schiffes bzw. der Flotte, Bettenanzahl und Schiffsgröße, Inklusivleistungen, Saisonzeit, Bootstyp bzw. Werft, Mietdauer, Nachfrage und Verfügbarkeit. Für all diese Parameter gilt als Faustformel „je…desto…" – sprich: Je größer das Hausboot, je renommierter die Werft, je besser der Pflegezustand, desto höher der Preis. Die meisten Charter-Anbieter nehmen den Preis für eine Woche auf dem Hausboot als Grundlage für ihre Preisgestaltung. Selten wird tageweise abgerechnet. Grundsätzlich gilt, dass der Preis für eine Mietdauer unter einer Woche oder gar für nur ein Wochenende auf dem Hausboot relativ hoch ist. Der Aufwand der Charterfirma für Kontrolle, Reinigung, Übergabe und Rücknahme des Bootes ist unabhängig von der Mietdauer immer gleich hoch und muss vom Gast mit bezahlt werden. Wichtig auch für die Kalkulation der Urlaubskasse: ein Blick auf die Nebenkosten für den Betrieb des Hausboots.

46. Mit welchen Nebenkosten muss ich rechnen?

Zusätzlich zur Bootsmiete kommen noch ein weitere Posten hinzu. So muss bei der Bootsübernahme eine Kaution hinterlegt werden, deren Höhe sich nach dem Bootstyp richtet und die nach Ende der Reise zurückerstattet wird, wenn alles in unbeschadetem Zustand ist. In der Regel wird auch eine Gebühr für die Endreinigung verlangt (ggf. Zusatzreinigung bei Haustieren an Bord). Die Treibstoffkosten werden nach Rückgabe des Bootes berechnet und sind abhängig von den Betriebsstunden, also der Reisedauer und der Fahrzeit pro Tag. Wer in der Vor- oder Nachsaison unterwegs ist, sollte den Treibstoffverbrauch fürs Heizen nicht unterschätzen. Weitere (mögliche) Nebenkosten: Lebensmittel, Parkplatzgebühr, Fahrradmiete, Haustierpauschale, Gebühr für den Charterschein und ggf. Skipper- und Kautionsversicherung. Und natürlich die Liegekosten in Häfen und Marinas nebst in Anspruch genommener Serviceleistungen wie Nutzung der Duschen, Aufladen von Strom, Auffüllen von Frischwasser und Entsorgung von Müll und Abwasser.

TIPPS vom Hausboot Profi

Bootsurlaub und Haustier

Bist du auf der Suche nach einer Urlaubsform, die du mit deinem Tier gemeinsam genießen kannst? Dann ist Bootsurlaub vielleicht genau das richtige für dich. Denn unbeschwert die Natur genießen und dabei seinen vierbeinigen Freund mit dabei zu haben lässt sich an Bord eines Hausboots auf ideale Weise verbinden.

https://bit.ly/HBP-Haustiere

47. Gibt es Einwegfahrten mit dem Hausboot?

Ja, Bootsvermieter mit mehreren Vermietstationen bieten auch Einwegfahrten an. Dabei bieten Einwegfahrten ein Maximum an Bewegungsradius, verpflichten aber auch, „Strecke zu machen", um das Boot pünktlich am Zielhafen abzugeben. Die Erfahrung zeigt, dass auf dem Wasser die Landschaft nie langweilig wird, also auch „Rundfahrten" nicht eintönig sind. Besonders auf den Kanälen in Frankreich sind Einwegfahrten möglich. Häufig sind Einwegfahrten mit Zusatzkosten verbunden.

48. Kann ich im Winter Hausboot fahren?

Nein, im Winter ist eine Fahrt auf dem Hausboot bisher nicht möglich. Die Tonnen auf dem Wasser werden eingeholt, zum anderen sind die Schleusen geschlossen. Manche Vermieter bieten im Hafen aber Übernachtungen auf stillliegenden Booten an.

49. Wie bereite ich mich auf den Hausbooturlaub vor?

Informieren Sie sich über die Region und das gemietete Boot. Vercharterer bieten oftmals vorab Onlinevideos zum Charterschein und Navigieren eines Hausboots an. Auf unserem YouTube-Kanal „Der Hausboot Profi" werden zudem mietbare Boote vorgestellt. Wer mag, kann sich im Vorfeld auch schon mit den wichtigsten Verkehrszeichen und Knoten vertraut machen. Die Route kann man online planen, Inspirationen und Informationen bieten das „Magazin Seenland" und der „Hafenführer für Hausboote" (alles erhältlich unter: shop.magazin-seenland.de).

50. Welche Karten benötige ich?

Jeder Vermieter von Booten sollte Karten des jeweiligen Fahrgebietes an Bord bereitlegen. Trotzdem empfiehlt es sich, im Voraus eigene Unterlagen für die Reiseplanung zu besorgen, um die Route zu planen. Gedruckte Karten teilen die Regionen nach Gewässern auf, sodass oftmals mehrere Kartenbände benötigt werden. Oftmals enthalten die gedruckten Karten auch einen Aktivierungslink für eine zugehörige App. In unserem Shop finden Sie Kartenmaterial für verschiedene Regionen sowie Hafenführer, die detailliert die besten Häfen inklusive Hafenskizze zur besseren Orientierung der Gastliegeplätze bereithalten und bei der Reiseplanung auch bezüglich Landgängen und Versorgung helfen.

Viele weitere Antworten auf Fragen zum Bootsurlaub unter:
www.magazin-seenland.de/hausboot-mieten-hæufigste-fragen

Seenland
Digitaler Hafenführer
für Hausboote
JETZT
APP
LADEN
Der perfekte Begleiter für
Ihre Hausbootreise.
· Aktuelle & interaktive Karten
· Hafenportraits mit Hafenplan
· Hafenmeister-Kontaktdaten
· Karten gemeinsam befüllen
Marina Granzow im Ferienpark Mirow
Bootsservice Rick & Rick - Mirow
Schloss Ludwigslust
Schloss Rheinsberg
Oranienburg
Penkow
Sembzin
Strietfeld
Gotthun
Groß Kelle
Marienfelde
Woldzegarten
Minzow
Gneve
Röbel/Müritz
Leizen
Dambeck
Bollewick

Schleuse Templin

Schleuse Kannenburg öffnet wieder ihre Tore

Für Freizeitkapitäne ist die abwechslungsreiche, von der Eiszeit geformte Seenlandschaft rund um die Stadt Templin ein Paradies – und es kann endlich wieder auf dem Wasserweg erreicht werden.

Im Sommer 2023 öffnen sich die Schleusentore wieder und erste Freizeitboote werden die neu gebaute Schleuse Kannenburg passieren. Sie ist das Eingangstor zu den reizvollen Templiner Gewässern im Nordosten Brandenburgs und zugleich deren einzige schiffbare Verbindung zur Mecklenburgischen und Brandenburgischen Seenplatte – der größten zusammenhängenden Seenlandschaft Mitteleuropas.

Ende 2017 musste die über einhundert Jahre alte Schleuse bei Templin wegen irreparabler Schäden für die gesamte Schifffahrt gesperrt werden. Der Neubau ersetzt das alte Bauwerk an gleicher Stelle und ist für den automatisierten Selbstbedienungsbetrieb ausgestattet.

DIE TEMPLINER GEWÄSSER zweigen bei km 32,14 östlich von der Oberen-Havel-Wasserstraße (OHW) ab; rund 21 km können als Bundeswasserstraße mit dem Motorboot befahren werden. Seenartige Erweiterungen sowie naturnahe Kanalabschnitte machen die Templiner Gewässer zu einem attraktiven Ziel für die Freizeitschifffahrt. Eingebettet in diese eiszeitlich geschaffene Seenlandschaft zwischen dem Naturpark Uckermärkische Seen und dem Biosphärenreservat Schorfheide-Chorin liegt die Stadt Templin. Die besondere naturräumliche Lage ist es, die Erholungssuchende nach Templin lockt – auch auf dem Wasserweg. Die Kurstadt am Templiner Stadtsee fasziniert durch ihre historische Altstadt, die in wenigen Minuten fußläufig vom Stadthafen zu erreichen ist. Außerhalb der nahezu vollständig erhalte-

Stadtsee: Blick auf das Stadtbad Templin

Stadthafen Templin

Neubau Schleuse Kannenburg auf der Zielgeraden

„Die **SCHLEUSE KANNENBURG** ist das **EINGANGSTOR** zu den reizvollen **TEMPLINER GEWÄSSERN.**"

nen Stadtmauer bietet der kleine Hafen 35 Liegeplätze für Boote bis zu einer Länge von 20 m. Die MS Templin und die MS Uckermark starten von hier ihre Rundfahrten über das Templiner Seenkreuz, welches aus sieben, teilweise miteinander verbundenen Seen besteht. Am Templiner Stadtsee liegt auch das Stadtbad. An heißen Sommertagen laden eine große Liegewiese, mehrere Stege und ein Spielplatz zum Verweilen ein. In den kühleren Monaten des Jahres verwöhnt die NaturThermeTemplin ihre Besucher mit natürlichem Thermalsolewasser, das in einer Tiefe von 1.650 m gewonnen wird.

WIN-PROJEKT: Der Ersatzneubau der Schleuse Kannenburg zählt zu den Projekten der Wassertourismus Initiative Nordbrandenburg (WIN). Im Rahmen einer öffentlich-öffentlichen Partnerschaft hat die WIN-Mitgliedsstadt Templin aufgrund fehlender Kapazitäten beim Bund die Planung und Bauausführung der neuen Schleusenanlage selbst übernommen. Eine Schließung der Schleuse auf unbestimmte Zeit war für die Kurstadt Templin und die gesamte WIN-Region nicht hinnehmbar. Der Bund finanzierte das 14 Mio. Euro teure Bauvorhaben, bleibt Eigentümer der Schleuse und wird diese auch weiterhin betreiben.

Fotos: IMI GmbH/Paul Hahn (u), IMI GmbH/Gabriel Dobersch (re/o), TMT GmbH/Durch die Stadt GmbH (m), Stadt Templin/Thekla Seifert (m/re)

Neue Schleuse Kannenburg

Der **Ersatzneubau** wurde als Spundwandschleuse mit Häuptern aus Massivbeton ausgeführt und für den automatisierten nutzerbedienten Schleusenbetrieb ausgestattet.
Die **Schleusenkammer** ist ca. 40 m lang; die Vorhäfen wurden gemäß der heutigen Sicherheitsanforderungen und des zu erwartenden Verkehrsaufkommens angepasst. Zum **Projekt** gehörte auch die Errichtung einer Fußgänger- und Radfahrerbrücke, die mit einer lichten Höhe von 4,20 m auch Dampfern die Durchfahrt ermöglicht.

Templin-Tipps

Stadt Templin und Umgebung:
www.templin.de

NaturThermeTemplin:
www.naturthermetemplin.de

Fahrgastschifffahrt
www.dampfer-templin.de

win
Wassertourismus Initiative Nordbrandenburg

WIN-AG
c/o WInTO GmbH
Wirtschafts-, Innovations- und Tourismusförderung Oberhavel GmbH
Neuendorfstraße 20 b, 16761 Hennigsdorf
Tel. (0 33 02) 559-252
www.win-brandenburg.de

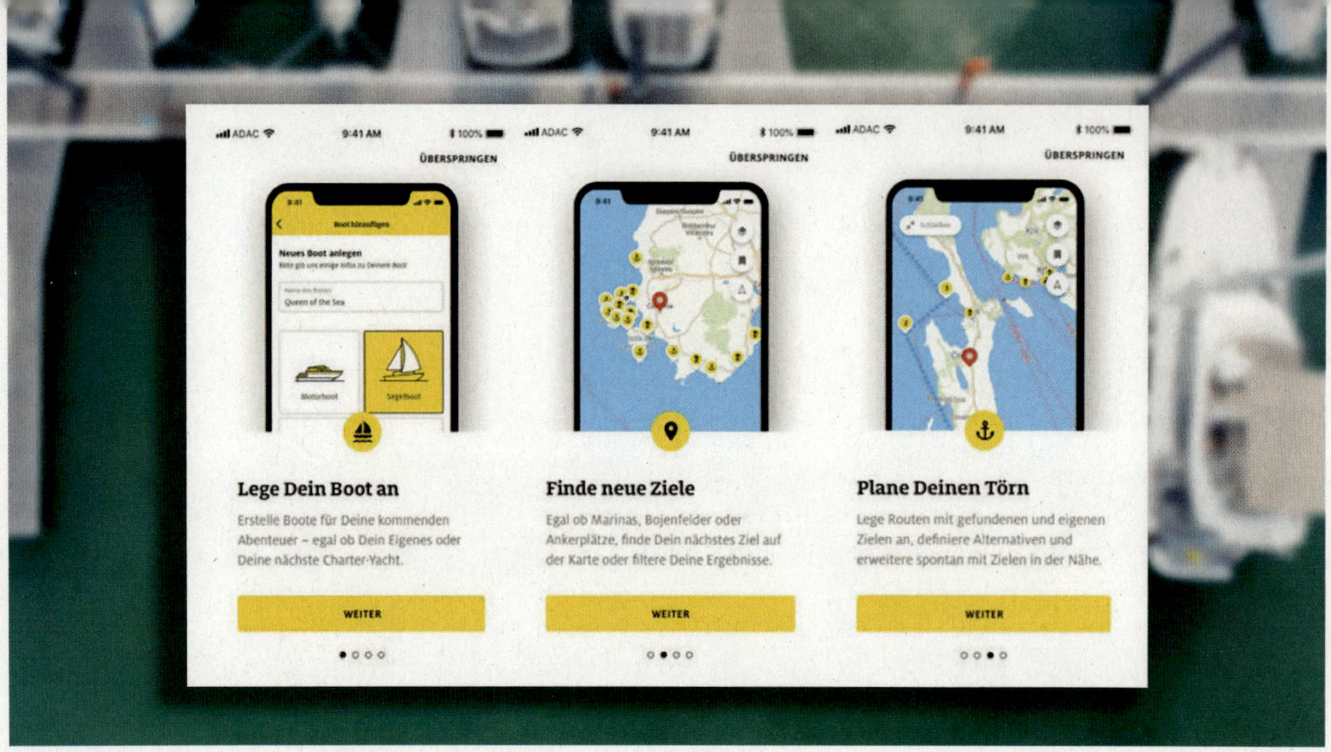

„Eine App von Skippern für Skipper"

Axel Brinkmann ist passionierter Segler und Senior Referent bei der ADAC Sportschifffahrt. Zusammen mit seinem Team hat er die neue ADAC Skipper App entwickelt. Um die Törnplanung damit wirklich nutzerfreundlich zu gestalten, wurden im Vorfeld viele aktive Bootssportler, Segler und Motorbootfahrer nach ihren Wünschen gefragt.

Interview: Christin Meißner

Herr Brinkmann, beruflich dreht sich bei Ihnen alles um das Thema Boote. Wie sieht es denn nach Feierabend aus: Eher Land- oder eher Wasserratte?

Auf jeden Fall Letzteres. Mit acht Jahren war ich bei einem Mallorca-Urlaub zum ersten Mal an Bord eines Segelboots. Seitdem bin ich vom „Bootsvirus" infiziert und es gibt in der Freizeit für mich eigentlich kaum etwas anderes. Meine sechs Wochen Jahresurlaub zum Beispiel verbringe ich zu 100 Prozent auf dem Wasser. Besonders das Mittelmeer hat es mir angetan. Elba, Sardinien, Mallorca, Côte d'Azur. Aber auch Binnenreviere wie die Mecklenburgische Seenplatte haben ihren Reiz. Dort war ich vor zwei Jahren mit dem Hausboot unterwegs. Wunderschön!

Als langjähriger Wassersportler können Sie sich sicher noch an die Zeit vor dem Internet erinnern. Als es noch keine unterstützenden Online-Tools gab. Wie war das damals?

Das waren schon andere Zeiten. Man hat ausschließlich mit Papierkarten navigiert, darauf per Hand seinen Kurs abgesteckt und mitgeplottet. Oder das Thema Wetter. Früher musste ich dafür immer zum Hafenmeisterbüro gehen und auf dem Aushang nachschauen, wie der Wind und die Welle stehen. Heute ist da vieles einfacher und bequemer.

Zum Beispiel durch die neue ADAC Skipper App. Wer sollte sich diese unbedingt herunterladen?

Die App richtet sich an alle, die ihre Freizeit gern auf dem Wasser verbringen. Vom Angler, der regelmäßig mit seinem kleinen Motorboot rausfährt, über den Freizeitkapitän, der gerade seinen ersten Hausbooturlaub plant, bis hin zum Offshore-Segler, der mehrere Wochen unterwegs sein möchte. Uns war dabei sehr wichtig, eine App von Skippern für Skipper zu entwickeln.

Was heißt das?

Bevor es ans Programmieren ging, haben wir die über 2000 Mitglieder unseres ADAC Skipper Clubs gefragt, welche Funktionen ihnen bei solch einer App wichtig wären. Zudem gab es weit mehr

als 1000 Bootsfahrer, von denen die Beta-Version getestet wurde. Auch hier kam viel Feedback, das letztendlich in die App eingeflossen ist.

Welche Funktionswünsche waren die häufigsten und sind heute Teil der App?

Grundsätzlich kann damit schon Monate im Voraus eine Tour geplant werden. So lässt sich eine Liste mit Häfen anlegen, die man entlang der Strecke gern ansteuern würde. Rund 3700 Häfen sind in der App abrufbar, jeder davon ist mit Zusatzinformationen wie Ausstattung, Ansteuerung und Kontaktdaten des Hafenmeisters versehen. Hinzu kommen gut 300 weitere relevante Planungspunkte wie Ankerplätze und Bojenfelder. Auch sein Boot mit den dazugehörigen Maßen kann man in der App anlegen. Damit Hafen und Boot auch wirklich „zusammenpassen", haben wir hier ein praktisches Feature eingebaut. Hat dieses zum Beispiel einen Tiefgang von zwei Metern, im ausgewählten Hafen sind jedoch nur 1,50 Meter möglich, erhält der Nutzer proaktiv eine Warnung. Was natürlich ebenfalls nicht fehlen darf: Eine interaktive Karte und Satellitenbilder mit einem Seezeichen-Layer, die Möglichkeit, seine Route aufzuzeichnen, verlässliche Wetterberichte – hier kooperieren wir mit Kachelmannwetter – sowie Informationen über die verschiedenen Wassersportreviere.

Weltweit?

Ja, theoretisch kann man die App sowohl für die Seenplatten-Tour als auch für einen Törn auf dem Atlantik nutzen. Vertreten sind beispielsweise sogar Häfen in der Karibik oder in Nordafrika. Aber wir konzentrieren uns bei der Hafendichte und der Recherche schon auf die Regionen, in denen deutsche Skipper vornehmlich unterwegs sind. So sind in der App über 20 Länderführer abrufbar, in denen von Führerscheinvorschriften bis Promillegrenze alle möglichen wassertouristischen Fragen beantwortet werden. Darüber hinaus gibt es pro Land bis zu zehn Revierführer mit Hafen- und Törnvorschlägen.

Werden zukünftig noch weitere Funktionen hinzukommen?

Auf jeden Fall. Im Juli wird es ein großes Update geben. Damit kommt neben der dann erweiterten kostenlosen Basisversion auch eine kostenpflichtige Pro-Version mit vielen zusätzlichen Features in die Stores von Google und Apple. Darunter zum Beispiel ein höher aufgelöstes Seewetter mit Warnfunktion, Offline-Karten, eine erweiterte Törnaufzeichnung sowie weitere Tipps für Landgänge.

Haben Sie die Skipper-App selbst schon in der Praxis getestet?

Ja, sie kam auf meinem letzten Griechenland-Törn zum Einsatz. Und es hat tatsächlich alles wunderbar funktioniert. Dennoch sollte man sich nicht allein auf elektronische Hilfsmittel verlassen. Ein System kann ausfallen, der Akku kann alle sein. Zu wissen, wie man mit Papierkarten und Kompass umgeht, ist daher weiterhin wichtig.

Wann steht Ihre nächste Segeltour an?

Im Sommer. Da geht es wieder nach Griechenland.

Und ist die Route bis ins Detail durchgeplant?

Nur grob. Das ist ja das Besondere an Bootsurlaub: diese Unabhängigkeit und Freiheit. Man kann auch mal vom Kurs abweichen, ist manchmal durch das Wetter gezwungen, seine Pläne zu ändern. Dann sucht man sich mit der App spontan einen Hafen oder entdeckt einen Ankerplatz, der so schön ist, dass man dort zwei Tage bleibt. Schließlich ist ja alles mit dabei. Badezimmer, Küche, die Dinge, die man im Alltag so braucht. Für mich gibt es wirklich keine andere Art von Urlaub. Wenn es in München, da lebe ich, möglich wäre, würde ich sogar auf dem Wasser wohnen.

Die **ADAC Skipper App** ist für Android und iOS verfügbar.
Weitere Informationen rund um das Thema Wassersport:
www.skipper.adac.de/app

„Lovers of Lakes“

Ein Weltenbummlertraum: Felice und Ralf Arning haben ihre Kajaking-Leidenschaft in der Feldberger Seenlandschaft zum Beruf gemacht.

Von Jo von Bahls

Die Liebe zwischen entfernt lebenden Partnern soll sich ebenso intensiv wie langlebig gestalten. So ist es nur folgerichtig, wenn Liebhaber von Seen nicht an selbigen leben.

Das scheint auch für Felice und Ralf Arning und die Feldberger Seenlandschaft zu gelten. Beide lieben das Kajakpaddeln und haben aus dieser Leidenschaft sogar eine Geschäftsidee entwickelt – ihren Lebensmittelpunkt hat das Paar allerdings auf einem idyllischen Land-Hof gefunden.

„HIER IN HASSELFÖRDE sagen sich Fuchs und Hase fröhlich Gute Nacht und genau aus diesem Grunde wollten wir hierher“, bekennt Ralf als Lebens-Credo. Vorhersehbar war dieser Standpunkt zwischen Lychen und Feldberg für den 52jährigen allerdings nicht. Nach einer Ausbildung zum Polizist in NRW, dem Zweifeln an entsprechenden Hierarchien, Hochschulstudium von Landwirtschaft, Philosophie, Geschichte und anschließenden sechs Jahren in der Afrika-Entwicklungshilfe im Bereich Landwirtschaft für die GIZ (Deutsche Gesellschaft für Internationale Zusammenarbeit GmbH), kam Ralf im Jahr 2007 wieder nach Deutschland zurück und arbeitet jetzt als unabhängiger Berater, Moderator und Coach.

> „Lebendiges **WASSER**. Das **SCHÖNSTE** auf **ERDEN**.“
>
> **Hans Fallada**, *Schriftsteller*

Felice, Ehefrau und Liebe seines Lebens, gestaltete ihr Leben vor der Mecklenburg Idylle noch bunter. Die 42-jährige gebürtige Berlinerin hat ihre Jugend an der Westküste der USA verbracht und später Restaurants in den USA und auf den Kanaren geleitet. Die Liebe zu Berlin blieb, die Arbeit in der Gastronomie auch – und hier traf sie auch einen ganz besonderen Gast: „Ralph war öfters ein Gast, der sich dann zunehmender Beliebtheit erfreute. Nach eineinhalb Jahren haben wir uns über mehr als nur den Wein unterhalten.“ Was lag näher als der Gedanke, nun zusammen hinaus in die Welt zu ziehen und Gutes zu tun?

„Direkt vor der Pandemie waren wir als Familie zwei Jahre in der Entwicklungshilfe auf Madagaskar und sind eher zufällig genau im Februar 2020 nach Deutschland zurückgekehrt. In der dann anschließenden Phase kamen wir auf die Idee, in Deutschland zu bleiben und nicht mehr so weiter wie bisher zu arbeiten.

„Ich habe einmal eine längere Fahrradtour durch die Feldberger Seenlandschaft unternommen und die Gegend hat mir auf den ersten Blick sehr gefallen. Es ist hier einfach wunderschön, mit sehr interessanten Menschen. Vor allem auch Leute, mit wirklich neuen Ideen. Leute, die aus Berlin oder aus anderen Städten hierhergezogen sind“, beschreibt Ralf seine damaligen, ersten Eindrücke.

SEEN SO WEIT DAS AUGE REICHT, umgeben von uralten Wäldern und viel Gegend, von der Hans Fallada schrieb: „Weit von der Welt entfernt liegt dieses Land, von allen Fenstern aus sehen wir Wasser. Lebendiges Wasser. Das Schönste auf Erden.“

Ralf ist kein Dichter, deshalb fällt sein Fazit auch (etwas) prosaischer aus: „Da, wo es mehr Tiere gibt als Menschen, da bin ich zurzeit sehr zufrieden.“

Die Suche nach Haus und Hof hatte aber auch noch eine andere Motivation: „Als Freiberufler muss ich auch etwas für die Rente tun und da habe ich mir gedacht, das Beste, was ich machen kann, ist, im Alter mietfrei zu wohnen. Auf vier Hektar. Hier habe ich jetzt ein Grundstück, das groß genug ist – für einen großen Garten, viele Obstbäume, ja auch für Schafe.“

Trotz der Betriebsleitung eines benachbarten, nachhaltig bewirtschafteten Ferienhofs genügten Felice Gartenarbeit und Schafzucht nicht: Es gab da ja noch die Liebe zu den Seen!

Bei der **theoretischen Einführung** erklärt Ralf Arning die verschiedenen Bootstypen und deren unterschiedliches Verhalten auf dem Wasser.

DASS ES KEIN GEWÄSSER in der Nähe gab, konnte die beiden nicht abschrecken! „Ich bin passionierter Kajakfahrer – konnte mich aber trotzdem daran erinnern, dass mir hier ein wirklich fundierter Unterricht von einem professionellen Trainer gefehlt hat", erinnert sich Ralf an die ersten Gedankenansätze. „Wie paddelt man so ein Boot richtig? Wie wird es richtig gehandelt – richtig gewendet, seitlich an den Steg angelegt. Bis hin zu einer richtigen Rolle machen…

Da habe ich gedacht – eigentlich wäre das eine Geschäftsidee für uns."

Und wenn das Wasser nicht am Boot lag, mussten die Boote eben einfach zum Wasser.

Mit der richtigen Technik und dem entsprechenden Equipment ausgerüstet, sollen jetzt Neulinge oder Freunde des Kajaking auf verschiedenen Touren die Feldberger Seenlandschaft erleben dürfen.

Die Kajak-Touren von „Lovers of Lakes" umfassen drei bis fünf Tage. Hier wird etwas Theorie zum Wassersport allgemein vermittelt und auf Wunsch kann auch unterwegs individuell an der Paddeltechnik gearbeitet werden. Übernachtet wird in der Regel auf Camping- oder Wasserwanderrastplätzen.

Wie funktioniert das Konzept im Detail?

Wir bieten an, dass unsere Besucher bis nach Fürstenberg/Havel oder Lychen mit dem Zug fahren und wir sie dann mit unserem Bus abholen. Des Weiteren ist es ja so, dass die Kurse nicht bei uns auf dem Grundstück stattfinden. Wir treffen uns mit unseren Kursteilnehmern an einem vorher besprochenen Ort, der entweder von ihnen selbst oder von uns vorgeschlagen wird. Nach vorheriger Absprache bringen wir das Material – also die Kajaks, Rettungswesten und so weiter dorthin und veranstalten dann das Training. Dann können wir alle zusammen mit den Kajaks eine Route paddeln. Je nach Länge oder Schwierigkeit der Routen liegen die Zelt-Haltepunkte. Wichtig ist natürlich auch, dass wir mit den Teilnehmern klären, welches Kajak für die jeweilige Person genau das richtig ist. Hier sollten Körpermaße wie Größe und Gewicht genau stimmen. Ebenso wie die Anzahl, die jeweils in einem Kajak paddeln wollen. Kinder, Hunde… Alles wird vorher abgesprochen.

Warum gerade diesen Bootstyp?

Ich empfinde Kajaks als sehr agil und wendig. Hingegen Kanadier, wie man sie vielleicht aus den Indianerfilmen kennt, sind eher offen und dickbäuchiger gestaltet.

Kajakfahren ist einfach spannender – bis hin dazu, dass man damit zur Seite umkippen und dann wie mit einer Rolle auf der anderen Seite wieder auftauchen kann.

Mit einem Kajak kann man sogar in die See-Wellen eintauchen und in einer Brandung spielen.

Werden ausschließlich die auf der Homepage angebotenen Touren gepaddelt?

In der letzten Zeit ist es häufiger vorgekommen, dass Leute hier bereits in der Gegend waren und uns dann angerufen haben, ob

Kajak-Typen

Melker „Örskär"
Personen mit eingeschränkter Mobilität (auch solche, die mit Begleitperson reisen) können das **2- bzw. 3-Personen Kajak** Melker „Örskär" für eine Tour nutzen.
Ein Boot, das 3 Personen aufnehmen kann, dann aber relativ wenig Raum für Gepäck bietet. Bei der Benutzung als Zweierkajak hingegen hat es so viel Stauraum, dass sogar Campingstühle kein Problem wären. Sollte jemand mit Begleitperson reisen oder aus anderen Gründen dieses Kajak für eine Tour buchen wollen, bitte gezielt danach fragen.

Zegul „Greenland T"
Wie der Name schon sagt, ein Kajak, das stark an **grönländische Formen** (schmal, flach, ausgeprägter Knickspant) und deren Fahreigenschaften angelehnt ist. Mit toller Reaktion, wenn es „auf Kante" gefahren wird und trotz seiner Länge überraschend wendig.

Skim Kayaks „Beaufort"
Ein schönes **Seekajak**, handmade in Finnland mit Skeg und Anlehnungen an Grönlandkajaks, das in hohem Maße Eigenschaften von Geradeauslauf, Wendigkeit und Seetauglichkeit vereint. Etwas kippeliger, deswegen nicht unbedingt für gänzlich unerfahrene Paddelanfänger geeignet. Aber wenn man einmal den Kniff raushat, macht es wahnsinnig Spaß.

Fotos: Cherie Birkner

In den angebotenen Kursen erhält man das nötige **Paddel-Know-how.**

In kleinen Gruppen mit bis zu acht Teilnehmern geht es aufs Wasser.

wir nicht Zeit hätten, mit so und so vielen Kajaks zu ihnen zu kommen und eine kleinere Tour zu paddeln. Wir treffen uns dann einfach auf einem Zeltplatz, einer Badestelle oder auch einem Hotel mit Seeblick. Es geht also auch spontaner.

Wie funktionieren die Kurse?

Bei den jeweiligen Kursen sehen wir erst einmal, wie die jeweiligen Bedarfe, aber auch die Vorerfahrungen entwickelt sind. Die meisten Kursteilnehmer haben nicht die geringsten Erfahrungen mit dem Kajak. Hier fange ich ganz von vorne an: Wie komme ich überhaupt in den Kajak hinein? Wie sitze ich richtig in dem Boot? Wie funktionieren Vorwärts- und Rückwärtsschlag? Seitwärtsschläge, Kurvenfahren und wie bremse ich eigentlich mit so einem „Ding"? Natürlich sollten Kajakfahrer auf Tour auch schon einmal eine Wasserwanderkarte studiert haben und sich mit den Symbolen und nautischen Zeichen auskennen. Selbstverständlich sollte jeder Kajaker die wichtigsten drei oder vier Schifferknoten kennen, beherrschen und wissen, wann diese benutzt werden sollten. Mitunter sieht man im Sommer die Wassersportfreunde, die auf dem Bug eine Flasche Bier zu stehen haben und sich ansonsten möglichst lässig im Boot lümmeln. Das ist natürlich kein Kajaking wie wir es verstehen. Unser Paddeln ist da viel dynamischer!

„Die meisten **KURSTEILNEHMER** haben nicht die geringsten **ERFAHRUNGEN** mit dem **KAJAK.**"

Apropos dynamisch. Mit einem Kajak kann man ja seitwärts eine Rolle machen…

Das unterrichten wir auch. Aber nur für die Tour-Teilnehmer, die das lernen möchten. Allerdings gehört zum sportlichen Kajaking einfach auch das Beherrschen der Kenter-Rolle oder Kajak-Rolle. Der (frühere) Begriff „Eskimo-Rolle" wird auf Rücksicht und Respekt vor den indigenen Völkern wie den Inuit oder den Eskimos allerdings nicht mehr verwendet.

Was müssen die Tour-Teilnehmer selber mitbringen und wie groß sind die Tour-Gruppen?

Die Tour-Gruppen sind zwischen vier bis zu acht Leuten stark und an Kleidung zum Paddeln sind eine regendichte Jacke und eventuell auch Hose sowie flexible Bekleidung mitzubringen. Wobei häufig die klassische Fahrradbekleidung völlig ausreichend ist, leichte Schuhe, die nass werden können, warme Kleidung (für kühle Abende). Sobald wir uns zu einer Tour verabredet haben, verschicken wir auch detaillierte Listen für Kleidung, Nahrung oder Campingmaterial.

Werden die Tour-Teilnehmer dann von den „Lovers of Lakes" an den Rastpunkten versorgt?

Nein. In der Regel befinden sich die Zelt-Haltepunkte auf Zeltplätzen, die mittlerweile sehr gut ausgestattet sind: Das Angebots-Niveau reicht hier vom Imbiss bis zum Restaurant oder bis zur offenen Feuerstelle einer Surf- oder Kiteschule.

Die eigene Lieblingstour?

Ich mag am meisten die Tour, die auf unserer Homepage als Wesenberg – Wesenberg beschrieben ist und über zehn Seen führt. Nach zweieinhalb Tagen, die wir auf der Havel und die Seen gepaddelt sind, kehren wir über die romantisch verwunschene Schwaanhavel zurück nach Wesenberg. Das Paddeln auf den kleineren Seen (im Gegensatz zu den größeren Seen wie Müritz oder Kummerower See) stellt in der Regel auch für Personen mit Anfängerfähigkeiten keine große Herausforderung dar, weil Wind und Welle hier keine große Rolle spielen. Spannend ist gerade für viele Anfänger, dass wir einige Schleusen passieren und mitunter die Boote auch umtragen müssen. Größtenteils sind es nur wenige Meter. Trotzdem nehmen wir aber einen Bootswagen mit, damit wir die Boote nicht zu lange tragen müssen.
Das ist eine Tour, die man ganz entspannt in drei Tagen paddeln kann. Selbstverständlich kann man die Tour auch sportlicher angehen und dann ist die Strecke auch ohne Probleme in zwei Tagen zu schaffen. Besonders jene Seen, die komplett Motobootfrei sind, machen am meisten Spaß.

LESETIPP

Seenland KANUextra

9 Top-Kanurouten in der Mecklenburgischen Seenplatte und Brandenburg. Detailliert beschrieben zum Nachpaddeln. Für jeden etwas: vom Tagesausflug bis zur Erlebnistour. Im Heft: Törnberichte, Kartenmaterial und Paddeltipps. ISBN 978-3-946148-00-5 4,90 Euro

Angeboten wird qualitativ sehr hochwertiges Material, elegante und leichte **Kajaks** sowie kompetente und erfahrene **Begleitung** – egal, ob in Kursen oder auf Touren. Alle **Kurse** und **Touren** werden bei Bedarf auch in Französisch oder Englisch angeboten. Ralf und Felice arbeiten auf Muttesprach-Niveau.

Lovers of Lakes
Felice & Ralf Arning
Rundweg 6, 17258 Feldberger Seenlandschaft, OT Hasselförde
Tel.(0179) 435 73 71
www.loversoflakes.de

JO VON BAHLS
ist von Geburt, Überzeugung & Wesen – Mecklenburger, arbeitet hier als freier Redakteur und hat (auch) einige Reiseführer zu der Region veröffentlicht.

Fotos: Cherie Birkner

Auf geführten Pfaden gemeinsam Wandern

Rings um die tiefen Seen der Feldberger Seenlandschaft erheben sich mächtige Buchenwälder in den blauen Mecklenburger Himmel. Ein dichtes Netz an Wanderwegen durchspannt die Region und lädt ein, der Natur näher zu kommen.

Das Wandern nicht nur innere Einkehr bedeutet, machen drei Wanderführerinnen in Feldberg mit ihren unterschiedlichen Angeboten deutlich: Wer mit der gelernten Märchenerzählerin Stefanie Keller auf eine zweistündige kindgerechte Wanderung durch die Seenlandschaft geht, erfährt unter anderem warum die Eiche gebuchtete Blätter hat oder wie der Holunder zu seinem Namen kam.

Die Wanderführerin Dagmar von der Schmidt bietet neben den Klassikern auch weniger bekannte Touren an: zu Dorfruinen mitten im Wald oder entlang alter Poststraßen, und auch Kindertouren sind möglich wie zum Beispiel spannende Schatzsuchen, die jeder zum gewünschten Zeitpunkt und selbständig mit Kindern durchführen kann. Die Schatzsuchen sind ein tolles Angebot für Kinder zwischen vier und zehn Jahren und verschönern jeden Urlaubs-, Ferien- oder Geburtstag.

Sie sind komplett vorbereitet mit Hinweisen, kleinen Aufgaben, Informationen über das jeweilige schatzbegleitende Tier (Dachs oder Biber) und natürlich einem Schatz! Aufregende, kurze Strecken aber bewusst auf schmaleren Pfaden sind mit kleinen Klettermöglichkeiten für die Kinder angelegt worden. Die zertifizierte Natur- und Landschaftsführerin Britta Daedelow-Seydl bietet Wanderungen durch den Nationalpark an; immer auf der Suche nach Spuren von Tier und Mensch in der Natur.

Der Vorteil einer geführten Wanderung liegt auf der Hand, sachkundige Begleitung und das gemeinsame erleben der Wunder der Natur in der Sagenumwobenen Feldberger Seenlandschaft. Zudem frohlockt die Gesundheit beim Wandern: Der Blutdruck sinkt, Stresshormone werden reduziert und das grün des Waldes beruhigt die Nerven und stimuliert das Immunsystem.

„[…] sachkundige **BEGLEITUNG** und das gemeinsame **ERLEBEN** der **WUNDER** der Natur […]"

Geführte Wanderungen

www.liebstoeckel.info
www.naturnahwandern.de
www.wortzauber.org/maerchenzauber/termine-veranstaltungen-2

Foto: TMV/foto@andreas-duerst.de

Radtour durch das Westhavelland

Zwischen Gänsen, Sternenguckern und Flugpionieren

Bereits der Dichter Theodor Fontane pries die Schönheit des Havellandes. Und auch heute ist da noch viel Magie.

Von Dolores Kummer

Zwischen den Städten Havelberg und Brandenburg liegt der Natur- und Sternenpark Westhavelland, das größte zusammenhängende Feuchtgebiet Europas. Ein Lebensraum vieler seltener Pflanzen und Tiere, aber auch einer der dunkelsten Orte deutschlandweit. Kleine und große Sternengucker erleben hier jedes Jahr einen spektakulären Nachthimmel.

Eine der schönsten Radtouren führt mitten hindurch und ist leicht zu fahren. Die Strecke ist flach, hat nur wenige Anstiege. Ein Problem ist höchstens das Wasser. Man kann hier nicht einfach ins Blaue drauflosradeln, denn schnell landet man auf einer feuchten Wiese. Die beschaulichen Flussauen sind besonders im Frühjahr oft überflutet. Deshalb gibt es hier ein perfekt funktionierendes Knotenpunktsystem, das Fahren nach Nummern. Jedes Mal wenn sich mindestens drei Radwege treffen, gibt es einen Knotenpunkt mit Wegweisern und darüber steht eine rote Zahl.

RATHENOW

Unsere Tour startet in Rathenow und führt in etwa 48 Kilometern bis nach Havelberg, es ist eine gemütliche Tagestour mit erlebbarer Geschichte, Naturbeobachtungen und auch gut für einen Badestopp. Start ist am Bahnhof Rathenow. Wer sich für Geschichte interessiert, sollte hier unbedingt auf Erkundungstour gehen. Schließlich war Rathenow Deutschlands Wiege der optischen Industrie, trägt deshalb sogar den Beinamen „Stadt der Optik“. Dieser Stadt wurde jedoch zu allen Zeiten übel mitspielt. Im Mittelalter waren es die Raubritter, vor allem die von Quitzows, danach kamen Pest, Hochwasser und Stadtbrände. Immer wenn Rathenow zu einigem Wohlstand kam, folgte ein neues Schicksal. Im Zweiten Weltkrieg wollte Generalfeldmarschall von Keitel Rathenow bis zum letzten Mann verteidigen und zerstört sie damit zu neunzig Prozent. Parallel war Rathenow aber immer auch ein Wissenschaftsstandort. Der Theologe Johann Heinrich August von Duncker entwickelte ab 1801 die ersten Lupen, Mikroskope und Brillen. Noch heute genießt man hier weltweit hohes Ansehen. Fast zweitausend Menschen in 24 Firmen arbeiten derzeit in der optischen Industrie. Die historische Altstadt ist recht klein, aber nicht weniger liebenswert mit der St. Marien-Andreas-Kirche und der Stadtmauer, sowie ein paar schön sanierten Fachwerkhäusern. Davor liegen der Hafen und die Stadtschleuse. Sehenswert sind vor allem der Optikpark auf der Schwedendamminsel (April – Oktober), eine Mischung aus Naturentspannung und Mitmachmuseum, sowie im Kulturzentrum das Optik-Industrie-Museum. Über 1.000 Exponate sind zu sehen, von der mikroskopischen Linse bis hin zum großen Leuchtfeuer.

> „Ein ungetrübter **STERNENHIMMEL** ist das älteste **NATURGUT** der **MENSCHHEIT**.“

Sternenpark
Westhavelland

Zwischenhalt in
Semlin am Hohennauener See

Rathenow
am Alten Hafen

HOHENNAUER-FERCHESAER SEE

Über die Semliner Chaussee Richtung Norden geht es zum ersten Knotenpunkt mit der Nr. 56. Dort abbiegen nach Semlin, einem kleinen Erholungsort am Hohennauer-Ferchesaer See. Im Norden grenzt er an den Rhin, im Westen führt der Hohennauener Kanal in die Havel. Rundherum führt ein beschaulicher Wanderweg, es gibt nette Einkehrmöglichkeiten, sogar Fischgaststätten.

Semlin hat eine schöne Fachwerkkirche aus dem Jahre 1732, einen Bootsverleih und einen Badestrand mit Liegewiese. Bekannt bei den Berlinern ist der Ort besonders für sein GolfResort, was aber etwas abseits liegt und die Idylle des Dörfchens nicht beeinträchtigt.

Von Semlin (Knotenpunkt 86), geht es westlich nach Hohennauen (Knotenpunkt 80). Das Dorf liegt direkt an der Bundesstraße 102 und hat ebenfalls eine interessante Kirche aus dem Jahre 1703. Die Taufe aus Sandstein stammt sogar von 1603 aus einem Vorgängerbau. Es gibt den Campingplatz Seeblick vor allem für Wohnmobile und Dauercamper, sowie eine schöne Badestelle mit Liegewiese.

Unser Radweg biegt jetzt eigentlich Richtung Westen ab, aber wer mag kann noch einen Abstecher nach Wassersuppe machen (Knotenpunkt 81). 1441 wurde „Watersopp“ das erste Mal erwähnt, ein typisches Sackgassendorf, was am Nordufer des Sees endet. Es hat einen sehr schönen Badestrand mit Beachvolleyballplatz und eine Picknickrotunde. Die Kirche aus dem Jahre 1776 ist im Sommer ein beliebter Veranstaltungsort.

Zurück in Hohennauen geht es weiter nach Spaatz (Knotenpunkt 82), ein hübsches Straßendorf mit der ältesten Feldsteinkirche der Gegend aus dem 12. Jahrhundert. Hier verlassen wir den üblichen Radweg, der geradeaus weiter nach Rhinow führt. Wir fahren über Wolsier westlich zum Gülper See, mitten hinein in den Sternenpark.

STERNENPARK UND GÜLPER SEE

Im Jahre 2014 wurde der Naturpark Westhavelland von der International Dark Sky Association (IDA) als erster Sternenpark Deutschlands anerkannt. Durch die dünne Besiedlung ist es ein Ort ohne größere Lichtverschmutzung. Ein ungetrübter Sternenhimmel ist das älteste Naturgut der Menschheit. Doch nur selten nehmen wir heute in der Umgebung von Städten einen natürlichen Sternenhimmel wahr, das verändert auch

Anreise
In **Rathenow** halten die Regionalzüge von Berlin im Stundentakt, die Fahrzeit nach Berlin-Hbf. beträgt zirka eine Stunde.
www.bahn.de

Einkehr
Havelrestaurant Schwedendamm
Direkt an der Havel mit schöner Terrasse, regionale Speisen, Pizza, Fischgerichte, Kaffee und Kuchen.
Schwedendamm 7, 14712 Rathenow
Tel. (0 33 85) 51 54 56
www.havelrestaurant-schwedendamm.com

Fischerhütte
Direkt am Hohennauener See, Gaststätte mit Terrasse, große Fisch-Karte, Supereisbecher, gutes Preis-Leistungs-Verhältnis, dazu gehört die Pension Seeschlösschen.
Dorfstr. 21, 14712 Rathenow/
OT Semlin, Tel. (03 3 85) 50 99 03
www.fischerhuette-semlin.de

Fischrestaurant Strandgut
Gourmetverdächtige Fischgerichte für alle die es gern etwas anspruchsvoller lieben.
Am Hohennauener See 2
14715 Hohennauen
Tel. (03 38 72) 7 01 34
www.fischrestaurant-strandgut.de

Bilderbuchcafé
Liebevoll gemachte Kombi aus Café und Ausstellung, ausgesuchte leckere Speisen, Kuchen nach Muttis Rezepten und Kaffee aus einer regionalen Rösterei.
Markt 7, 39539 Havelberg
Tel. (03 93 87) 59 25 55,
www.dasbilderbuchcafe.de

Übernachten
Hotel Sonn'Idyll
3-Sterne-Superior, sehr schönes Wohlfühlhotel mit Naturbadeteich, Sauna, Fahrradverleih, Yogawelt.
Semliner Str. 20, 14712 Rathenow
Tel. (0 33 85) 6 19 98 20
www.sonnidyll.de

artHotel Kiebitzberg
Designhotel mit Havelblick, Wildblumenwiese und japanischem Garten, Wellness, E-Bike-Verleih und Ladestation.
Schönberger Weg 6, 39539 Havelberg
Tel. (0 3 93 87) 59 51 51
www.arthotel-kiebitzberg.de

LESETIPP
Radführer Brandenburg

12 schöne Radtouren plus Bonustour im Norden Brandeburgs.
13 Touren mit Karten
ISBN 978-3-9812026-4-9
12,90 Euro

Informationszentrum Haus der Flüsse Havelberg

Fischer Schröder in Strodehne

Stölln Museum Lilienthal Centrum

unser Verhältnis zur Natur. Es ist deshalb lohnend sich ein Stück reine Natur zurückzuholen und wieder zum Sternengucker zu werden. Beste Beobachtungsmöglichkeiten gibt es im Frühjahr, Spätsommer und Herbst. Im Winter und Frühjahr sind manche Gebiete wegen Hochwasser nicht erreichbar. Warme Kleidung wird empfohlen. Die Milchstraße sieht man am besten im Spätsommer und Herbst. Über die Homepage des Naturparks Westhavelland gibt es auch genaue Koordinaten und Sternenführungen.

Von Wolsier geht es nach Gülpe und östlichen davon zum Gülper See, der kein Badesee ist, sondern ein ausgewiesenes Vogelschutzgebiet. Gänse, Kraniche und durchziehende Wasservögel kann man von zwei Aussichtstürmen beobachten. Der See ist 6,6 Quadratmeter groß, aber nur 1,5 Meter tief. Im Herbst sammeln sich hier tausende Zugvögel, im Sommer ist es Gänseland und im Winter erfreuen die Singschwäne. Wenn sie Hochzeit feiern ertönt schon weithin ihr melodischer Ruf. Der NABU veranstaltet regelmäßig Exkursionen.

RHINOW UND STÖLLN

Weiter radeln wir über Prietzen nach Rhinow und sind mit dem Knotenpunkt Nr. 70 wieder auf der markierten Strecke. Das eher unspektakuläre Örtchen gab dem Ländchen Rhinow seinen Namen. Alles steht hier im Zeichen der Fliegerei, sogar die Schule trägt den Namen des Kosmonauten Juri Gagarin. Um mehr zu erfahren machen wir einen Abstecher in östlicher Richtung nach Stölln (Nr. 75), ein historisches Dorf mit dem ältesten Flugplatz der Welt. Der Flugpionier Otto-Lilienthal macht auf dem 110 Meter hohen Gollenberg zusammen mit seinem Bruder die ersten Flugversuche. Drei Jahre probierten beide an mehreren Fluggeräten. Otto Lilienthal war der erste Mensch der geflogen ist. 1896 kam er bei einem Flugversuch ums Leben, er stürzte aus 15 Metern Höhe ab. In

Fotos: Dolores Kummer

„Idyllisch **SCHMIEGEN** sich kleine **FACHWERK-HÄUSCHEN** mit schönen **GÄRTEN** ans **UFER**."

In Stölln gibt es mehrere Gedenkorte, sowie ein Pfad der Fluggeschichte. Vom Gollenberg hat man einen schönen Blick ins Rhinluch. Nahe der Stelle wo Otto Lilienthals tödlich verunglückte entstand das Lilienthal-Centrum, eine sehr interessante Ausstellung zum Thema Fliegerei. Im Ort gibt es einige netten Restaurants und Cafés. Ein beliebtes Ziel ist auch die zu besichtigende INTERFLUG-Maschine. Am 23. Oktober 1989 landete eine Langstreckenmaschine der Interflug, eine Illjuschin 62, auf der nur 850-Meter-Piste des Segelflugplatzes Stölln und kam damit ins Guinnessbuch der Rekorde.

HAVELBERG

Nun geht es wieder zurück nach Rhinow und ab dem Knotenpunkt 70 Richtung Westen zur Nr. 71. Die Strecke führt zwischen beschaulichen Feldern und Wiesen hindurch. Kurz bevor wir über die Havel fahren, erreichen wir das Künstlerdorf Strohdene. Hier lebte und arbeitete der Maler Bernhard Heisig, hier ist auch sein Grab. Fährt man die Dorfstraße weiter südlich entlang, gelangt man zur Fischerei Wolfgang Schröder, ein Familienbetrieb in der vierten Generation. Außer geräuchertem und frisch gefangenem Fisch kann man hier auch ein Kanu, Ruderboot oder Angelkahn ausleihen. Etwas Besonderes ist das Erlebnisfischen auf dem Gülper See, zu dem der Fischer angemeldete Besucher mitnimmt.

Von Strodehne geht es jetzt über die Havel, am Knotenpunkt Nr. 3 biegt man nördlich in Richtung Havelberg ab. Südlich der Havel radeln wir nun auf dem Havel-Radweg durch eine wirklich malerische Landschaft an den Flussauen, sogar Fischadler brüten hier auf den Strommasten.

Wir kommen an Kuhlhausen vorbei und am Knotenpunkt (Nr. 2).

Schon weithin sichtbar, auf einer Anhöhe, sieht man dann den gigantische Dom von Havelberg. Idyllisch schmiegen sich kleine Fachwerkhäuschen mit schönen Gärten ans Ufer. Mit dem Haus der Flüsse, einem lebendigen Informationszentrum zur Flusslandschaft an Elbe und Havel ist die Kleinstadt ein schöner Erholungsort. Höhepunkt ist auch der jährlich stattfindende Pferdemarkt Anfang September.

Bereits im Jahre 948 wurde das Bistum Havelberg erstmals erwähnt. Die Gründung soll auf den Deutschen Kaiser Otto I zurückgehen. Nahe der Elbe war der Übergang über die Havel von strategischer Bedeutung, eine Bastion der deutschen Ostexpansion. Die Slawen sollten von hier bis nach Mecklenburg missioniert werden. Doch nach knapp vierzig Jahren wurden die Deutschen nach einem Slawenaufstand wieder vertrieben. Erst Anfang des 12. Jahrhunderts kamen sie zurück. In dieser Zeit wurden auch der steinerne Dom und das Kloster erbaut. Dieser Dom prägt noch heute das Ortsbild. 1561, nach der Reformation, wurde das Domkapitel lutherisch. Zehn Jahre später ging das Bistum Havelberg in das Kurfürstentum Brandenburg ein.

Schön ist ein Spaziergang entlang der Altstadtinsel und auch unterhalb des Doms an der Havel entlang. Es gibt zahlreiche Einkehr- und Übernachtungsmöglichkeiten. Nur eins hat Havelberg nicht mehr: einen Bahnhof. Nächste Zustieg mit den Rädern Richtung Berlin ist Glöwen, acht Kilometer nördlich von Havelberg, dort hält der Regionalexpress. Eine weitere Möglichkeit ist ein Zustieg in Bad Wilsnack oder die Tour auf dem Havel-Radweg fortzusetzen bis nach Wittenberge.

www.westhavelland.de, www.westhavelland-naturpark.de
www.sternenpark-westhavelland.de, www.nabu-westhavelland.de
www.havelberg.de, www.rathenow.de, www.dein-havelland.de

Sehenswert

Optikpark
Liebevoll gemachter, barrierefreier Park mit Anspruch. Sehenswerte Gartenkunst, Kulturveranstaltungen und Wissensvermittlung zu den Themen Optik und Natur.
Schwedendamm 1, 14712 Rathenow
Tel. (0 33 85) 4 98 50
www.optikpark-rathenow.de

Optik Industrie Museum Rathenow
Geschichte der Optik. Brillen, Mikroskope, Kameras oder Ferngläser. Mehr als tausend optische Instrumenten.
Im Kulturzentrum Märkischer Platz 3, 14712 Rathenow, Tel. (0 33 85) 51 90 30
www.kulturzentrum-rathenow.de

Das Lilienthal-Centrum
Interessante Ausstellung über Lilienthals Leben und die Fliegerei, mit kleinem Café.
Otto-Lilienthal-Str. 50
14728 Gollenberg/OT Stölln
Tel. (03 38 75) 9 06 90
www.otto-lilienthal.de

Flugzeug IL 62 „Lady Agnes"
INTERFLUG-Ausstellung und Café.
Am Gollenberg 10
14728 Gollenberg/OT Stölln
Tel. (03 38 75) 9 06 90
www.otto-lilienthal.de

Fischerei Wolfgang Schröder
Fischverkauf, Imbiss, Bootstouren, Verleih von Kanu, Ruderboot und Angelkahn. Erlebnisfischen.
Fischverkauf: Fr–Sa 10–16 Uhr
Gahlberg 2, 14715 Havelaue/
OT Strohdehne, Tel. (03 38 75) 3 07 37
www.fischerei-schroeder.eu

Haus der Flüsse
NATURA-2000-Informationszentrum
Moderne Mitmachausstellung (innen und außen) zeigt die Bedeutung zum Schutz einer naturnahen Flusslandschaft im Bereich Biosphärenreservat Mittelelbe.
Elbestraße 2, 39539 Havelberg
Tel. (03 93 87) 60 99 76
www.haus-der-fluesse.de

Dom Havelberg
Domplatz, 39539 Havelberg
www.havelberg-dom.de
www.prignitz-mueseum

DOLORES KUMMER
ist eine Autorin, die in Mecklenburg aufwuchs und jetzt in Berlin lebt. Gern ist sie mit dem Rad in ihrer alten Heimat unterwegs und sammelt dort Geschichten für neue Reiseführer.

Vogelschutzgebiet **Gülper See**

Natur einfach Natur sein lassen

Der Müritz-Nationalpark ist das größte Waldschutzgebiet in Deutschland – und die Null-Variante für forstliche Entwicklung ohne menschliches Zutun.

Von Michael F. Basche

„Wenn der Mensch seine Finger vom Wald lässt“: Unberührte Nationalpark-Idylle am Schweingartensee.

Es ist diese Weite. Selbst an einem diesigen Frühjahrstag mit einem Regenband am Horizont. Das Auge schweift scheinbar endlos über Baumwipfel. Zwischendrin schimmern Gewässer. In der Ferne hat das grüne Meer andere Flecken: Felder, Weiden, Brachen. Dazwischen die verschwommenen Silhouetten von Windrädern. Weit weg. Was für eine Ruhe hier oben. Ein bisschen Säuseln des Winds, vereinzelte Vogellaute – Stille kann ziemlich geräuschvoll sein. Wäre da nicht die Plattform des gerade über 167 Stufen erklommenen metallenen Aussichtsturms, schiene die städtische Zivilisation, aus der man kommt, eine anderen Welt zu sein. Ein wenig entrückt fühlt man sich allemal.

EIN PAAR METER entfernt steht Dr. Matthias Hellmund und schaut auf das ihm und seinen Kollegen anvertraute „Reich". Der Forstwissenschaftler und promovierte Förster ist Ober-Ranger im Müritz-Nationalpark – Pardon, Dezernatsleiter Flächenmanagement, wie sein offizieller Titel lautet –, Chef von insgesamt 42 Rangern und Waldarbeitern, zuständig für die Infrastruktur von Deutschlands größtem terrestrischen Nationalpark. Er war bestimmt hunderte Male hier oben auf dem Käflingsberg, mit 103 Metern über Normalnull die höchste Erhebung weit und breit; er hat gewiss zig Gäste noch mal 31 Meter höher auf den Feuerwach- und Mobilfunksendeturm geführt. Dennoch wirkt der Genius Loci offenbar unvermindert. „Genau das ist die Sehenswürdigkeit hier", flüstert Hellmund und weist ins Rund: „Natur und Ruhe."

Viel Natur. Viel Ruhe. Der Müritz-Nationalpark dehnt sich über 32.200 Hektar aus. 72 Prozent sind mit Wald bedeckt, 13 Prozent entfallen auf insgesamt 108 Seen von mindestens einem Hektar Fläche und kleinere, sogenannte Stillgewässer, acht

> „Genau das ist die **SEHENSWÜRDIGKEIT** hier […] **NATUR** und **RUHE**."

Prozent sind Moore. „Und alles bleibt naturbelassen", erklärt Hellmund. Den Satz wird er so oder ähnlich oft wiederholen. Das Credo lautet, die Natur einfach Natur sein zu lassen, sie zu begleiten und zu beobachten, allenfalls einzugreifen, wenn die Sicherheit von Straßen und Wegen es erfordert. „Aber Forstwirtschaft fällt komplett weg."

ZU DDR-ZEITEN war die Region noch einem „produktionsintegrierenden Naturschutz" unterworfen. Was nichts anderes bedeutet hatte, als intensive Forst- und Landwirtschaft, militärische Übungsbereiche und Staatsjagden für die sozialistische Nomenklatura. Bis heute prägen große Kiefernbestände das Bild, überdies sind durch die damalige Bemühungen zur Entwässerung des Gebiets und das daraus resultierende Absinken des Grundwasserspiegels ausgedehnte Birkenwälder entstanden.

Immerhin ist dem damaligen Vize-Umweltminister Michael Succow, einem Biologen, Agrarwissenschaftler und international renommierten Moor-Ökologen, sowie weiteren Naturschützern zu verdanken, dass in der letzten Ministerratssitzung der DDR im September 1990 das Nationalpark-Programm beschlossen und nebst anderen Großschutzgebieten die 320 Quadratkilometer des heutigen Müritz-Nationalparks dafür ausgewiesen wurden. Anschließend förderte die Nationalparkverwaltung die Renaissance des in diesem Naturraum typischen Mischwalds, nahm Anpflanzungen vor und lichtete das Kronendach der Kiefern, um eine natürliche Verjüngung des Baubestands zu erreichen. Zudem wurden Kanäle und Gräben verschlossen, um den Grundwasserspiegel wieder auf das ursprüngliche Niveau zu heben und die Birken damit absterben zu lassen. Seit 2017 ist der Holzeinschlag allerdings komplett eingestellt worden, wird die Natur in Gänze sich selbst überlassen.

„REIN FORSTLICH GESEHEN ist das hier die Nullvariante", erläutert Hellmund. „Weil man beobachtet, ohne dass man eingreift. Und sieht, was wird, welche Prozesse ablaufen, wenn der Mensch seine Finger vom Wald lässt." Die Definition von Nullvariante lautet: Ein Projekt oder einen Plan nicht umzusetzen und die Konsequenzen dieser Vorgangsweise auf Umwelt und Gesellschaft abzuschätzen. „So gesehen ist der Müritz-Nationalpark für den Wald ‚draußen' von immensem Wert." Ein Versuchsaufbau, der wichtige Erkenntnisse für das Wirtschaftsgut Wald erbringen kann.

Was nicht heißt, dass die Ranger nichts zu tun haben. Im Gegenteil. Hinter dem Begriff Flächen- beziehungsweise Gebietsmanagement verbergen sich Wegebau und -pflege und sogar Müllsammeln, Kontrollarbeiten, die Wartung von Aussichtsstationen, der Betrieb der insgesamt sieben Informationsstellen mit Ausstellungen zu Natur und Landschaft sowie Überwachungsaufgaben. Es soll halt Besucher geben, die bewusst oder unbewusst vom Weg abkommen oder sonstiges Unwesen treiben. „Wir versuchen, den Park so gut es geht zu schützen", bekräftigt Hellmund.

„So **GESEHEN** ist der **MÜRITZ-NATIONALPARK** für den **WALD** ‚draußen' von immensem **WERT**."

Sorgen bereitet ihm vor allem die Waldbrandgefahr, wenngleich „es bei uns nicht gebrannt hat". Es geht sowieso eher um die Uneinsichtigkeit und Unbelehrbarkeit der Menschen, denn „98, 99 Prozent aller Waldbrände sind menschengemacht". Ein Waldbrand ist laut Hellmund „naturschutzfachlich der GAU. Das ist die massivste Störung, tötet alles ab, setzt die Uhr komplett auf Null".

Die Nationalparkverwaltung ist Untere Naturschutzbehörde für den Hoheitsbereich des Nationalparks und Untere Forstbehörde; die Ranger können mithin Ordnungswidrigkeiten feststellen und ahnden, beispielsweise einen Verstoß gegen das herrschende Wege-Gebot. Die Kernzonen des Parks dürfen ohnehin nicht betreten werden. „Müssen ja auch nicht", fügt er an, „Es ist hier überall schön". Stichwort Tourismusströme leiten.

Rehe im Röhricht: Auch das Monitoring der Biodiversität ist Ranger-Aufgabe.

RUND 600.000 BESUCHER sind jährlich im Nationalpark unterwegs, aufgrund der vielen Eingänge kann die Zahl indes nur auf Basis einiger Zählanlagen an ausgewählten Wegen geschätzt werden.

Um die Kernzonen zu schützen und die Natur so wenig wie möglich zu stören, werden touristische Bereiche, Aussichtspunkte und ähnliches in der Nähe von Siedlungsräumen oder an Stellen mit bestehender Infrastruktur eingerichtet. Das Radwege-Netz gewährleistet die problemlose Erreichbarkeit, es gibt verschiedene Strecken mit unterschiedlicher Länge, die entsprechend ausgewiesen sind. Das rote Eichhörnchen beispielsweise steht für zehn Kilometer. Sogar einen „Hollywood-Boulevard" hat der Müritz-Nationalpark:

Es ist diese Weite: Die Aussicht auf den Müritz-Teil des Nationalparks vom Turm auf dem Käflingsberg.

Jäger im Visier: Eine Gruppen-Führung ins Revier der Fisch- und Seeadler.

Nie ohne den typischen Hut: Die Ranger Helena Römer und Dr. Matthias Hellmund.

Jedenfalls hat mal jemand den vielbefahrenen Abschnitt von Schwarzenhof nach Boek so getauft, vorbei am Specker See und samt Aussicht auf die weite Wasserfläche der Müritz (slawisch für kleines Meer), dem größten See innerhalb von Deutschland.

Eine solche Route eignet sich bestens für Umweltbildung. „Mit der beginnenden Besuchersaison sind wir am Hollywood-Boulevard präsent und versuchen, mit den Leuten in Kontakt zu kommen", sagt Hellmund. Beispielsweise, um über Moore aufzuklären. Denn der Lebensraum Moor ist das Jahresthema 2023 in Mecklenburg-Vorpommerns National- und Naturparks. Und ein Ranger mit seinem typischen hohen Hut und der breiten Krempe fällt auf, erzeugt Neugier und Ansprache. In den gesetzliche Auftrag zur Umweltbildung fallen ebenso Führungen, die von den Rangerstationen kostenfrei angeboten werden.

Zur Jobbeschreibung gehört überdies das Monitoring, also die Erfassung der Biodiversität. Für Hellmund ist das eine herrliche Aufgabe: „Wenn man morgens an der Schilfkante steht, um die seltenen Rohrdommeln zu zählen, nimmt man den Rest der erwachenden Natur gleichfalls wahr." Das sind andere Wasservögel wie Krick- und Knäkenten, Teichrohrsänger und Zwergstrandläufer; es ist das von den Schlaf- zu den Futterplätzen durchs Röhricht streifende Rotwild, Rehwild, Damwild, Schwarzwild; es sind Fisch- und Seeadler auf Frühstücksflug. Natürlich Kraniche während der Rast. Und es ist der Wolf, genauer, das Müritzrudel. „Beim Abendansitz kann ich die Wölfe heulen hören", erzählt Hellmund, gleichzeitig Jagdleiter des Müritz-Nationalpark.

DA IST SIE DANN DOCH, die Ranger-Romantik. Grundvoraussetzung für den Beruf sind eine Ausbildung zum Forstwirt und die Qualifikation des geprüften Natur- und Landschaftspflegers. Der Jagdschein ist hilfreich, die Lizenz zum Fischereiaufseher zumindest für Leitungsfunktionen eine Voraussetzung, Hingabe unabdingbar. „Man muss überzeugt sein, dass einem diese Aufgabe Spaß macht. Dann haben wir den schönsten Job der Welt im schönsten Bundesland der Welt", wirbt Hellmund für seine Zunft. Bei Helena Römer hat es längst gefunkt. Die junge Frau aus Westdeutschland hat im Müritz-Nationalpark ihre Berufung und eine neue Heimat gefunden, ist Leiterin des Nationalpark-Distrikts

Fotos: Nationalparkamt Müritz (o/o), TMV/Tiemann (u/o), Barbara Lühn Herrmann
Nationalparkamt Müritz, Michael F. Basche (re/m)

RATSCHLÄGE VOM RANGER:

Die besten Plätze im Müritz-Nationalpark

Auf **322 Quadratkilometern Schutzgebiet** befinden sich naturgemäß eine Menge besuchens- und sehenswerter Flecken. Der Gast hat die Qual der Wahl. Warum also nicht jemanden fragen, der es am besten wissen muss: **Dr. Matthias Hellmund**, Dezernatsleiter Flächenmanagement und damit der **Chef-Ranger**, nennt die besten Plätze im **Müritz-Nationalpark**.

Vom **SPECKER-HORST-WEG**, dem „Hollywood-Boulevard" zwischen Schwarzenhagen und Boek, und vom **KÄFLINGSBERGTURM** war bereits die Rede. In diesem Bereich liegen auch die **WARENER HAUSWIESEN**, auf denen sich zur Brunft im September/Oktober bis zu **200 Stück Rotwild** ein Stelldichein geben. Noch mehr los ist ab Mitte August am **REDERANGSEE**, wenn im Uferbereich jede Nacht **12.000 bis 15.000 Kraniche** rasten. Beide Hot Spots haben ausgewiesene **Aussichtspunkte** – wie überhaupt der autofreie Nationalpark vollständig durch Wander- und Fahrradwege, Rastplätze, Aussichtstürme und Beobachtungsstände und nicht zuletzt durch die **Nationalpark-Buslinie** erschlossen ist.

Ein besonderer Tipp ist der **LANDSCHAFTSPFLEGEHOF MÜRITZHOF** in Waren, der sich alten und selten gewordenen **Nutztierrassen** widmet und laut Dr. Hellmund schon zu DDR-Zeiten als **„Kronjuwel des ostdeutschen Naturschutzes"** gerühmt wurde. Der Müritzhof hat außerdem eine „exzellente Gastronomie" (Hellmund), die vom Lebenshilfewerk betrieben wird.

Erwähnenswert sind noch die über 800 Jahre alte **LINDE** am **Specker Schloss** oder die barrierefrei zu erreichende **AUSSICHTSPLATTFORM** am Priesterbäker See. Empfehlenswert ist schließlich das **MÜRITZEUM** in Waren, ein Informations- und Naturerlebniszentrum für die Region des Nationalparks. Ansonsten gilt Hellmunds Wort von der **Hauptsehenswürdigkeit** im Müritz-Nationalpark: **„DAS IST DIE NATUR SELBST."**

Strecke machen: Der autofreie Müritz-Nationalpark ist vollständig durch Fahrrad- und Wanderwege erschlossen. (o) **Die Vögel des Glücks:** Allein im Uferbereich des Rederangsees rasten ab Mitte August zigtausende Kraniche.

West und Hüterin von rund 6.000 Hektar Wald. „Nein", korrigiert Römer: „Wir sind die Hüter der Ökosysteme."

Wer sich journalistisch mit dem Müritz-Nationalpark befasst, balanciert auf einem schmalen Grat zwischen den Beschreibungen für potenzielle Besucher und einem Crashkurs in wissenschaftlich basierter Waldwahrnehmung. Der Klimawandel und die damit verbundenen Extremwetter-Ereignisse sind natürlich auch hier das Megathema. Das Narrativ vom Waldsterben ist plakativ, aber letztlich unterkomplex. Die Betrachtung und Befindlichkeit der Bäume ist eine vielschichtige Angelegenheit – wenn man zugrunde legt, dass der deutsche Wald ein Kulturwald ist. „Obwohl wir der Natur ihren Lauf lassen, kann auch im Müritz-Nationalpark von Urwald keine Rede sein", betont Dr. Hellmund, der seit 2018 an der Müritz wirkt. „Was wir als Waldschäden ansehen, sind Wirtschaftsschäden in den Monokulturen."

> „Wir sind die **HÜTER** der **ÖKOSYSTEME.**"

Was im Wald passiert, sind allerdings natürliche Prozesse. Die Natur wertet nicht. Es ist ein Werden und Vergehen. Jeder Baum ist Bestandteil eines Ökosystems und hat selbst ein Mikro-Ökosystem. Stirbt er ab, werden jene Arten weniger, die an den lebenden Baum gebunden sind. Andere rücken nach – andere Bäume, die womöglich besser zum Standort passen, andere damit verbundene Arten. Hellmund: „Es kommen in puncto Baumarten-Diversität und Artenvielfalt Sachen heraus, die man sich nicht besser wünschen kann." Der Kreislauf des Lebens halt. Bloß der Mensch verpasst allem ein Etikett: Gut. Schlecht. Schaden. Gedeihen. Lebend. Sterbend. Dabei ist er der Verursacher.

Wald und Wasser: Die 322 Quadratkilometer des Müritz-Nationalparks sind zu 72 Prozent mit Wald bedeckt, 13 Prozent entfallen auf die insgesamt 108 Seen und Stillgewässer.

DER KLIMAWANDEL ist menschengemacht, der heute existierende Wald das Ergebnis von anthropogenem Einfluss. Der Mensch definiert, wie Natur sein sollte und macht ihr damit das Leben schwer. „Nicht standortgerechte Anpflanzungen oder Anpflanzungen in Monokultur stärken den Gegenspieler", beschreibt Hellmund den Zusammenhang. „Die Erreger sind da, weil die Bedingungen und die Baumarten günstig sind." Hinzu kommt, dass veränderte klimatische Bedingungen den Käfer stark machen, dessen Entwicklungsbedingungen verbessern. Schon ein halbes Grad im Jahresmittel wirkt. „Jede Baumart hat spezifische Borkenkäferarten, die sich über 1.000 Jahre in Coevolution entwickelt haben", ergänzt Hellmund.

„Wenn in **BERLIN** die **SCHLEUSEN** aufgemacht werden, **FALLEN** hier oben die **PEGELSTÄNDE.** Dann **SAUGEN** die uns leer."

Ein anderes Beispiel: die deutschen Fichtenwälder. Gerade sie sind durch die jüngsten Trockenjahre extrem vorgeschädigt und somit ein gefundenes Fressen für Borkenkäfer und Co. „Doch die haben unter anderem deswegen so leichtes Spiel, weil es in Deutschland einen hohen Flächenanteil von Fichten auf Standorten gibt, die gar nicht für die Fichte geeignet sind", sagt Hellmund. „Nicht der Wald an sich stirbt, sondern die falsch gepflanzte Plantage. Die Fichte ist eine Baumart der feuchten, kühlen Berglagen. Dort kann sie dem Käfer was entgegensetzen. Im warmen, trockenen Flachland gerät sie irgendwann unter Stress und kann sich nicht mehr wehren."

Ist verstanden. Apropos Trockenheit und anthropogene Einflüsse: Das Diekenbruch bei Ankershagen im Nordosten des Müritz-Nationalpark wird als Quellgebiet der Havel angesehen. „Wenn in Berlin die Schleusen aufgemacht werden, fallen hier oben die Pegelstände. Dann saugen die uns leer." Ursache und Wirkung.

Generell ist laut Hellmund zu diagnostizieren, „dass im Wald die Vorschädigungen derzeit immens zunehmen und dazu führen, dass weitere Schädiger wie Insekt, Pilz oder Schneebruch wirken können". Im Müritz-Nationalpark verzeichnet er lokale, indes noch keine flächigen Absterbeerscheinungen. Zu den Kiefern-Schädlingen gehören übrigens zwei Vertreter aus Borkenkäfer-Unterfamilien namens Großer und Kleiner Waldgärtner. Was auf den ersten Blick wie Ironie anmutet, ergibt vor dem Hintergrund von Hellmunds Erläuterung durchaus Sinn: Die Waldgärtner sind vor allem dort erfolgreich im Einsatz, wo deren Wirtsbäume eigentlich nicht hingehören und folglich ausgemerzt werden.

ES IST EINE ART TEUFELSKREIS. Was einmal manipuliert wurde, erfordert zum Erhalt immer wieder Eingriffe. Nur im Müritz-Nationalpark nicht mehr. „Wir beobachten, wie die Natur darauf reagiert, wenn sie in Ruhe gelassen wird," sagt Hellmund – so sehr ihm das Thema Waldumbau in Richtung klimastabile Wälder am Herzen liegt. Aber „wir lassen Natur nun mal Natur sein". Da ist der Satz wieder. „Ich bin gespannt, wie sich das weiter entwickelt." Es gilt das universelle Credo: „Die Natur regelt das."

Geographie und Biologie

Der **Müritz-Nationalpark** besteht aus zwei Teilen: dem größeren Teilgebiet **Müritz** in der Mecklenburgischen Seenplatte und dem kleineren Teilgebiet **Serrahn** in der Feldberger-Seenlandschaft, dessen alte Buchenbestände auf 5.800 Hektar ins **UNESCO-Weltnaturerbe** aufgenommen worden sind. Müritz- und Serrahn-Teil sind durch die Stadt Neustrelitz und deren Umland voneinander separiert.

Die Landschaft ist vor rund **15.000 Jahren** von der **Weichsel-Eiszeit** geprägt worden, während der die Pommersche Hauptendmoräne Findlinge, Rinnen und Toteislöcher hinterließ, aus denen sich die heutigen Seen gebildet haben.

Der **Müritz-Nationalpark** gewährleistet bei Flora und Fauna eine enorme **Biodiversität**. Laut einschlägigen Quellen sind 54 Säugetierarten, 214 Vogelarten, 859 Käferarten, 673 Großschmetterlingsarten, 61 Spinnenarten, 16 Reptilien- und Amphibienarten und 26 Fischarten vermerkt. Zu den **botanischen Besonderheiten** unter den beispielsweise 910 Gefäßpflanzen-, 593 Pilz-, 152 Flechten- und 133 Moosarten zählen seltene Sauer- und Magergräser, die ausgedehnten, am Ostufer der Müritz sogar flächigen und früher als Viehweide genutzten Bestände von Wacholder sowie zahlreiche Orchideenarten.

MICHAEL F. BASCHE
lebt und arbeitet als freier Journalist im Ostseeland. Neben dem Golfsport widmet er sich schreibend vor allem den vielfältigen Facetten seiner Wahlheimat.

Die schönsten Badestellen

an den Mecklenburgischen Großseen

5

Die Mecklenburgische Seenplatte ist mit 1.117 Seen Europas größtes Seengebiet. Mittendrin liegen die miteinander verbundenen Großseen: die Müritz, der Kölpinsee, der Fleesensee und der Plauer See. Die touristischen Zentren sind Plau am See, Malchow, Röbel/Müritz und Waren (Müritz). Baden ist an der Großseenplatte vielerorts möglich, die Wasserqualität sehr gut bis ausgezeichnet. Für die Region typisch ist ein oft flacher, feiner Sandstrand, ideal für Familien mit Kindern.

Von Dolores Kummer

DIE MÜRITZ

…ist mit 117 Quadratkilometern der größte See Deutschlands, darauf legt man hier wert. Der Bodensee ist zwar größer, gehört aber in Teilen zu Österreich und der Schweiz. Schaut man sich die Müritz auf der Landkarte an, sieht sie aus wie ein Ziegenbock. An den Hörnern liegt die Binnenmüritz mit der Hafenstadt Waren, von dort geht es westlich über den Reeckkanal in den Kölpinsee.

Das **VOLKSBAD AN DER BINNENMÜRITZ** 1 ist das traditionelle Bad der Warener, etwa ein Kilometer westlich des Stadtzentrums mit einer großen Liegewiese und schattenspendenden Bäumen. Der zirka 200 Meter lange Badestrand ist feinsandig und flach. Hier ist der Eintritt frei, trotzdem wird Einiges geboten wie ein barrierefreier Wasserzugang, eine Riesenwasserrutsche und viele Sportmöglichkeiten. Im Sommer gibt es zahlreiche Events.

BADESTELLE ECKTANNEN liegt direkt am Campingplatz Ecktannen, drei Kilometer südlich des Stadtzentrums. Schöne, kleine Liegewiese am Kiefernwald, nah des Nationalparks, bewachter Sandstrand, Spielplatz, Grillplatz, Toiletten und ein kleines Bistro.

Der **FEISNECKSEE** 2 oder „die Feisneck“ ist ein sehr idyllischer Klarwassersee, zwei Kilometer südöstlich des Stadtzentrums, er ist mit der Binnenmüritz durch einen winzigen Graben verbunden. Zunächst kommt ein größerer, bewachter Naturbadestrand mit Liegewiese, Bootssteg, mobilen Toiletten (während der Saison), aber keine Gastronomie. Geht man weiter entlang am Ostufer folgen viele kleine Badebuchten. Hier ist man gern unter sich, beliebter FKK-Strand.

Das **OSTUFER DER MÜRITZ** gehört zum größten Teil zum Nationalpark. Badestellen gibt es südlicher auf dem Campingplatz Boek, sehr lebendig mit Surfern und Kitern, Flachwasserstrand für Kleinkinder, Sanitäranlagen und Gastronomie. Ein ähnlicher Strand ist noch weiter südlich am Bolter Ufer mit Kinderspielplatz, Restaurant und Kanuverleih. In der Nähe haben die Müritzfischer ihre Angelteiche mit Fischgaststätte.

Das **WESTUFER DER MÜRITZ** beginnt in **KLINK** 3 mit zwei sehr schönen Badeständen. Hier herrscht Ostseefeeling, denn man blickt auf die Nord-Süd-Ausrichtung der Müritz, ganze 29 km. Östlich der Dampferanlegestelle gibt es für Sonnenanbeter einen bewachten Sandstrand mit Strandkörben, Bootsverleih und das Restaurant Strandläufer. Der zweite Badestrand liegt direkt unterhalb des Schlosses Klink mit einer großen Liegewiese. Im Südwesten sind weitere kleine Bademöglichkeiten in **SIETOW, GOTTHUN** oder **LUDORF**, die aber eher unspektakulär sind. Röbel betreibt gemeinsam mit der Müritz-Therme das kostenpflichtige **STRANDBAD MÜRITZBAD**, zwei Kilometer nördlich des Stadtzentrum mit einer Liegewiese, Imbiss und Sportmöglichkeiten.

DER KÖLPINSEE

… ist 20,29 Quadratkilometer groß und oft dicht mit Schilf bewachsen, im Prinzip der ganze Süden mit dem NSG Blüchersches Bruch und Mittelplan. Am östlichen Rand, westlich von Waren, liegt aber der schöne **KINDERSTRAND AM KÖLPINSEE**, er ist sehr flach und bleibt es auch über fast 500 m. Der Strand ist unbewacht, hat aber Parkplatz und Toiletten, eine große Liegewiese mit schattigen Bäumen. Weitere, kleine Bademöglichkeiten gibt es am **JABELSCHEN SEE** 4, der über ei-

Fotos: Dolores Kummer

Der Fleesensee bei Malchow bietet entspanntes Baden im Freibad. (5), Badestrand **Jabelschen See** (4), **Das Volksbad Waren** ist seit 1969 das Ziel des jählichen Müritzschwimmens. (1), Badestelle am **Feisnecksee** (2), Strand am **Lenz** (6), **Strandbad Klink** am Schloss (3)

nen Kanal mit dem Kölpinsee verbunden ist, am Jachthafen (mit Gastronomie) und weiter nördlich in winzigen Buchten.

DER FLEESENSEE

... ist 10,78 Quadratkilometer groß und hat im Norden einen dichten Schilfgürtel, südlich in Untergöhren (Hotels & Sportresort Fleesensee) ist der Badestrand sehr lange flach und durch Hotelgäste stark frequentiert. Die Inselstadt Malchow ist ein Geheimtipp, hier gibt es ein sehr schönes **FREIBAD** (5) (im Sommer bewacht) mit großer Liegewiese, Sprungturm und Gastronomie im Seglerhafen nebenan. Aber die Malchower baden auch direkt in der Stadt, viele Hotels bieten einen eigenen Badesteg. Idyllische kleinere Badebuchten findet man nordwestlich in **SILZ** und **NOSSENTIN**. Der Fleesensee führt in den Malchower See und dann in den Petersdorfer See, dazwischen liegt **DER RECKEN**. Hier baden die Einheimischen. Es gibt kleine Badebuchten, die aber wegen des steil abfallenden Wassers nicht für Kleinkinder geeignet sind.

DER PLAUER SEE

... ist einer der schönsten Badeseen und 38,4 Quadratkilometer groß. Gleich am östlichen Ufer ist der wunderbare **STRAND AM LENZ** (6) mit einer großen Liegewiese, Gastronomie und tollem Ausblick auf die Schiffe, die hier durch den Kanal kommen. Idyllisch ist es weiter südlich bis nach **ZISLOW**, überall hat man versteckte Badebuchten. Größere Badestrände gibt es westlich am **CAMPINGPLATZ ZURUF** in Plau am See und im **STRANDBAD 19395**. Nördlich von Plau sind kleinere Strände am **HEIDEHOLZWEG** und am **SEEBLICK**, alle Uferbereiche haben einen feinen Sandstrand und gehen flach ins Wasser. Gastronomie ist in Plau immer in der Nähe. Nördlich schließt sich dann ein großer Schilfgürtel an bis zum Plauer Werder, der Inselcampingplatz hat neben Textil- auch einen großen FKK-Bereich.

Waren (Müritz)
Badestellen und Baden:
www.waren-mueritz.de
Autofrei zum Baden (Apr – Okt):
www.mueritz-rundum.de
Am Volksbad
Gaststätte zum Strandkorb
Kameruner Weg, 2, 17192 Waren
Nahe Badestelle Ecktannen
Seehotel Ecktannen mit Restaurant
www.seehotel-ecktannen.de

Röbel
www.stadt-roebel.de
Müritz-Therme
drinnen und draußen baden
www.mueritztherme.com
Müritzfischerhof Röbel
gleich neben dem Strandbad
www.mueritzfischer.de

Malchow
Wasser pur
www.inselstadt-malchow.de
Seglerhafen und Steg-Haus
am Badestrand Fleesensee
www.segelvereinmalchow.de
Rosendomizil-Hofgarten
vom Hotelbett ins Wasser
www.rosendomizil.de

Plau am See
Baden und Badestellen
www.plau-am-see.de
Autofrei um den Plauer See
(Mai – Sep, mit dem Rundbus)
www.rundbus.de
Lenzer Krug am Badestrand
www.malow.de/lenzer-krug
Plau am See nördlich
Restaurant im Ferienpark
www.ferienpark-plau-am-see.de
Südlich **Sommergaststätte zur Nachtigal**
www.gaststaette-nachtigall.de
Restaurant in Falks Seehotel
www.falk-seehotels.de

Cheers!

Leckere Tropfen aus Mecklenburger Äpfeln nach englischer Art

Cider, Cidre oder Sidra – gemeint ist immer das Gleiche: schäumender Wein aus Äpfeln, der an warmen Sommertagen herrlich erfrischt. In England, Frankreich und Spanien ist das Prickelgetränk sehr beliebt. Auch bei uns legt es zu, und wird in einigen Keltereien hergestellt. In Diemitz am Vilzsee, im Süden der Mecklenburgischen Seenplatte, kredenzt Tobias Müller-Deku aus Mecklenburger Äpfeln seinen englischen „Pomme de Meck“.

Von Anja Reinbothe-Occhipinti

Der Vilzsee schimmert durch die Bäume. Knapp 80 Meter ist er entfernt. Sanft fällt der Garten von Tobias Müller-Deku mit den alten Obstbäumen zum Ufer ab. Auf seinem Gehöft in Diemitz betreibt der Berliner Anwalt eine Cider-Manufaktur, die zur Größe des Ortes nahe Mirow am Südrand der Mecklenburgischen Seenplatte passt: klein, fein, sehenswert. Gerade mal 100 Menschen wohnen in Diemitz. Zwei davon stellen Cider her, oder auch Cidre oder Sidra genannt.

IN DER SCHEUNE DES HOFS mit direktem Blick zum See parkt Müller-Dekus Lastenrad mit Elektroantrieb. „Damit fahre ich die Ware in der näheren Umgebung aus“, so der Cider-Produzent aus Mecklenburg-Vorpommern. Sein schäumender Apfelwein mit 7 Prozent Alkohol, der aus verschiedenen Apfelsorten vergoren wird, ist gefragt. „Drei Varianten füllen wir ab: trocken, halbtrocken und extra trocken. Wir verkaufen auch ab Hof.“ Im Sommer sei dort ein Stand. „Wenn jemand zuhause ist, ist der Hofladen geöffnet.“ Feste Zeiten gibt es nicht. „Einfach klingeln“, rät Tobias Müller-Deku.

Laufkundschaft kommt, Wassertouristen auf dem Weg an die Müritz machen in der Saison Halt für einen Abstecher zu ihm. „Kleine Boote, Kanus und Boote bis 80 Zentimeter Tiefgang können an unseren beiden kleinen Stegen festmachen.“ Der freundliche Mann mit der entspannten Art zeigt nach rechts. „Für größere Boote gibt es den kommunalen Anleger des Dorfes nicht weit weg.“ Noch ist wenig los. Die Saison läuft erst an.

„Damit es **NACH** ein paar **TAGEN** im **FASS** so richtig **RAUSCHT**.“

Seit sechs Jahren betreibt Tobias Müller-Deku sein kleines Gewerbe. Unterstützt wird er seit 2021 von Nachbar Fabian Malt, der bei ihm angestellt ist. Ihr Arbeitsort ist ein umgebauter alter Stall auf dem Hof. Das Dach durchziehen Balken aus Holz, am Boden stehen Geräte aus Edelstahl, das Tor mit weißen Sprossenfenstern ist weit geöffnet und gibt den Blick ins Innere frei. Es ist alles da, was für die Herstellung von Cider gebraucht wird: Die zwei Meter hohe Häckselmühle, eine Presse, Gärfässer, in denen Hefe zugesetzt wird. „Damit es nach ein paar Tagen im Fass so richtig rauscht“, erklärt Müller-Deku. „Anschließend gärt der Cider nach und wird mit Apfelsirup leicht gesüßt.“

Vier Wochen Abfüllen liegen hinter ihnen, die letzten Flaschen warten noch, erzählt er weiter: „Das ist Winterarbeit, wie wir es nennen. Drei Monate lagerte der Wein zuvor und gärte nach. Die Produktion ist nun durch.“ Hatte der Anfang 60-Jährige vor ein paar Jahren noch 1.800 Flaschen mit 0,33 Liter abgefüllt, sind es mittlerweile 5.000 bis 6.000 Stück. In Reih und Glied stehen die Cider-Getränke neben ihm. Jeder Arbeitsschritt ist handgemacht und sitzt jedoch nach zigtausend Flaschen. Überlegt zu wachsen, hatte er. „Wir wollen die Arbeit weiter optimieren, aber nicht industrialisieren.“ Wenn sie anderswo professionell abfüllen lassen würden, sei der Manufaktur-Charakter weg.

DIE HAARE ABGEDECKT mit einer Mütze sitzt Tobias Müller-Deku am Arbeitsplatz hinten in der Manufaktur und fügt einen Schuss Kohlensäure mittels einer kleinen Sprudelmaschine hinzu. Fabian greift nach den Flaschen und packt den Kronkorken drauf, bevor der Cider pasteurisiert wird. Dann ist das goldgelbe Getränk fertig, das aussieht wie Apfelschorle.

„Cider hat in Mecklenburg-Vorpommern keine Tradition“, so Tobias Müller-Deku, der in seiner Freizeit leidenschaftlich gerne Geige und Bratsche spielt. Der Ursprung des Cider liegt im heutigen Großbritannien. Die römischen Besetzer waren es damals, die den Briten zeig-

Tobias Müller-Deku an der Presse in seiner kleinen, feinen Manufaktur. Sein Hof befindet sich in Diemitz am Südrand der **Mecklenburgischen Seenplatte. Eingespieltes Team:** Fabian Malt und Chef Tobias Müller-Deku. Jede Flasche verschließt Fabian einzeln mit einem Kronkorken. **Die Cider-Manufaktur „Pomme de Meck"** ist in einem alten, umgebauten Stall untergebracht. (v.o.l.)

ten, wie sich der Apfelanbau kultivieren ließ und die notwendige Technologie zum Auspressen der süßen Früchte in großem Ausmaß besaßen. Nirgendwo ist der Cider so beliebt wie in England und darf in keinem Pub fehlen. Doch auch in der Bretagne und Normandie hat der Cidre eine Tradition. Der Anbau der Mostäpfel begann dort im 12. Jahrhundert.

AUCH ZU UNS SCHWAPPTE der Cider-Genuss über. Ein paar große deutsche Brauereien stellen Cider her und eine übersichtliche Anzahl kleiner Manufakturen. Viele davon sitzen im Süden, ein paar vereinzelte im Norden so wie OBC Original Berliner Cidre. 2009 entstand der kleine Betrieb in der Küche einer Weddinger Studentenwohnung. Der Schaumwein ist aus 100 Prozent Apfel und nur 3,5 Prozent Alkohol, so der Hersteller. Er sei teilvergoren und begeistert durch ein ausgewogenes Bouquet aus Apfelsäure und fruchtiger Lieblichkeit. Klingt milder als so mancher herber Tropfen vom Band. Auch der Gutshof Kraatz in der Nordwestuckermark keltert eigenen schmackhaften Apfelwein. Dazu gesellt sich die Cider-Manufaktur in Diemitz, deren Tropfen uns noch begeistern werden.

„Es gibt wenig regionale Produkte in der Region. Touristen suchen danach", erklärt Tobias Müller-Deku den Grund für seine Entscheidung, Cider herzustellen, und rückt die Goldrandbrille zurecht. Sein Nachbar Frank Verchau tut es ihm gleich, wenn auch sich dieser einem anderen Handwerk widmet. Direkt vorm Haus nebenan bringt er seine getöpferten Tassen, Vasen, Teller, Schalen, verziert mit einer Geschichte aus der griechischen Mythologie im offenen Verkaufsregal an die Kunden.

Inspiration und Zutaten sind im ausreichenden Maße in der Gegend vorhanden, findet Tobias Müller-Deku. „Für Cider gibt es genügend Äpfel. Alte Sorten, die hier heimisch sind und zeitversetzt reifen", sagt der Hersteller. „Gravensteiner ist ganz typisch für die Region, auch Rheinischer Bohnapfel, Herbstprinz oder Boskoop." Auf seiner eigenen Streuobstwiese

Bis zu 6.000 Flaschen füllen Tobias Müller-Deku und Fabian Malt pro Jahr ab.

Sieht aus wie goldgelbe Apfelschorle, nur mit Schuss.
Mittels einer kleinen Sprudelmaschine wird ein Schuss Kohlensäure hinzugefügt. (r.)

wachsen die süßen Früchtchen und in der Umgebung. „Wir haben rund 35 Kilometer von uns eine große, alte Apfelplantage gepachtet und versuchen gerade, sie urbar zu machen", so der emsige Geschäftsmann. „Es sind dort vor allem tiefrote Gloster-Äpfel, die spät reifen. Bis Anfang November hängen sie." Die zweite Apfelquelle seien die Bewohner der Gegend selber. „Sie geben uns Äpfel, da sie keine Verwendung haben und bekommen zum Dank Saft." Unbehandelt verarbeitet Müller-Deku die Mecklenburger Früchte zu schmackhaftem Cider nach englischer Tradition. Mit der Insel verbindet ihn viel, wie er dann erzählt.

MITTLERWEILE SIND WIR von der Manufaktur ins Haus gewechselt. Tobias Müller-Deku hat die Arbeitskleidung abgestreift, und sein Äußeres hat etwas Englisches an sich. Feine, fast aristokratische Gesichtszüge hat er, gewellte Haare, ein Outfit aus Cordhose, wollene Strickjacke und Tuch um den Hals. „Gebürtig bin ich aus Köln, bin dann als Kind aber nach England gezogen und dort in die Schule gegangen." Später als Angestellter in einer Londoner Anwaltskanzlei sei er in vielen Ländern im Einsatz gewesen.

Von Saudi-Arabien ging es über Berlin nach Diemitz, wo er sich nun mit seiner Frau niedergelassen hat. Da hatten sie das alte Bürgermeisterhaus aus Ziegelstein schon längst gekauft. Sie wollten einen Treffpunkt in Deutschland für die Familie haben. Wo dieser lag, war egal. In den Ort Diemitz verliebten sich die Wassersportler bereits 2002. Müller-Deku war 53 Jahre, als er mit seiner Frau schließlich Grundstück und Immobilie erwarb und alles Stück für Stück stimmig, sorgsam und liebevoll restaurierte. Für sie als Architektin war es ein Herzensprojekt, und auch bei der Optik der Cider-Flaschen unterstützte sie. „Das Design des Etiketts hat meine Frau entworfen", so Tobias Müller-Deku. Schlicht, einfach und mit einem mecklenburgischen Apfel verziert zeigt sich das Label „Pomme de Meck".

„Für **CIDER** gibt es genügend **ÄPFEL**. **ALTE SORTEN**, die hier **HEIMISCH** sind und zeitversetzt **REIFEN**."

WIE ER CIDER aus Mecklenburger Äpfeln nach englischer Tradition richtig produzierte, dafür ließ sich der Anwalt genau an der Quelle schulen. An der Cider-Akademie im britischen Gloucestershire besuchte er einen Kurs und erlernte das Handwerk. Mit Erfolg. Sein Cider wird gern getrunken von Einheimischen und Touristen. Der Biber-Ferienhof direkt an der Diemitzer Schleuse schenkt „Pomme de Meck" aus, der „einLADEN" im nahegelegenen Zempow verkauft ihn und die Gaststätte im Ort selber hatte „Pomme de Meck"-Cider auch auf der Karte. Gerade hat das Lokal geschlossen. Ein neuer Pächter wird gesucht, der alte gibt aus privaten Gründen ab. Auch dabei unterstützt das Ehepaar Müller-Deku. Die beiden sind nicht einfach die Zugezogenen im Dorf, sondern sie setzen sich gemeinsam mit den engagierten Bewohnern ein, wenn es mal klemmt. So wie vor einigen Jahren, als die barocke arg heruntergekommene Backsteinkirche wieder hergerichtet werden musste. Mit rund 50 Diemitzern gründete das Ehepaar einen Förderverein, sammelte Gelder, mit dem das Dach des Gotteshauses saniert und das Innere wieder hergerichtet werden konnte.

Plopp! Der Kronkorken fliegt nun endlich vom Cider-Fläschchen. Jetzt wollen wir es wissen. Tobias Müller-Deku lässt das klare, goldgelbe Getränk in schöne Weißweingläser fließen und wir stoßen an. Schmeckt das gut. Nicht so herb wie andere Cider. Wer bisher nicht warm wurde mit dem Apfelwein sollte diesen mal vom Vilzsee probieren. Ab August werden die neuen Äpfel geerntet. Dann geht die nächste Cider-Saison los.

Cider-Manufaktur Diemitz
Direkt am **Vilzsee** wird der **„Pomme de Meck"** gekeltert. Im Sommer gibt es einen kleinen Verkaufsstand auf dem **Cider-Hof**. Einfach klingeln! 3,50 Euro kostet eine 0,33 Liter-Flasche
Dorfstraße 16, 17252 Mirow
Tel. (0173) 312 21 33
www.cidermanufaktur.de

Biber-Ferienhof
An der **Diemitzer Schleuse** am kleinen Peetschsee liegt der **Dreiseitenhof**. In den liebevoll renovierten Gebäuden befinden sich **Ferienwohnungen, Restaurant** sowie **Hofladen**. 11 weitere Holzhäuser bieten Erholung fernab vom Massentourismus. Mit Floß- und Bootsverleih!
Tel. (03 98 27) 79 98 88
oder info@biberferienhof.de
www.biberferienhof.de

www.mecklenburgische-seenplatte.de

ANJA REINBOTHE-OCCHIPINTI
Nach Stationen in Berlin und Hamburg lebt sie nun mit ihrer Familie an der Dosse in Brandenburg. Immer wieder zieht es sie an neue Ufer, ob zu Fuß, mit dem Rad oder auf schwimmenden Gefährten. Das „Pomme de Meck" war nicht ihr erstes Cider, aber das erste, das ihren Geschmack trifft.

Fotos: Anja Reinbothe-Occhipinti

NEU
Die schönsten Häfen in
Brandenburg und Mecklenburg
BEKANNT AUS WASSERSPORT, BOOTSHANDEL, TV-SENDUNG WUNDERSCHÖN!, AQUA-TV UND BOOTE
„Die derzeit beste Übersicht für Häfen, Liegestellen und Serviceinfos zum Revier ist der Hafenführer für Berlin und Brandenburg."
(Magazin Boote)
JETZT auch als APP
Robert Tremmel & Christin Drühl
Mecklenburg | Brandenburg
Hafenführer für Hausboote
Müritz | Havel | Seenplatte
Die schönsten Häfen und Liegeplätze
Seenland
9. aktualisierte Auflage
ISBN 978-3-946148-27-2
Robert Tremmel & Christin Drühl
Hausboot | Motoryacht | Segler
Hafenführer für Berlin & Brandenburg
Spree | Dahme | Untere Havel mit Potsdam
Die schönsten Häfen und Liegeplätze
Seenland
178 HÄFEN & LIEGEPLÄTZE
6. aktualisierte Auflage
ISBN 978-3-946148-28-9
Bestellen Sie Ihre Hafenführer unter shop.magazin-seenland.de oder überall im Buchhandel.

Blick über Stadt und Land: Der Aussichtsturm Behmshöhe am Nordostufer des Tollensesees ist ein guter Startpunkt fürs Neubrandenburg-Sightseeing.

Eine Stadt zum Entdecken

Neubrandenburg feiert 775-jähriges Bestehen. Grund genug für einen Besuch in der Vier-Tore-Stadt am Tollensesee.

Von Michael F. Basche

Wie nähert man sich einer Stadt? Mit dem Reiseführer? À la „Schlag nach im Internet“? Oder man fragt einfach den ersten Bürger der Stadt; Medienmenschen können das manchmal, dank vorher abgestimmter Gesprächstermine. Der Oberbürgermeister von Neubrandenburg heißt Silvio Witt, ist parteilos, seit 2015 im Amt und sagt: „Man muss die Stadt lieben, für die man tätig ist, in der man lebt, in der man bestenfalls aufgewachsen ist.“

Eine knappe Plauderstunde später ist die ideale Vorgehensweise klar. Im Wortsinn, denn einer Stadt nähert man sich am besten zu Fuß, wegen der Unmittelbarkeit des Eindrucks. Also rein ins Zentrum durchs backsteingemauerte spätgotische Stadttor, eine charmante Option. Neubrandenburg hat gleich vier solcher Zugänge aus dem 13. bis 15. Jahrhundert – das Stargarder, das Treptower, das Friedländer und das Neue Tor –, darf sich daher seit 2019 offiziell Vier-Tore-Stadt nennen. Auf dem stadtseitigen Sims des Stargarder sowie des Neuen Tors stehen die sogenannten Adorantinnen Spalier: Beterinnen, Huldigende, die dem Fußgänger gute Wünsche mitzugeben scheinen.

DIE WAHRE BEDEUTUNG der Figuren aus Terrakotta und verputztem Ziegelmauerwerk ist trotz vieler Hypothesen bis heute ungeklärt. Aber sie sind gute Seelen. Und so ist eine stilisierte Adorantin das Logo fürs Jubiläum der drittgrößten Stadt in Mecklenburg-Vorpommern und Kreisstadt des Landkreises Mecklenburgische-Seenplatte, die heuer ihr 775-jähriges Bestehen begeht. Grund genug, Neubrandenburg mal wieder einen Besuch abzustatten und direkt der Empfehlung von OB Witt zu folgen: „Was für einen Überblick wirklich spannend ist: auf die Türme zu steigen.“

Fotos: TMV/Gänsicke, Thomas Porr (re)

DIE PLANSTADT

Neubrandenburgs heutiges **Stadtzentrum** wurde bei der Gründung als **Planstadt** und fast kreisrund angelegt. Die Straßen sind in einem **rechtwinkligen Muster** und durchgehend parallel angeordnet sowie in den **Sichtachsen** auf die Wehranlage ausgerichtet. Lediglich einige Sozialismus-Bauwerke wie das **HKB** weichen von dieser Struktur ab. Zentrale Ader, **Boulevard** und Aktions- wie Veranstaltungsfläche – beispielsweise für den beliebten Weihnachtsmarkt namens Weberglockenmarkt – ist die **Turmstraße**. Als Fußgängerzone und Geschäftsstraße zieht sie sich in Ost-West-Richtung bis zum **Marktplatz**, der in jüngerer Vergangenheit an der Südseite durch den Abriss eines Hotelkomplexes aus DDR-Zeit und dem Neubau eines Laden- und Bürogebäudes noch mal ein neues Gesicht bekommen hat.

„Man **MUSS** die **STADT** lieben, für die man **TÄTIG** ist, in der man **LEBT**, in der man bestenfalls **AUFGEWACHSEN** ist.“

Eigentlich sollte der Aussichtsturm Behmshöhe den Anfang machen, weil sich von dort der Blick auf die Stadt und ihr Umland eröffnet. Doch der 34 Meter hohe Backsteinturm steht außerhalb der Stadt, im Nemerower Holz am Nordostufer des Tollensesees. Daher müssen nüchterne Fakten den Rundblick ersetzen: Neubrandenburg liegt auf halber Strecke zwischen Berlin und Deutschlands größter Insel Rügen, hat über 65.000 Einwohner, ist ein bedeutender Wirtschaftsstandort mit zwei Großunternehmen, gilt als Kulturstadt von großer Vielfalt sowie dank zahlreicher Kanu- und Leichtathletik-Olympiasieger als Sportstadt, ist Olympiastützpunkt, Hochschulstadt und Einkaufsmetropole für ein Einzugsgebiet mit mehr als 400.000 Menschen.

Der Tollensesee ist sozusagen Neubrandenburgs Naherholungsgebiet, zählt zum Stadtgebiet, grenzt an den Kulturpark als Bindeglied zur Innenstadt und hat eine Fläche von 17,9 Quadratkilometern. Ein etwa 35 Kilometer langer Radweg führt rund um das Gewässer sowie den angrenzenden See Lieps und streift einige Sehenswürdigkeiten: Das 1823 im Stil eines griechischen Tempels errichtete Logenhaus Belvedere, das ehemalige nationalsozialistische Musterdorf Alt Rehse oder etwa das Jagdschloss Prillwitz.

Für ein Bild von der Weitläufigkeit der Stadt taugt gleichermaßen die Aussichtsplattform des Hauses der Kultur und Bildung, kurz HKB. Der Gebäudekomplex am Marktplatz ist ein Überbleibsel der DDR-Formensprache. Dessen 56 Meter hohes Turmhochhaus – von den Neubrandenburgern liebevoll „Kulturfinger“ genannt – sollte bewusst das Baufeld des einstigen Palais Neubrandenburg überragen, das der Dynastie des Herzogtums Mecklenburg-Strelitz ursprünglich als Sommer- und Nebenresidenz gedient hatte. Ab 1920 war es als Sitz der städtischen Kunstsammlung genutzt und während der letzten Kriegstage 1945 von der Roten Armee ebenso bis auf die Grundmauern abgefackelt worden wie das alte Rathaus und mehr als 80 Prozent der Altstadt. Einen Eindruck von der historischen Bausubstanz aus dem 18. und 19. Jahrhundert vermittelt noch die Große Wollweberstraße im Süden des Stadtzentrums.

AUF DEM WEG DAHIN liegt Neubrandenburgs meist beeindruckendes Bauwerk. Die Hauptpfarrkirche St. Marien, oder besser die Konzertkirche, mit ihrem 90 Meter hohen Turm ist quasi das Wahrzeichen. „Von dort und vom HKB hat man einen besonderen Blick auf die Stadt, speziell auf die Innenstadt“, rät der Oberbürgermeister. Überdies lässt sich die Größe des 1298 geweihten, im Zweiten Weltkrieg ausgebrannten und bis 2001 zum Konzertsaal

Die Adorantinnen auf dem Neuen Tor: Die stilisierte Silhouette einer Betenden ist auch das Logo für alle Veranstaltungen im Zeichen der 775-Jahr-Feier.

Einzigartiges Naturerlebnis: Eine Kanu-Tagestour mit Start im Oberbach, über die Tollense bis nach Altentreptow.

Sichtachse: Die historische, heute gastronomisch genutzte Lohmühle, das Stargarder Tor und der Turm der Konzertkirche im Hintergrund.

„Diese Stadt muss man entdecken": Oberbürgermeister Silvio Witt rät zum Rundgang entlang der Stadtmauer mit ihren Wiekhäusern. **Schauspielhaus Neubrandenburg:** Das älteste erhaltene Theatergebäude in Mecklenburg-Vorpommern. (o)

von internationalem Ruf ausgebauten Kirchenschiffs so erst richtig erfassen. Hier absolviert übrigens die Neubrandenburger Philharmonie ihre „Heimspiele". „Ja, es ist durchaus ungewöhnlich, dass eine Stadt dieser Größenordnung ein eigenes professionelles Orchester hat", sagt Silvio Witt und erzählt schmunzelnd von der Bemerkung eines süddeutschen Kollegen: „Bei uns in Bayern hätte es da bloß eine Blaskapelle."

Ein trefflicher Vergleich. „Als eines von vier Oberzentren in MV haben wir ganz viele Funktionen und entsprechen deswegen nicht dem Klischeebild einer Mittel- bis Kleinstadt an der Mecklenburger Seenplatte. Wer uns ansteuert, fährt durch Gewerbegebiete und vorbei an sanierten Plattenbauten, das hat mit der Gemütlichkeit der Seenplatte erst einmal nichts zu tun, es ist eben urbaner Raum. Man muss in die Stadt reinkommen, um sie tatsächlich zu erleben", verdeutlicht Witt. „Wir sind zu groß, um klein zu sein. Und zu klein, um als Großstadt durchzugehen. Andererseits ist das Interessante an Neubrandenburg: Touristen finden hier vieles, was sie auf Anhieb so nicht vermuten würden. Wir sind eine Stadt, die man entdecken muss." Das fängt beim Namen an: „Wir befinden uns eben nicht in Brandenburg, sondern in Mecklenburg-Vorpommern."

> „Wir sind zu **GROß**, um **KLEIN** zu sein."

Die Stadt wurde am 4. Januar 1248 per Stiftungsbrief des Markgrafen Johann I. von Brandenburg als Brandenborch Nova gegründet; Brandenburg an der Havel war damals die Mutterstadt. Aus dem 13. und 14. Jahrhundert stammt ebenfalls die weitgehend erhaltene kreisförmige, bis zu 7,50 Meter hohe Stadtmauer mit den Wiekhäusern, dem Fangelturm, einem von ursprünglich zwei Wehrtürmen, der im 19. Jahrhundert als Gefängnis genutzt worden ist, und den vier Stadttoren, deren ältestes das Friedländer Tor ist. Alles steht unter Denkmalschutz; es ist die besterhaltene Stadtbefestigung der Backsteingotik in Europa. Sogar Caspar David Friedrich, der große Romantiker, hat Neubrandenburg gemalt, als Außenansicht, natürlich im Sonnenuntergang.

EIN RUNDGANG entlang der Innenseite der Stadtmauer ist der Klassiker für kleinteiliges Sightseeing. Der Spaziergänger kommt beispielsweise am denkmalgeschützten Schauspielhaus vorbei, in Fachwerkbauweise zwischen 1780 und 1794 errichtet und damit ältestes Theatergebäude in Mecklenburg-Vor-

DIE WIEKHÄUSER

Die **Wiek- oder Wachthäuser** sind architektonische Besonderheiten in **Wehranlagen**, die vor allem in Nordosten von Deutschland und am Niederrhein vorkommen. Neubrandenburg hatte ursprünglich **57 steinerne Wiekhäuser** in der insgesamt 2,3 Kilometer langen **Stadtmauer**. Ab dem 17. Jahrhundert wurden diese zu einfach verputzten Fachwerk-Wohnstätten umgebaut, fielen ab Ende des 19. Jahrhunderts indes zunehmend dem Verfall anheim oder wurden abgerissen.
Bis in die 1950er-Jahre gab es drei **Wiekhäuser** der sogenannten zweiten Generation, die man weitgehend originalgetreu zu rekonstruieren versucht hatte. Die heute existierenden **25 Neubrandenburger Wiekhäuser** wurden ab den 1970er-Jahren errichtet und folgen zumindest in der äußerlichen Anmutung grob den Vorgängerbauten.

Fotos: Vier-Tore-Stadt Neubrandenburg, Gilberto Perez (li/o), TMV/Gohlke (li/o/mi), Chris Thaet (m), Thomas Oppermann (re/o)

Attraktives Kontrastprogramm: Der Blick auf Neubrandenburg mit Konzertkirche und dem HKB samt Hochhausturm in DDR-Formensprache.

pommern; am Franziskanerkloster mit der Klosterkirche St. Johannis, gleichzeitig Standort des Regionalmuseums Neubrandenburg; allerdings auch an baulichen Relikten aus dem Sozialismus. „Wir gehen auch damit selbstbewusst um und stehen zu unseren vermeintlichen Schwächen. Das ist nun mal unsere Stadtgeschichte", sagt Oberbürgermeister Witt. „Es ist uns gelungen, die Konzertkirche zu errichten. Gleichzeitig haben wir mit dem HKB ein sozialistisches Baudenkmal."

Oder der Tollensesee. Statt damit zu hadern, dass kein schiffbarer Zu- und Abfluss, mithin keine Verbindung zur Seenplatte und beispielsweise zur Müritz vorhanden ist, engagiert sich die Stadt sehr, das Gebiet als Ausflugsziel herauszustellen: Sie stärkt die Gastronomie im Uferbereich, baut Spielplätze, betreibt selbst ein Fahrgastschiff. „Wir tun viel, um unseren Binnensee interessanter zu machen", sagt Witt.
„Und was wirklich nicht mehr zeitgemäß ist: Dafür muss man Konzepte haben, Pläne schmieden, um es zu verändern."

Beispielsweise das verfallene Lokschuppen-Areal am Bahnhof. Daraus soll ein autofreies Stadtquartier werden – Wohnen, Kultur, Arbeiten mit dem Schwerpunkt Digitalisierung. Der Job des Oberbürgermeisters ist laut Witt „wohl das einzige politische oder verwaltungsmäßige Amt, in dem man so direkt wirken, so direkt gestalten kann. Bei dem man mit den Menschen interagiert und Teil der Lösung sein kann."

„Wir SIND nun mal die VERANSTALTUNGSSTADT."

Bei alldem „lebt diese Stadt von Veranstaltungen", betont der OB. Die Palette ist vielfältig, reicht von Sarah Connor beim Sommer Open Air '23 Ende Juni am Tollensesee über Klassikkonzerte mit dem Sinfonieorchester der britischen BBC, Vorstellungen der eigenen Philharmonie oder dem Neubrandenburger Jazzfrühling bis zu Roland Kaiser im Jahnsportforum. Benannt ist die Mehrzweckarena nach „Turnvater" Friedrich Ludwig Jahn, der Anfang des 19. Jahrhunderts als Haus- und Sportlehrer in der Stadt tätig war und ebenso vielfältig gewürdigt wird wie der Heimatdichter Fritz Reuter aus dem benachbarten Stavenhagen. Hinzu kommen zahllose kleinere Events. „Das alles macht uns bekannt und interessant", weiß Silvio Witt.

MIT EINEM ÄHNLICH mannigfaltigen Programm ziehen die Neubrandenburger das 775-Jahr-Jubiläum auf. „Wir wollen alles etwas lockerer machen, deshalb ist kein Festumzug oder ähnliches geplant." Stattdessen wird der Mecklenburg-Vorpommern-Tag, die 14. Auflage des traditionellen Landesfests, vom 30. Juni bis 2. Juli mal wieder in Neubrandenburg und ganz im Zeichen des Jubiläums gefeiert. Zudem gibt es zwei Konzerte in der Marienkirche, ansonsten viele kleine Formate für den feierlichen Anlass (siehe nebenstehenden Infotext), die gefördert werden. „Wir haben uns bewusst entschieden, das Programm übers ganze Jahr zu verteilen", so der Oberbürgermeister. „Wir sind nun mal die Veranstaltungsstadt."

Das Jubiläumsprogramm

Neubrandenburg feiert sein **775-jähriges Bestehen**, und die Liste der Veranstaltungen ist lang. Sie reicht vom **Mecklenburg-Vorpommern-Tag** (30. Juni bis 2. Juli) über **Konzerte** in der Marienkirche bis zum **Weinfest** und einem **Klappstuhlkino** im Kulturpark. Selbst das Osterfeuer stand im Zeichen des Geburtstags.
Als **Besonderheiten** gibt es unter anderem eine 775 Meter lange Kaffeetafel, ebenfalls im Kulturpark. Oder die sogenannten **Erzählcafés**, bei denen Neubrandenburger Geschichten über Neubrandenburg vermitteln: Erlebnisse, Erinnerungen, Außergewöhnliches. „Dadurch erfährt man ganz viel über die Stadt. Manches ist vielleicht selbst für Einheimische neu", sagt Oberbürgermeister Silvio Witt.

Zudem wird beispielsweise das **Tollensesee-Schwimmen** wieder aktiviert und verbindet sich mit dem **Tollensesee-Lauf** und dem **Rad-Marathon** Mecklenburger Seenrunde, einer der größten Breitensportveranstaltungen in Deutschland, zur Premiere des Neubrandenburg Klassiker.
Witt: „Wir lassen uns gern motivieren, solche Events zur Tradition werden zu lassen." Aus Anlass des Jubiläums werden überdies eine **Gedenkmedaille**, ein **Kindergeschichts-** sowie ein **Architekturbuch** aufgelegt.

Für weitere Informationen:
775.neubrandenburg.de

Mit Mainstream bleiben sie unabhängig

Seit 20 Jahren laufen im Kino in Wesenberg Blockbuster und Co. Als Letztes seiner Art steht es für den alten Zauber der Filmvorführung. Dafür pendeln die privaten Betreiber sogar zwischen Mecklenburg und Berlin

Von Annika Kiehn

Als wir uns im Herbst 2019 das letzte Mal sahen, um über ihr Landkino in Wesenberg zu sprechen, hatte Christiane Bongartz gesagt: „Ohne Popcorn würden wir nicht überleben."

Zweieinhalb Jahre später treffe ich sie wieder mit der Frage: Wie überlebt man denn, wenn der Spielbetrieb ruht? Im Verkaufsraum stehen zahlreiche Kartons mit Akten, 20 Jahre Spielbetrieb auf Papier. Die Popcorn-Maschine lief zuletzt Anfang Dezember 2021. „Damals habe ich mir gesagt: Wenn Bond kommt, mache ich wieder auf. Das war im November." Drei Wochen lang erlebten sie ein Stück Normalität in ihrem kleinen Kino, bis zum erneuten Lockdown im Dezember.

SEITHER NUTZEN CHRISTIANE und ihr Mann die Zwangspause für einen generellen Frühjahrsputz und um ihr Archiv zu verkleinern. „Muss ja auch mal gemacht werden", sagt die 66-Jährige mit einem Lächeln. Die vergangenen zwei Pandemiejahre sind nicht spurlos an ihnen vorbeigegangen, sagt sie. „Anfangs wurden wir zu Leuchtturmwärtern, wie so viele andere Menschen auch. Aber dann haben wir uns langsam vorgewagt und uns mit Freunden verabredet, dann wurde es besser. Und wir haben viel Zeit mit unseren Enkelkindern verbracht, das war auch schön." Das Kino fiel indes in einen Dornröschenschlaf. „Ich habe viel gestreamt, und mir doch öfter gedacht: Schade, dass wir diesen oder jenen Film nicht auf der großen Leinwand gespielt haben."

Kinobetreiberin aus Leidenschaft:
Christiane Bongartz

Kino Wesenberg
Bahnhofstr. 1A, 17255 Wesenberg
www.kinowesenberg.de

„Wir **WAREN** schon **IMMER** ein **GEHEIMTIPP**, und von mir aus **KANN** das auch so **BLEIBEN**."

Dass sie zwei Jahre Stillstand und 1.000 Euro Verlust im Monat wegen der laufenden Betriebskosten so gelassen rekapituliert, liegt vielleicht daran, dass Christiane Bongartz sich schon immer zu helfen wusste. Anfang der 80er Jahre gab sie angesichts der immer prekärer werdenden Umstände ihren Beruf als Intensiv-Krankenschwester auf, um ihr Abitur nachzuholen. Später studierte sie Biologie, nebenher ein paar Semester Chemie und Psychologie. Stets findet sie etwas, das sie begeistert und auslastet, so auch ihr Faible für Parks und eigenwillige Landschaften. „Ich glaube, es ist die generelle Angst davor nichts Kreatives mehr zu tun, die mich antreibt", sagt sie vergnügt. Warum sonst sollte eine berufstätige Berlinerin in einer 3.000-Seelen-Gemeinde in Mecklenburg ein Kino betreiben wollen. „Ich bin ein Filmjunkie und am liebsten sehe ich sie auf großer Leinwand."

Anfang 2000 hat sie das kleine marode Landkino in Wesenberg erworben. Im Schaukasten habe ein kleiner Zettel gehangen, auf dem stand, dass man es ersteigern könne als Restmasse bei der Treuhand. Bis dahin waren sie mehr als zehn Jahre regelmäßig als Urlauber in der Region. „Wir lieben die Norddeutsche Tiefebene, das ist unsere Landschaft. Als uns damals eine Bekannte darauf aufmerksam machte, dass das Kino zum Verkauf steht, sind wir sofort hingeradelt und haben es uns gesagt: Lass es uns doch mal versuchen. Das finanzielle Risiko war nicht so groß, das hat die Entscheidung erleichtert – und außerdem habe ich eine Liebe für alte Gebäude", sagt sie. Als eines der letzten seiner Art verkörpert es den Typ des „Mecklenburger Landkinos".

1937 erbaut, weist es eine vordere typologische Theaterschaufassade auf, zu erkennen an den Backsteinvorbauten, versehen mit Putzflächen und einem angegliederten, kastenförmigen Zweckbau für den Saal. Es stellt die kleinere Version des ehemaligen Filmpalasts in Neubrandenburg dar, der 2002 abbrannte oder des Kinos, das einst hinter dem Borwinheim in Neustrelitz gestanden haben soll. Der Saal zeichnet sich unter anderem noch durch die abgerundete Decke mit den Pfeilern aus, erklärt die Kinochefin. Das doppelte Mauerwerk sei aus Isolationsgründen erbaut worden. „Wenn viele Leute zusammensitzen und ein ungeheurer Dampfdruck aufkommt, darf die Wand nicht zu kalt sein, und das bei den damalig wenigen Heizkörpern. Da wurde damals schon richtig nachgedacht."

Fotos: Annika Kiehn, www.pixabay.com/Andreas Glöckner (l/o).

DIE ERSTE BEGEHUNG nach dem Kauf mit der Mitarbeiterin der Denkmalbehörde sei legendär gewesen, erinnert sie sich. „Ich hatte das Gefühl, dass ich mehr in Richtung Denkmalschutz gedacht habe, als die Dame. Es war feucht, der Vorhang war von Ratten zerfressen. Sie bestand darauf, dass wir die krankenhausgrüne PVC-beschichtete Wandbespannung erhalten. Da habe ich ihr ein Ultimatum gestellt: Entweder wird es ein Kino oder ein Bootslager."

Ausgerechnet im April wäre eigentlich ihr 20-jähriges Jubiläum als Spielstätte. „Es ist der schlechteste Kinomonat", sagt Christiane Bongartz. „Frühlingsanfang", vermutet sie. „Die Leute wollen raus, sie haben dann genug vom drinnen hocken." Nun werden sie voraussichtlich im Mai nachfeiern.

Doch sie ist zuversichtlich, baut auf ihre treuen Stammkunden, die ihnen in der Corona-Zeit Briefe schrieben, sie mögen durchhalten. Und die sofort für eine Vorstellung kamen, wann es die Lockerungen zuließen. „Es tut gut zu wissen, dass wir geschätzt werden mit unserer Arbeit," sagt die Cineastin. Doch es habe auch einige uneinsichtige Besucher gegeben: „Die wollten sich weder testen lassen noch eine Maske tragen, haben aber von mir erwartet, dass ich mich mit ihnen solidarisiere und sie reinlasse, und damit eine hohe Strafe riskiere. Das war unangenehm. Ich hoffe, dass sie es inzwischen überwunden haben, dass ich da nicht nachgeben durfte."

30 bis 40 Wochenenden im Jahr verbringt das Ehepaar in Wesenberg. Eigentlich hatten sie damit gerechnet, einen Filmvorführer vor Ort finanzieren zu können. Das Schicksal meinte es anders, und so wuppen sie seither den Laden zu Zweit.

Auch in Corona-Zeiten kam sie alle zwei Wochen, um zu schauen, ob im Kino alles in Ordnung sei. Nicht zuletzt, um die Vorführmaschine laufen zu lassen. „Das ist wie mit einer Autobatterie. Wenn sie zu lange ruhen, laufen sie leer und dann ist es sehr mühsam, sie wieder zu aktivieren." Eine gute Gelegenheit, sich selbst ein paar Streifen auf DVD im Saal anzusehen. „Die Landschaftsaufnahmen bei Maria Stuart von Josie Rourke sind fantastisch. Wie der Film die Rivalität der beiden Königinnen behandelt, ist ein spannender Ansatz. Und auch Das fünfte Element von Luc Besson kann ich mir immer wieder anschauen, der ist ein echter Klassiker."

„Es **GIBT** noch so **VIELE** herausragende **FILME** [...]"

IHRE KINO-LEIDENSCHAFT habe auch Corona-bedingt nicht nachgelassen. Weil sie ohne laufende Fördermittel und zudem im Nebengewerbe agieren, seien sie von jeglichen finanziellen Hilfen ausgeklammert gewesen, sagt sie. Mit regionalen Kinos zusammen und Filmland MV habe sie einen gemeinschaftlichen Beschwerdebrief unterschrieben. Doch persönliche Klageschriften hält sie als rein private Institution für aussichtslos. Und auch die 30 Prozent-Regel habe ihnen nichts genützt. „Eine ganze Reihe frei lassen und dann jeweils zwei Sitze abstand zwischen den Besuchern, ist keine rentable Alternative, darum haben wir beschlossen, dass es besser ist, wenn der Spielbetrieb ruht, bis wir wieder bei 100 Prozent angekommen sind."

Um Fördermittel zu beziehen, müssten sie Bedingungen erfüllen, die sie nicht einhalten können oder wollen: ob die veranschlagten rund 270 Vorstellungen im Jahr oder Quoten an deutschen und europäischen Filmen, die sie dann zeigen müssten. „Wir verstehen uns als freies Kino. Wir waren schon immer ein Geheimtipp, und von mir aus kann das auch so bleiben."

Christiane Bongartz mag sich in keine Schublade stecken lassen. Mit Mainstream bleiben sie unabhängig, sagt sie. Gern würde sie zwar mal mehr Independentfilme zeigen wollen, Thriller wie „Windriver", der von dem Mord einer jungen Frau in einem Indianerreservat handelt und sogar in den kommerziellen Kinos lief. „Es gibt noch so viele herausragende Filme, meist Dokumentarfilme oder Dramen, die wenig Wohlfühlfaktor in sich bergen. Das kann man hier in einer Urlauberregion nicht bringen."

Und wenn sie nicht gerade nach den neusten Blockbustern in den Filmverleihern schaut, ist sie vermutlich auf der Baustelle bei ihrem Mann. Denn das Ehepaar hat noch einen weiteren Plan: Sie wollen die alte Schule in Wesenberg als Hostel gestalten. Doch das Haus aus dem späten 19. Jahrhundert habe seine Tücken, „vor allem alte Murkelecken und die Brandschutzauflagen seien eine Herausforderung. „Wir hoffen, dass wir in diesem Jahr endlich eine Art Grundschliff reinbekommen." Wenn alles klappt, will das Ehepaar in ein paar Jahren ganz nach Wesenberg rübersiedeln. Sie lächelt verschmitzt: „Mal sehen was uns bis dahin noch einfällt."

Der Kultur-Macher

Jürgen Groth betreibt mit dem „werk3|KlangWert" Schwerins kleinstes Theater. Aber eines mit großem Namen.

Von Michael F. Basche

Musikalischer Hochgenuss: Der Jazz-Pianist Frank Chastenier (m) mit Lisa Wulff und Gabriel Coburger im werk3|KlangWert.

Die Bühne liegt direkt am Schaufenster. Draußen schlendern abendliche Passanten durch die Altstadt von Schwerin und gucken neugierig nach innen. Am Flügel, der fast die gesamte Fläche einnimmt, sitzt einer, den der einzigartige Roger Willemsen mal als „echten Idealisten der Musik" beschrieben hat. Dieser Mann könne mit dem Klavier Dinge sehen und verwandele in Persönliches, was er spielt. Willemsen, der 2016 verstorbene Publizist und Moderator, Intellektuelle und Feingeist, hat von „Reinheit und Tiefe des Ausdrucks" und „Schönheit der Phrasierung" geschrieben. Und damit den Jazz-Pianisten Frank Chastenier beschrieben. Der ist mal wieder zu Gast in Mecklenburg-Vorpommerns Landeshauptstadt und fasziniert das Publikum so, wie es Willemsen seinem Freund in feiner Prosa attestiert hat.

MAN MÖCHTE ES dem Schwärmer gleichtun. Allerdings geht es in diesem Text nicht um Chastenier, sondern um die Spielstätte: das werk3|KlangWert, „Schwerins kleinstes Theater", wie es Betreiber Jürgen Groth leise lachend nennt. Und Chastenier, der 26 Jahre in der WDR Bigband Köln und mit nahezu allen gespielt hat, die in der Jazz- und Chansonwelt Rang und Namen haben, steht für die Qualität dessen, was da im Schatten des Schweriner Doms inszeniert wird. Unlängst war er übrigens mit der Sängerin Pe Werner wieder da.

Viele waren da: Künstler mit großen Namen, Talente mit großer Zukunft – seit Groth 2011/2012 in der Friedrichstraße 11 das KlangWert als Musikladen für Tonträger mit exquisiten Aufnahmen von Jazz über Punkt bis Klassik etabliert hat und mit seinen Events neben der gut bestückten Café-Bar an längst vergangene Salon-Traditionen anknüpft. 2015 kam das charmante Backstein-Ensemble namens werk3 im hinteren Bereich des Gebäudekomplexes dazu, eine einstige Gaststätte, die bis dahin vom Mecklenburgischen Staatstheater Schwerin als Off-Bühne bespielt worden war. Aber eigentlich fing alles lange vor der Wende an.

> „Ohne **MUSIK**, Theater und **LITERATUR** kann ich mir ein **LEBEN** nicht **VORSTELLEN**."

„Ich mache seit 1976 Veranstaltungen in der Stadt", erzählt Groth, Jahrgang 1954, Markenzeichen Künstlermähne, knarzige Stimme, ewige Zigarette. Studiert hat er Elektrotechnik. Auch Ökonomie. Überdies Theaterwissenschaften. Und betrieb 15 Jahre eine florierende Versicherungsagentur. Indes: „Ohne Musik, Theater und Literatur kann ich mir ein Leben nicht vorstellen." Er spielte klassisches Akkordeon, bis er mit 17 erstmals die Musik des amerikanischen Jazz-Saxofonisten John Coltrane hörte. Ein Jahr später stellte er sein Instrument in die Ecke. Während des Elektro-Studiums im thüringischen Ilmenau kam er im dortigen BC-Club erstmals mit dem Thema Veranstaltungen in Kontakt: „Das war wie eine Spritze."

ZURÜCK IN DER GEBURTSSTADT Schwerin gründete Groth einen eigenen Jazz-Club, der Rest ist Geschichte. Er inszenierte den jungen Manfred Krug und andere Showgrößen der DDR. Er hatte später Entertainer Götz Alsmann, Opernsänger Thomas Quasthoff und den genialen Jazz-Klarinettisten Rolf Kühn (verstorben 2022) in der Friedrichstraße. Zur Eröffnung des werk3 gab sich der renommierte Violinist Kolja Blacher ein Stelldichein, Schauspieler Matthias Brenner (u. a. Tatort) rezitierte dort „Die Verwandlung" von Franz Kafka, Spreewaldkrimi-Mime Christian Redl

Kaleidoskop: Die Blues Lounge mit Roland Brock und Freunden (o), die Kultur-Macher Sabine Dehn-Groth und Jürgen Groth (o/re) und „Con gusto" mit Schauspieler und Gastrosoph Peer Martiny sowie Kulinarikkünstler Mika Drouin (u/re).

(„Kommissar Thorsten Krüger") präsentierte Kriminalgeschichten, dessen „Oberinspektor Martin Fichte" alias Thorsten Merten lebte dort während eines Gastspiels am Staatstheater seine Gesangsleidenschaft aus. Sportjournalist und Bandleader Reinhold Beckmann trat mit Gitarrenbegleitung auf, Christian Redl rezitierte, die Opern-Mezzosopranistin Itziar Lesaka sang Tangos. Und und und. Wer noch mehr wissen will, sollte beim Schwerin-Besuch einfach an die Tür klopfen und mit dem Mann dahinter ins Gespräch kommen. Man wird in Sachen Geschichten garantiert nicht enttäuscht.

„Das Besondere ist die Unmittelbarkeit, die jeden Abend neu eine unglaubliche Energie zwischen Künstlern und Publikum entstehen lässt und die Hartnäckigkeit eines Jürgen Groth, der immer wieder auch ungewöhnliche Projekte auf die Bühne bringt", hat Martin Schelhaas, Kapellmeister am Mecklenburgischen Staatstheater, dem werk3|KlangWert ins Stammbuch geschrieben. „Ich will die Leute kennenlernen, die gute Musik machen", verrät Groth selbst über seine Motivation. Daraus ist dank exzellenter Vernetzung ein breites Repertoire von musikalisch-literarischen Programmen entstanden: Konzert und Kabarett, Schauspiel und Lesung, Musiktheater und Filmkunst, Chanson und Komödie. Ein Mehr-Sparten-Theater eben. Doch wenn man ihn fragt, als was er sich bezeichnet, kommt als Antwort: „Ich? Ich bin einfach verrückt."

OK, EINE MISCHUNG aus Impresario und Enfant terrible halt. Kultur-Macher trifft es wohl auch ganz gut. An seiner Seite und unverzichtbar: Sabine Dehn-Groth, Ehefrau und kongeniale Partnerin. Beide kennen sich schon ewig, doch es funkte richtig, als Groth gerade seinen sehnlichsten Wunsch wahr machen wollte: eine Reise nach New York und einen Trip durch die Musikszene des Big Apple. Für Sabine gab er das Vorhaben auf und heiratete, gemeinsam schmeißen sie bei Veranstaltungen den Laden. Bertolt Brecht hat mal gesagt, ein Theater sei ein Unternehmen, das Abendunterhaltung verkauft; in den zwei Jahren vor Corona waren es 160 Events mit über 11.000 Besuchern.

Nach dem Ende der Veranstaltungsrestriktionen läuft es allmählich wieder an, seit November 2022 ist werk3|KlangWert regelmäßig ausverkauft. „Für mich als Schwerinerin steht das hier auf gleicher Höhe mit den staatlichen Museen, dem Speicher und dem Staatstheater", merkt eine Besucherin an. „Die familiäre Atmosphäre bereitet mir ein Gefühl des Nachhausekommens." Besser geht's doch nicht.

Und nach New York hat Groth es inzwischen auch geschafft. Mehrfach sogar. Mit seiner Sabine. Das Paar war unter anderem bei Keith Jarrett in der Carnegie Hall und gefühlt in jedem Club der Welthauptstadt des Jazz. „Sie lebt das mit mir. Unter zwei Konzerten am Tag haben wir es nicht gemacht", sagt Groth. „Wir sind nun mal Junkies."

Schwerin und das werk3|KlangWert

Schwerin ist die **kleinste Landeshauptstadt** in Deutschland und die älteste Stadt im heutigen Mecklenburg-Vorpommern. Bei den Sehenswürdigkeiten ragt im Wortsinn das von 1843 bis 1857 erbaute **Schweriner Schloss** heraus, einst Machtmittelpunkt des Herzogtums Mecklenburg-Schwerin und seit 1990 Sitz des **Landtags**. Die gut erhaltene Altstadt, zum Bummeln bestens geeignet, wird vom Schweriner Dom St. Marien und St. Johannis dominiert, einem der Hauptwerke der **Backsteingotik** und als Bischofskirche die einzige echte Kathedrale in Mecklenburg-Vorpommern.

Direkt neben dem Dom liegt am Kreuzgang das **werk3|KlangWert**. Rund zehn Veranstaltungen stehen monatlich auf dem Spielplan – von **Konzerten** über **Musiktheater**, zum Beispiel mit dem Thema Tucholsky, bis Comedy und Schauspiel. Ein **Höhepunkt** ist sicherlich die **TheaterThekenNacht 2023** am 3. November (ab 17.30 Uhr), bei der die Künstler nicht nur im werk3|KlangWert auftreten, sondern an diesem Abend in mehreren Schweriner Lokalen Gastspiele geben.
www.klangwert.net

Ach' du dicker Fisch

Roger Mader.
Der Taucher von der Müritz

Von Jo von Bahls

Fische, Fische, Fische – alle in Aquarien unterschiedlichster Größen. The Bigerst is 6 x 6 Meter und zeigt einen Schwarm von vielen Hundert Tieren. In dem riesigen, leicht schummrig beleuchteten Becken ziehen 500 Große Maränen ihre Bahnen. Die Tiere, die eigentlich vom Garda- oder Wörthersee bekannt sind, wurden schon vor Jahren in der Müritz angesiedelt und hier zu einem begehrten Speisefisch verarbeitet. Der Schwarm der 40 cm langen Lavaret (lat.) kann im Müritzeum natürlich ohne jede Bedrohung seinem erstaunlichen Bewegungs-Spiel nachgehen. Mehr Entspannung gibt es also nicht. Außer am zweiten Dienstag im Monat. Dann wird das Bild gestört.

Ach' du dicker Fisch! Ein Taucher putzt die Scheiben! Mit Taucheranzug, Sauerstoffflasche, gelben Taucherflossen und ganz vielen Blasen. Den Besuchern gefällt es – Handys werden gezückt und ein wahres Blitzlichtgewitter beginnt. Alles, obwohl der Museums eigene Moderator in seiner kurzen Einführungsansprache ausdrücklich davon abrät. Nicht die Fische werde geblendet – es geht um den „Dicken" mit den gelben Flossen und der Tauch-Voll-Maske.

„DAS IST IMMER GANZ FURCHTBAR", erklärt Roger Mader. „Nicht nur ich kann dann kaum noch etwas sehen, auch die Fische werden sehr unruhig". Der Taucher arbeitet hier seit der Eröffnung des großen Wasserbeckens im Jahr 2007. „In der Regel brauche ich zum Fensterputzen und dem Abfischen kranker oder alter Tiere um die 90 Minuten". Das Abfischen geschieht dabei nicht als Fischfang, sondern ausschließlich aus hygienischen Gründen. In den Pfannen des Fischrestaurants im Mürizeums landen die Kiementieren natürlich nicht. Auf der Speisekarte stehen aus-

Gut eineinhalb Stunden benötig Roger Mader für das **Säubern des Aquariums**.

schließlich Fische, die in den Becken nicht zu beobachten sind: Zander, Gehlsbach-Saibling und Scholle.

Und sonst so? Kann man davon leben? „Nein. Natürlich nicht. Das Fensterputzen ist nur ein Teil meines Geschäfts", erläutert der Mann – der sonst aus und in die Müritz steigt.

Roger Mader ist 55 Jahre alt und ein „ganzen Kerl". Gerader Blick, aufrechter Gang und ein Händedruck, der spüren lässt – der Mann arbeitet mit vollstem Körpereinsatz. „Mit dem Rauchen habe ich jetzt auch aufgehört. Schließlich will ich den Job noch lange machen", sagt der vor Gesundheit strotzende Mann in sein kräftiges Lachen hinein. Ein Mann vom Bau? Ein Fleischer? Ein Mann vom Militär? „Nein. Heute nicht mehr. Habe ich zwar alles schon gemacht, aber seit zwanzig Jahren mache ich endlich etwas, was viel mehr Sinn und mir riesigen Spaß macht."

„Wenn das **WASSER** über dem Kopf **ZUSAMMEN PLATSCHT** und die **STILLE** kommt, dann **GENIESSE** ich meinen **JOB**."

So sieht nämlich ein Berufstaucher aus. Einer, der dieses Gewerbe hauptberuflich mit einer Firma und einer Tauchschule sowie einem Tauchshop betreibt – und sich natürlich auch im Vorstand des örtlichen Tauchvereins engagiert. „Aber es geht auch eine Nummer kleiner", betont der gebürtige Warener.

„JEDER, DER EIN ABENTEUER sucht und das Wasser liebt, kann diesen leisen Sport lernen", erläutert Roger. „In einer anerkannten Tauchschule und unter Anleitung es erfahrenden Tauchlehrers." Wer sich die Frage stellt, ab wann dieser Sport sinnvoll wird, erklärt der Taucher: „Zum 14. Geburtstag einen Ausbildungslehrgang schenken macht viel Sinn. Nach oben und bei guter Gesundheit gibt es kaum eine Altersgrenze." Zum Gefahrenpotential befragt, sagt Mader, der zwar einen berühmten Nachnamen trägt, mit der bekannten Werft von Segel-Sport-Booten nichts zu tun hat: „Gerade nach Unfällen wird dieser Sport immer wieder als riskanter bezeichnet. Aber wenn etwas passiert, dann liegt das fast ausschließlich an Leichtsinn und Selbstüberschätzung derjenigen, die einen Tauchunfall erleiden. Höchst selten versagt die Technik." Hobby-Taucher finden hier neben der Müritz ein sehr attraktives Revier. „Im Tiefwarensee finden sich zahlreiche Wasserpflanzen, aber auch die verschiedensten Fischarten. Mitunter ist die Sicht aber sehr eingeschränkt und der Tauchgang wird dann eher schwierig."

Obwohl Roger von sich behauptet, dass er „bunte Fische nicht unbedingt gucken muss", ging es trotzdem schon ans Rote Meer. „Zwei Mal im Jahr, Steinbrüche und das Salzkammergut müssen aber sein."

Tauchen ist für Roger Mader „Entspannung pur. Wenn das Wasser über dem Kopf zusammen platscht und die Stille kommt, dann genieße ich meinen Job." Also arbeiten, wo andere Urlaub machen? Der ehemalige Pioniertaucher der NVA – jene wagemutigen Gesellen, die Sprengmittel wahlweise geborgen oder positioniert haben und die Unterwasserarbeiten für einen späteren Militär-Brückenbau bewerkstelligten – kann auf eine solche Frage nur den Kopf schütteln. Unterwasserarbeiten an den Ausflugsdampfern und Bergungen von „abgesoffenen" Booten sind die Alltagsjobs. Und dabei körperlich höchst herausfordernd. Immer dabei: Munitionsfunde in der Müritz sind gar nicht so selten, schließlich bestanden seit dem letzten deutschen Kaiserreich(!) an den Südufern des größten Binnensees Deutschlands gleich mehrere Munitionsversuchsanlagen der Luftwaffe(n).

„DAS IST EIN ECHTES SCHEISS-GEFÜHL, da herunterzugehen, und nicht zu wissen, was dich erwartet" – aber sonst gefährlich? „Na ja, die Ausrüstung wiegt über 40 Kilogramm. Unterwasser kein Problem, aber bis dahin muss man erst einmal kommen." Und ein Augenzwinkern weiter: „Manchmal klemmt man sich schon die Finger."

Gerne erinnert sich Roger Mader an die kleinen Einsätze in den verschiedenen Häfen des Sees. „Es ist kaum zu fassen, was den Hobby-Skippern so über Bord geht", fasst der Taucher seine Erfahrungen zusammen. „Die Yachtis rufen an, wenn zum Beispiel das High-Tech-Handy oder der Wohnungs- bzw. Autoschlüssel über Bord gehen. Je nach Aufwand, Tageszeit und Wert variieren dann die Preise für den Einsatz", erläutert Mader seine AGBs. Auf seinen skurrilsten Einsatz angesprochen, erinnert er sich sofort. „Ein ganz frisch getrautes Ehepaar hatte sich aus diesem Anlass eine Yacht gechartert. Irgendwie haben die mit ihren Eheringen herumgealbert, wobei die beiden symbolträchtigen Teilchen über Bord gingen." Da hatte Rogen Mader ein Herz – obwohl es Sonntag war und bereits früher Abend. „Eine Stunde habe ich im Hafer von Waren gebraucht, bis ich beide Ringe gefunden hatte", beschreibt der Taucher Roger Mader das glückliche Ende der Aktion – eben ein „ganzen Kerl".

Kontakt
Roger Mader
www.mueritz-taucher.de

Historische Dampfboote – eine Attraktion nicht nur für Touristen

Die Szene der Dampfbootfreunde in Deutschland ist überschaubar, aber quicklebendig.

Von Dirk Engelhardt

Sie gleiten fast lautlos in den Eberswalder Stadthafen, bei manchen raucht es aus dem Schornstein, bei manchen nicht. Bei einigen Booten sitzen die Passagiere unter freiem Himmel, die komfortableren haben ein Dach. Ein Modell aus der Schweiz, das beim Treffen der Dampfbootfreunde einläuft, verfügt sogar über einen Schaufelradantrieb. Bei allen gilt jedoch: den Dampfkessel, der sich meist in der Mitte des Bootes befindet, nicht anfassen! Verbrennungsgefahr! Deshalb ist die Fahrt vor allem mit Kindern nicht ganz gefahrlos. Das Spektakel der Dampfboote zieht viele Schaulustige an, fast jeder möchte mal mitfahren. Die Stadt Eberswalde organisierte die Dampfbootparade am Stadthafen an der Schleuse, wo heute nur noch selten ein Boot anlegt. Dabei wurden acht Dampfboote aus allen Teilen Deutschlands „eingeflogen", die von den Zuschauern am Ufer freudig begrüßt und fotografiert wurden – einige durften sogar bei einer kleinen Probefahrt mitmachen.

> „Seit **MITTE** der 60er Jahre erleben **DAMPFBOOTE** eine **RENAISSANCE.**"

DAMPFBOOTE haben eine lange Geschichte. 1801 wurde das erste Dampfboot gebaut, es nannte sich Charlotte Dundas. Gebaut wurden Dampfboote vor allem in England und in den USA. Aber auch die Schweiz gehörte zu den Herstellern, hier war es die Firma Escher-Wyss in Zürich, die Dampfboote herstellte. Ihre große Zeit hatten Dampfboote zwischen 1869 und 1910, wo sie vor allem als Vergnügungsboote und Arbeitsboote eingesetzt wurden.

Seit Mitte der 60er Jahre erleben Dampfboote eine Renaissance. In Deutschland hat sich dafür extra ein Verein gegründet, der Dampfboot Verein e.V. Das Gründungsjahr war 1983, als man mit etwas Wehmut der Verschwinden der letzten Raddampfer mit ansehen musste. Der Verein hat rund 170 Mitglieder, davon verfügen 40 über ein eigenes Dampfboot.

Josef Schuck aus Großostheim hat seine Liebe zu den qualmenden Booten schon in seiner Jugend entdeckt. Er erinnert sich: „Auf einer Brücke über der Spree beobachtete ich in der Ferne ein kleines, seltsames Boot, welches aus dem Kamin rauchte und sich völlig geräuschlos näherte. Der „Kapitän" saß mit weißem Hemd und Mütze hinter einem kleinen hölzernen Steuerrad, und von oben konnte man eine Dampfmaschine mit viel Messing und blinkenden Hebelchen erkennen. Ich rannte wie ein kleiner Junge auf die andere Seite der Brücke und war fasziniert..." Einige Jahre vergingen, doch dieses seltsame Boot ging Schuck nicht aus dem Sinn. Schuck recherchierte im Internet und fand einen Dampfboot-Verein, der international tätig war. Vereinsmeierei liegt Schuck aber nicht, er wollte sein Dampfboot selber flott machen. „Eine Annahme, die mich noch viel Geld kosten sollte", resümiert Schuck Jahre später.

DER UNBEDARFTE ANFÄNGER braucht für sein Projekt erst einmal eine Dampfmaschine. Schuck entdeckte ein Unikat bei einem Hersteller in den USA, setzte sich in den Flieger, um sich in Seattle das gute Stück persönlich anzusehen. In Seattle gibt es eine rege Dampfboot-Community, die

Eigner dort haben teilweise deutsche Wurzeln, wie Schuck herausfand. Nach seiner ersten Fahrt war Schuck dermaßen hingerissen, dass er die angebotene Dampfmaschine am gleichen Tag kaufte. Beim Bootsrumpf, der ebenfalls angeboten wurde, zauderte Schuck allerdings. Der passte nämlich nicht in einen Seefracht-Container. Zurück in Deutschland merkte Schuck dann, dass die Dampfmaschine für die üblichen Dampfboote viel zu groß und zu schwer war, ein gängiges Dampfboot wäre mit dieser riesigen Maschine sofort gesunken. Schuck besann sich und nahm dann doch Kontakt zu einem Dampfboot-Verein auf, um die Technik genauer zu studieren.

„Wir **KÖNNEN** nicht einfach den **SCHLÜSSEL** umdrehen und **LOSFAHREN.**"

Er baute dann eine Garage, die groß genug war, um Boot, Auto und eine Werkstatt unterzubringen. Seine Bastelei reichte bis zum Eintritt ins Rentenalter. „Ich war gut beschäftigt, und das machte dann allfällige altersbedingte therapeutische Maßnahmen überflüssig", merkt der Bootsbauer mit einer Prise Humor an.

Ein Dampfboot zum Laufen zu bringen ist nicht dasselbe wie ein Motorboot anzulassen. Es braucht Geduld und Fachwissen. „Wir können nicht einfach den Schlüssel umdrehen und losfahren.", so Schuck. Ruhe und Gelassenheit sei vielmehr die Basis jeder Vorbereitung einer Dampfbootfahrt. Schuck: „Nach dem Abnehmen von Persenning und Kaminabdeckung müssen Wasserstände überprüft und ergänzt werden. Dampfventile am Kessel werden geschlossen und an der Maschine zur Vermeidung von Wasserschlag geöffnet. Dann weiß der erfahrene Heizer, wie die Zuluft zum Feuerraum am besten geregelt wird, um aus ein paar flackernden Holzspänen ein kräftiges Feuer zu entfachen." Es folgen die Ölung der Maschine, das Drehen des Schwungrades, dabei immer ein Blick auf das Druckmanometer des Dampfkessels, der von da an die Abläufe bestimmt. „Nähert sich der Zeiger der roten Marke, heißt es Fertigmachen zum Ablegen!" Pfeift das Überdruckventil mit großem Getöse, zeigt das an, dass hier einer die Abläufe nicht im Griff hat. Zum Start gibt der Maschinist (das sind fast immer Männer) Dampf auf die Maschine, welche erst einmal eine Wolke heißes Wasser an den Zischhähnen ausspuckt, um sich dann langsam in Bewegung zu setzen.

Während die Gäste sich auf dem Dampfboot entspannen und die sanfte Fahrt genießen, muss der Kapitän, der auf dem Dampfboot fast immer „Maschinist", „Steuermann" und „Heizer" in Personalunion ist, immer die Instrumente und den Wasserstand im Blick haben und Holz nachlegen. Dampfboote in Deutschland fahren gewöhnlich mit Holzscheiten – und somit klimaneutral, was ja heute auch ein wichtiger Punkt ist.

IM VERGLEICH ZU ENGLAND ist die Dampfboot-Szene in Deutschland überschaubar, während es im Mutterland der Steam Launches, wie Dampfboote auf Englisch heißen, rund 400 Boote sind. Wer sich ein Dampfboot zulegen möchte, muss sich klarmachen, dass es für Dampfboote in Deutschland – und auch im Ausland - keine Ersatzteile gibt. Allerdings sind die Teile meist so einfach in der Ausführung, dass die Herstellung kein Problem ist. Der Antrieb erfolgt entweder über eine Schiffsschraube oder mit Schaufelradantrieb. Ansonsten kann jeder Mann und jede Frau Dampfbootkapitän werden, ein Bootsführerschein ist nicht nötig. Eine gewisse Neigung zu historischer Mechanik ist jedoch von Vorteil. Dampfboot – Apps oder digitale HIlfsmittel gibt es bislang nicht. Das schöne an Dampfbooten ist, dass sie absolut leise dahingleiten, allerdings auch ohne hohe Geschwindigkeit. Sie passen somit zum Lebensstil des „slow travel", der entspannten Reise. Und: sie sind immer ein Hingucker, egal, wo sie auftauchen. Wer sich erst einmal mit kleinen Schritten an das Dampfboot herantasten will: in gut sortierten Spielzeuggeschäften gibt es für wenig Geld sogenannte Puff-Paff-Boote, kleine Spielzeugboote mit echtem (!) Dampfantrieb. Als Energiequelle dient hier meist eine Kerze oder eine andere Wärmequelle wie Esbit. Am Heck des Bootes ragen hier zwei Rohre parallel heraus, durch die Wasser angesogen wird und auch wieder ausgestoßen wird. Beim Fahren machen diese Boote ein knatterndes Geräusch, deshalb wird dieses Boot auch Knatterboot genannt.

Wer lieber ein Dampfboot in „Groß" ausprobieren möchte, sollte nach Leer fahren. Dort liegt die „Prinz Heinrich", ein Dampfschiff aus dem Jahr 1909, das mit zwei Dampfmaschinen von je 100 PS angetrieben wird. Dem Traditionsschiff drohte 2003 die Verschrottung. Bürger aus Leer setzten sich dafür ein, dass das historische Schiff restauriert wird, schließlich stellte es sogar die Deutsche Stiftung Denkmalschutz als nationales Kulturdenkmal unter Schutz.

DIRK ENGELHARDT
studierte Publizistik und Amerikanistik an der FU Berlin. Danach arbeitete er als freier Journalist für verschiedene Zeitungen und Magazine. Seinen Reiseblog liest man auf www.dergutereisende.com

Großer Seenland - Fotowettbewerb

„Meine schönsten Urlaubsfotos“

Die Gewinner des Fotowettbewerbs aus der Seenland 2022

VIELEN DANK ALLEN TEILNEHMERN

Wibke Mittelbach

1. Preis

1 Woche Bootsferien für bis zu vier Personen auf einer Silent Motoryacht von Marina Lanke

Eileen Schmidt

2. Preis

1 Woche Bootsurlaub auf einem „River Boat“ von Riverboating Holidays für 2 Personen auf der Seenplatte.

Martina Volkmann

3. Preis

Einen Hafenführer für Berlin & Brandenburg – Ein unverzichtbarer Begleiter für alle Bootsurlauber

Gesucht werden **IHRE SCHÖNSTEN URLAUBSFOTOS**. Machen Sie mit beim großen **Seenland**-Fotowettbewerb!
Wir freuen uns auf die Zusendung Ihrer Fotos per E-Mail an: urlaubsfoto@magazin-seenland.de (Einsendeschluss: 31.01.2024)
Mehr Infos zum Fotowettbewerb 2023, den Teilnahmebedingungen und neuen Preisen finden Sie auf Seite 170.

Die besten Ausflugstipps
für 6 Regionen

Kunst und **Kultur**, **Museen** und **Freizeitparks**, **Schlösser** und **Gutshäuser**, **historische Städte** und eine **atemberaubende Natur** – Deutschlands Nordosten ist eine Reise wert. Die **schönsten Ziele** für kleine **Abenteuer** und große **Entdeckungen** finden Sie auf den folgenden Seiten.

WESTMECKLENBURG

Dömitz · Lübz · Ludwigslust · Neustadt-Glewe · Parchim · Schwerin · Zarrentin · Grabow · Goldberg

NATUR

1 UNESCO-Biosphärenreservat Flusslandschaft Elbe
Das Biosphärenreservat erstreckt sich über 400 Kilometer und fünf Bundesländer – einer der schönsten Abschnitte verläuft jedoch durch Mecklenburg. Denn zwischen Boizenburg im Norden und Dömitz im Süden ist die Elbe vergleichsweise naturnah, bestricht durch zahlreiche Nebenflüsse, steile Uferhänge und sandige Binnendünen. Aktivurlauber können die Gegend auf dem Elberadweg erkunden.
www.elbetal-mv.de, www.elberadweg.de

2 UNESCO-Biosphärenreservat Schaalsee
Rund um den Schaalsee, zu DDR-Zeiten gesperrtes Grenzgebiet, gedeiht herrlichste Natur. Buchen- und Bruchwälder, Moore und Feuchtwiesen, Orchideen und Sonnentau, dazu Tierarten wie Graugans, Kranich und Fischotter. Zur Erkundung steht ein rund 180 Kilometer langes Wegenetz zur Verfügung.
Amt für das Biosphärenreservat Schaalsee (Pahlhuus), Zarrentin, Wittenburger Chaussee 13, Apr–Okt tägl. Di–SO 9–12 und 13–17 Uhr, Nov/Feb/Mär Sa/So 9–16 Uhr,
☎ (03 88 51) 30 20, www.schaalsee.de

Top Tipp

3 Naturpark Sternberger Seenland
Durchbruchstäler, saubere Seen, malerische Hügel und ausgedehnte Wälder bestimmen den Naturpark nordöstlich von Schwerin. Viele alteingesessene Fischerfamilien leben hier; historische Highlights wie Großsteingräber oder das Archäologische Freilichtmuseum Groß Raden lassen sich auf Wander- oder Radtouren entdecken. Alle wichtigen Informationen liefert das Naturparkzentrum in Warin mit seiner Ausstellung.
Warin, Am Markt 1,
Mai–Sep Mo–Sa 10–17 Uhr, Okt–Apr Mo–Fr 10–16 Uhr, ☎ (03 85) 58 86 48 50,
www.naturpark-sternberger-seenland.de

KULTUR

4 Schloss Schwerin
Eines der bedeutendsten Bauwerke des romantischen Historismus. Einst die Residenz der mecklenburgischen Herzöge und Großherzöge beherbergt das Schloss heute den Landtag und ein Museum mit Gemälden, Skulpturen sowie Jagd- und Prunkwaffen.
Lennéstraße 1, Di–So 10–17 Uhr (15. Apr–14. Okt bis 18 Uhr), ☎ (03 85) 5 25 29 20,
www.mv-schloesser.de/location/schloss-schwerin/

5 Festung Dömitz
Die im 16. Jahrhundert am Elbufer erbaute Flachlandfestung ist in Form eines Fünfecks angelegt und verfügt über Bastionen und Kasemattengewölbe. Im Inneren warten Ausstellungen zur Festungsgeschichte, zum niederdeutschen Schriftsteller Fritz Reuter sowie zur Flusslandschaft Elbe.
Auf der Festung 3, ☎ (03 87 58) 2 24 01,
www.festung-doemitz-museum.de

6 Archäologisches Freilichtmuseum Groß Raden (Slawensiedlung)
Jahrhunderte wurde Mecklenburg-Vorpommern von Slawen besiedelt, was noch heute an vielen Ortsnamen erkennbar ist. Im Freilichtmuseum Groß Raden lässt sich die gigantische Dimension einer Slawenburg erleben – allein der Burgwall der ehemaligen Tempelanlage misst 50 m Durchmesser. Zur Anlage gehört auch ein rekonstruiertes Slawendorf mit Flecht- u. Blockhütten sowie diversen Gebrauchsgegenständen.
Kastanienallee, Apr–Okt tägl. 10–17.30 Uhr, Nov–Mär Di–So 10–16.30 Uhr,
☎ (0 38 47) 22 52,
www.freilichtmuseum-gross-raden.de

MECKLENBURGISCHE SEENPLATTE

Alt Schwerin · Carwitz · Feldberg · Göhren-Lebbin · Malchow · Mirow · Neubrandenburg · Neustrelitz · Plau am See · Röbel/Müritz · Waren (Müritz) · Wesenberg

NATUR

7 Müritz-Nationalpark
Mit einer Fläche von 322 Quadratkilometern ist der Müritz-Nationalpark der größte binnenländische Nationalpark. Er besteht aus zwei Teilen: Das größere Gebiet erstreckt sich am Ostufer der Müritz, der kleinere Bereich umfasst die Buchenwälder um Serrahn. Entdecken lassen sich der Nationalpark und seine Bewohner wie Kranich, Rohrdommel und Seeadler z. B. per Fahrrad oder zusammen mit einem Ranger. Hintergrundwissen vermitteln acht Informationszentren.
Nationalparkamt Müritz, ☎ (03 98 24) 25 20,
www.mueritz-nationalpark.de,
www.nationalpark-service.de

Top Tipp

8 Die Müritzfischer
Die Marke „Die Müritzfischer" steht für traditionellen Fischfang, Fischzucht, Genuss sowie eine ganze Reihe touristischer Angebote. Kostproben von Aal bis Zander gibt es auf den insgesamt neun Fischerhöfen (Waren, Boek, Vipperow, Röbel, Eldenburg, Damerow, Plau am See, Krakow, Neubrandenburg). Angelfreunde können Boote ausleihen, Ferienhäuser direkt am Wasser mieten oder mit den Profis auf Angeltour gehen.
www.mueritzfischer.de

9 Käflingsbergturm Kargow
Highlight im Müritz-Nationalpark. Nach 167 Stufen erreicht man eine Plattform, die 131 Meter über dem Meeresspiegel liegt. Herrlicher Blick über die beeindruckende Landschaft, die drei Specker Seen und bis hin zur Müritz. Erreichbar per Fahrrad oder zu Fuß ab Speck.

10 Serrahner Buchenwälder
Das 268 Hektar große Naturparadies gehört zum UNESCO-Weltnaturerbe. Auf dem rund vier Kilometer langen Wald-Erlebnis-Pfad (ab Zinow bzw. Serrahn) lassen sich Seen, Moore und Wiesen entdecken sowie Rothirsch, Rohrdommel und Kranich beobachten. Eine Ausstellung gegenüber der Nationalpark-Außenstelle in Serrahn ergänzt den Pfad.
Forsthaus Serrahn, Apr–Okt tägl. 10–17 Uhr,
☎ (03 98 21) 4 15 00,
www.mueritz-nationalpark.de

11 Moorochse Plau am See
Aussichtsturm am Nordufer des Plauer Sees, im Naturpark Nossentiner/Schwinzer Heide. Man blickt auf alte Torfstiche und eine Kormorankolonie. Mit etwas Glück können auch Seeadler und Rohrdommel erspäht werden.

12 Naturpark Nossentiner/Schwinzer Heide
Ausgedehnte Wälder, rund 60 Seen, historische Kirchen, Klöster und Gutshäuser bestimmen den Naturpark, der sich zwischen den Städten Plau am See, Goldberg, Krakow am See und Malchow erstreckt. Ein 300 Kilometer langes Rad- und Wanderwegenetz steht für Erkundungstouren bereit. Das Kultur- und Informationszentrum Karower Meiler bietet eine Ausstellung zum Naturpark.
Karower Meiler, Ziegenhorn 1, Karow,
Apr tägl. 10–16 Uhr, Mai–Sep tägl. 10–17 Uhr, Okt, Nov, Feb/Mär Mo–Fr 10–16 Uhr,
☎ (03 87 38) 7 02 92,
www.naturpark-nossentiner-schwinzer-heide.de

KULTUR

13 Louisen-Gedenkstätte Hohenzieritz
Als Louise Prinzessin zu Mecklenburg-Strelitz im Alter von nur 34 Jahren starb, war ein Mythos geboren und ihr Sterbezimmer auf Schloss Hohenzieritz wurde zur Gedenkstätte. Viele Exponate erzählen von der bekannten Königin sowie von der Geschichte Preußens und des Herzogshauses Mecklenburg-Strelitz.

Gutshof - Liepen

Hotel · Restaurant · Sommerterrasse · Schwimmbad · Sauna · Festsaal · Fitness · Hofladen

Sanfter Tourismus im Naturparadies Peenetal

wohlfühlen - erholen - genießen - erkunden

Am südlichen Peeneufer liegt das ruhige und beschauliche Dörfchen Liepen, unweit der A20 zwischen Anklam und Jarmen – ungefähr in der Mitte Vorpommerns. Im Norden erreicht man die Inseln Usedom und Rügen genauso gut erreichen, wie die größeren Städte Greifswald, Neubrandenburg oder Pasewalk. Nachhaltiges Reisen durch nahe Ziele: Der Gutshof Liepen ist idealer Ausgangspunkt zur Selbstentdeckung der Naturschönheiten des Peenetals – per Rad, Kanu, Solarboot oder zu Fuß. Starten Sie Exkursionen in die nähere und weitere Umgebung, ins Peenetal oder zu den Sonneninseln Usedom und Rügen.

Die direkt an der Bundesstraße 110 nur als Backsteinwand erkennbare Anlage umfasst 39 modern eingerichtete Zimmer, Apartments und Ferienwohnungen mit 89 Betten. In vier weiteren Gebäuden befindet sich ein Wellnessbereich auf 1.800 m². In vier Schwimmbecken, 5 Saunen, Behandlungsräumen oder einer Fitnessabteilung lässt man gern die Seele baumeln. Ein Restaurant mit 75 Innen- und 100 Außenplätzen, ein Festsaal auf zwei Ebenen für bis zu 150 Gäste sowie ein Hofladen mit Produkte aus der Region laden in familien-freundlicher Atmosphäre zum entspannten Verweilen ein.

region MAL ANDERS

Gutshof Liepen GmbH
Dorfstraße 31 · 17391 Neetzow-Liepen

Tel. 039721 - 56758
Fax 039721 - 567912

info@gutshof-liepen.de
www.gutshof-liepen.de

Schlossplatz 3, Apr Sa/So 10–16 Uhr, Mai–Sep Di–So 10–17 Uhr, Okt Sa/So 11–16 Uhr, www.mv-schloesser.de/location/schloss-hohenzieritz

14 Luftfahrttechnisches Museum
Im Luftfahrttechnischen Museum wird die Technikgeschichte Rechlins, insbesondere aber die Geschichte der Erprobungsstelle der Luftwaffe von 1918 bis 1996 in diversen Ausstellungen dargestellt und erläutert.
Am Claassee 1, 17248 Rechlin, Apr–Okt 10–17 Uhr, Feb–Mär tgl. 10–16 Uhr, ☎ (03 98 23) 2 04 24, www.luftfahrttechnisches-museum-rechlin.de

15 Alte Burg Penzlin mit Hexenmuseum
Südwestlich von Neubrandenburg gelegen, beherbergt die stattliche Burg aus dem 13. wJahrhundert heute ein spannendes Hexenmuseum. Ob Folterkammer, Schwarzküche oder Hexenverliese – das Museum legt nicht nur Zeugnis von Inquisitionsprozessen in Penzlin ab, sondern trägt mit hauseigenen Publikationen auch zur wissenschaftlichen Aufarbeitung der Hexenverfolgung in Norddeutschland bei. Für Kinder steht ein Hexenspielplatz bereit.
Alte Burg 1, Mai–Aug tägl. 10–18 Uhr; Apr, Sep/Okt tägl. 10–17 Uhr; 1. Nov–31. Mär Sa–So 13–16.30 Uhr, ☎ (0 39 62) 210 494, www.alte-burg.amt-penzliner-land.de

16 Hans Fallada-Museum Carwitz
In der Feldberger Seenlandschaft erfüllte sich Hans Fallada (1893 – 1947) – u. a. Autor des Romans „Kleiner Mann – was nun?“ – seinen Traum vom Landleben. Das Haus in Carwitz bewohnte er zwölf Jahre lang. Heute befindet sich hier ein Museum mit original erhaltenem Arbeits- und Esszimmer, mit Fotos und Filmen.
Zum Bohnenwerder 2, Apr–Okt Di–So 10–17 Uhr, Nov–Mär Di–So 13–16 Uhr, ☎ (03 98 31) 2 03 59, www.fallada.de

17 Burg Stargard Top Tipp
Sie ist die nördlichste Höhenburg Deutschlands, das älteste weltliche Bauwerk Mecklenburgs (1236/70) und besitzt das tiefste Turmverlies Norddeutschlands (13 m). Besonders sehenswert: das Museum im Marstall, die Aussichtsplattform des Burgturms, die Gewandschneiderei sowie der historische Kraut- und Wurzgarten.
Burg 1, Mär–Okt tägl. 10–17 Uhr, ☎ (03 96 03) 25 30, www.hoehenburg-stargard.de

18 Ivenacker Eichen und Baumkronenpfad
Schätzungen bestätigen: Die Eichen bei Ivenack sind 1.000 Jahre alt. Als erstes Nationales Naturmonument sind sie eine kultur- und naturhistorische Besonderheit. Die mächtigste ist mit 140 Kubikmetern volumenreichste Eiche Europas.
An den Tannen 1, 17153 Ivenack, ☎ (03 99 57) 29 80,28. Apr/Okt tgl. 9.30–17 Uhr, Mai–Sep tgl. 9.30–18 Uhr, www.wald-mv.de

TIPP Mai bis September

Freitags bei Fallada
Lesungen, Theater, Konzerte
> Mai – September, zweiwöchentlich freitags, 20 Uhr
Hans-Fallada-Museum, OT Carwitz
www.fallada.de

Kräuterwanderung – Essbare Wildpflanzen
In Wald und Wiesen mit Naturführerin
> April – November, dienstags 9.30 – 11.30 Uhr
Treffpunkt: nach Anmeldung 1 Tag vorab
www.feldberger-seenlandschaft.de

Seeadler-Tour und Eiszeit-Tour
begleitete Schiffstouren oder geführte Kanutouren
> Mai – August, täglich um 10 und 14 Uhr
Fahrgastschifffahrt und Boots-Berg, OT Feldberg
www.feldberger-seenlandschaft.de

32. Hans-Fallada-Tage
Vorträge, Lesungen, Konzerte
> 21. – 23. Juli 2023
Hans-Fallada-Museum, OT Carwitz
www.fallada.de

19 Mecklenb. Orgelmuseum Malchow
Das in der Klosterkirche und im ehemaligen Pfarrhaus untergebrachte Museum widmet sich der 2.000-jährigen Orgelgeschichte sowie der mecklenburgischen Orgelbautradition. Im Rahmen von Führungen werden mehrere Orgeln und deren Klänge vorgestellt.
Kloster 26, Apr/Okt Di–So 10–16 Uhr, Mai–Sep tgl. 10–17 Uhr, Nov/Dez Sa/So 11–15 Uhr, ☎ (03 99 32) 1 25 37, www.orgelmuseum-malchow.de

20 Orangerie und Schlossgarten Neustrelitz Top Tipp
Zwar gibt es das Neustrelitzer Residenzschloss seit 1945 nicht mehr, dafür aber den im englischen Stil angelegten Schlossgarten. Besondere Bauwerke sind der Hebetempel mit Statuen und Büsten sowie die Gedenkhalle für Königin Luise. Die Orangerie beherbergt heute einen Konzertsaal und ein Restaurant.
An der Promenade/Tiergartenstr., ☎ (0 39 81) 25 31 19, www.mv-schloesser.de/de/location/schlossgarten-neustrelitz/

21 Turm der Marienkirche Röbel
Die frühgotische Backsteinkirche steht auf einer kleinen Anhöhe in der Altstadt. Ihr Turm bietet eine der schönsten Aussichten auf die Müritz.
Straße der Deutschen Einheit 14, ☎ (03 99 31) 5 26 85

22 Alte Kachelofenfabrik Neustrelitz
Auf dem Kulturgelände mit seinen historischen Backsteinbauten gibt es viel zu entdecken und genießen: Lesungen, Konzerte, Kunstausstellungen und Filme. In der urig-modernen Kneipe mit Gartencafé wird vor allem Regionales und Saisonales serviert.
Sandberg 3a, ☎ (0 39 81) 20 31 45, www.basiskulturfabrik.de

↳ FAMILIE

23 Slawendorf Neustrelitz
Vom 7. bis zum 12. Jahrhundert wurde Mecklenburg-Vorpommern von slawischen Stämmen besiedelt. Das Areal am Zierker See lässt diese Zeit wieder aufleben, mit Elementen wie Kulthalle, Wachturm und einem Slawenboot, das zur Fahrt auf dem See einlädt.
Franzosensteg, Apr–Juni/Sep–Okt Sa–Di 10–16 Uhr (letzter Einlass: 15 Uhr), Jul/Aug tägl. 10–17 Uhr (letzter Einlass: 16 Uhr), ☎ (0 39 81) 23 75 45, www.slawendorf-neustrelitz.de

24 Mecklenburger Draisinenbahn
Auf zwei stillgelegten Bahnstrecken (Karow – Borkow und Waren (Müritz) – Schwinkendorf) geht es per Fahrraddraisine durch herrlichste Natur. Halbaktive und Bewegungsmuffel können auch eine E-Draisine mieten. Kombitouren aus z. B. Draisine, Fahrrad und Kanu sind ebenfalls möglich.
☎ (03 99 31) 5 45 06, www.draisine-mecklenburg.de

25 Irrgarten Bollewick
Hier sind Köpfchen und Orientierung gefragt, denn immer wieder versperren grüne Mauern den Weg. Aktionen und Bereiche wie Schatzsuche und Knobelecke sorgen für zusätzlichen Spaß.
Röbeler Straße 48a, 17. Mai–Okt 10–18 Uhr (letzter Einlass 16.30) ☎ (0152) 29 69 72 72, www.irrgarten-bollewick.de

26 Tiergarten Neustrelitz
Hier lassen sich etwa 450 Tiere aus rund 40, vorwiegend heimischen Arten beobachten. Streichelgehege, Schaufütterungen und Abenteuerspielplatz mit Seilbahn stehen vor allem bei kleinen Besuchern hoch im Kurs.
Am Tiergarten 14, tägl. ab 9 Uhr, ☎ (0 39 81) 20 44 90, www.tiergarten-neustrelitz.de

27 MüritzTherme Röbel/Müritz
Ein Besuch der Therme eignet sich nicht nur als Schlechtwetter-Alternative, sondern bietet Abwechslung für die ganze Familie. Besonders beliebt ist die 57 Meter lange Rutsche. Für Kleinkinder gibt es ein Extrabecken.
Am Gotthunskamp 14, tgl. 9–21 Uhr, ☎ (03 99 31) 8 78 19, www.mueritztherme.com

28 Wisentgehege Damerower Werder
Drei Herden dieser größten und schwersten Landsäugetiere sind auf der Halbinsel im Kölpinsee beheimatet. Beste Zeit zum Beobachten ist während der täglichen Fütterungen (11 und 15 Uhr). Darüber hinaus gibt es eine Ausstellung zum Thema Wisentzucht, einen Walderlebnispfad sowie einen Spielplatz.
Jabel OT Damerow, Zum Werder 5 a, Apr–Okt 10–18 Uhr, Nov/Dez Do–So 10–16 Uhr ☎ (03 99 27) 75 00, www.wald-mv.de

29 Sommerrodelbahn und
30 Affenwald Malchow
Rasant geht es auf der 800 Meter langen Sommerrodelbahn zu, denn hier wird mit Kurven und Schikanen ein Höhenunterschied von 30 Metern überwunden. Gleich nebenan, in einem waldigen Naturgehege, lebt eine Berberaffen-Großfamilie.
Karower Chaussee 6, Apr–Okt tägl. Sa–Do 10–18 Uhr, www.sommerrodelbahn-malchow.de

31 Bärenwald Müritz Top Tipp
Auf 16 Hektar finden hier in Westeuropas größtem Bärenschutzraum aktuell 11 Bären aus ehemals schlechter Haltung ein neues, artgerechtes Zuhause mit verschiedenen Landschaftsformationen. Toll für Kinder: der Spielwald mit Picknickplatz sowie mehrere Erlebnisstationen.
Am Bärenwald 1, 17209 Stuer, 15. Mrz–Okt tägl. 9–18 Uhr, Nov–14. Mär tägl. 10–16 Uhr, letzter Einlass ein Stunde vor Schließzeit, ☎ (03 99 24) 7 91 18, www.baerenwald-mueritz.de

32 Sommerrodelbahn Burg Stargard
Rund 720 Meter, acht Steilkurven und zwei Brücken liegen zwischen Start und Ziel. Wer es geruhsamer mag, kann im Tal eine Runde Shuffleboard spielen.
Rosenstraße 1a, Apr–Okt Mi–So 11–18 Uhr, ☎ (03 96 03) 2 32 26, www.rodelbahn-burgstargard.de

RUPPINER SEENLAND

Neuruppin · Oranienburg · Rheinsberg · Velten · Wustrau · Lindow · Gransee · Himmelpfort · Fürstenberg/Havel · Zehdenick

↳ NATUR

33 Rhin-Havelluch
Weites Grünland, durchsetzt mit Flussläufen und Teichen – das ist charakteristisch für die Niedermoorlandschaften im Norden Brandenburgs. Seit Jahren ist das Gebiet ein fester Garant für Vogelbeobachtungen. So machen z. B. nirgendwo sonst im deutschen Binnenland mehr Kraniche im Frühjahr und Herbst Rast als hier. Aktivurlaubern sei der 57 Kilometer lange Rhinluch-Radweg empfohlen, der interessante Orte wie Kremmen, Velten und Neuruppin streift. Das Informationszentrum Storchschmiede Linum in Fehrbellin bietet Führungen an.

34 Großer Stechlinsee
Mit seiner Fläche von 425 Hektar zählt er zu den größten Klarwasserseen Europas. Ein Ort wie gemacht zum Baden, Angeln und Tauchen – zumal er zum Teil Sichttiefen von bis zu elf Metern aufweist. Wer die fischreiche Unterwasserwelt bestaunen will: In der Bucht bei Neuglobsow befindet sich eine Tauchbasis. Die umstehenden Buchenwälder sind zudem eine wunderschöne Kulisse für Rad- und Wandertouren. Läufer, Radler, Nordic-Walker oder Handbiker finden im sogenannten Laufpark Stechlin u. a. 506 Kilometer lange ausgeschilderte Strecken, darunter 62 Rundkurse zwischen 3,4 und 32,8 Kilometern.
Tauchbasis Stechlinsee, Fischerweg 2, ☎ (03 30 82) 7 04 53, www.tauchbasis-stechlinsee.de www.laufpark-stechlin.de

> **TIPP** 24. & 25. Juni
> **Mittsommerswing auf dem Capriolenhof**
> Live Hot Jazz, Blues und Swing zum ausgiebigen Tanzen. Und ein Rahmenprogramm mit Schaukäsen und Spaziergängen.
> *Schleusenhof Regow 1, Fürstenberg/OT Bredereiche*
> ***www.capriolenhof.de***

35 Storchendorf Linum
Linum war einst für den Abbau von Torf bekannt. Per Kahn wurde dieser bis nach Berlin verschifft. Heute ist das Teichland Linum – die Teiche entstanden aus abgetorften Flächen – ein Refugium für Vögel. Im Frühjahr und Herbst brüten hier unzählige Zugvögel, darunter auch etliche Storchenpaare. Das Naturschutzzentrum Storchenschmiede zeigt Ausstellungen und bietet Exkursionen an.
Storchenschmiede Linum, Fehrbellin, Nauener Straße 54, ☎ (03 39 22) 9 08 38, www.storchenschmiede.org

36 Naturparkhaus Stechlin
Neben Infos zum Naturpark bietet das Haus eine Erlebnisausstellung, die besonders für Kinder geeignet ist. Denn hier kann man z. B. in einen See hinabtauchen, die Sprache des Moorfrosches lernen oder mit einem Kranich

telefonieren. Toll ist auch der Sinnesgarten, der mit seinem Pflanzenreichtum zum Schmecken, Riechen und Fühlen einlädt.
Kirchstraße 4, Mi–So 11–16 Uhr,
☎ *(03 30 82) 50 12 10, www.naturparkhaus.de*

KULTUR

37 Schloss Rheinsberg
Auf Schloss Rheinsberg, herrlich gelegen am Grienericksee, verbrachte Friedrich der Große als junger Kronprinz seine wohl glücklichsten Jahre. Hier gab er sich den schönen Künsten hin, feierte pompöse Feste und versammelte Dichter und Denker um sich. Besonders sehenswert sind Spiegel- und Muschelsaal sowie der weitläufige Schlosspark.
Mühlenstraße 1, Apr–Okt Di–So 10–17.30 Uhr, Nov–Mär Di–So 10–16 Uhr, ☎ *(03 39 31) 72 60, www.spsg.de*

38 Kurt Tucholsky Literaturmuseum Rheinsberg
Neben Theodor Fontane war es vor allem Kurt Tucholsky, der Schloss Rheinsberg literarisch verewigte. Dort, wo sein Roman „Rheinsberg: Ein Bilderbuch für Verliebte" spielt, wurde ihm daher ein Museum gewidmet, das sein Leben und Werk reflektiert.
Schloss Rheinsberg, Mühlenstraße 1, Apr–Okt Di–So 10–17.30 Uhr, Nov–Mär Di–So 10–16 Uhr, ☎ *(03 39 31) 3 90 07, www.tucholsky-museum.de*

39 Schloss Oranienburg Top Tipp
Einer der bedeutendsten Barockbauten Brandenburgs. In die Königswohnung und Paraderäume ist eine Ausstellung zum Hofleben um 1700 eingezogen. Das Kreismuseum befasst sich mit Themen wie Volkskunde und Binnenschifffahrt. Herrlich spazieren lässt es sich im Schlosspark.
Schloßplatz 1, Apr–Okt Di–So 10–17.30 Uhr, Nov/Mär Di–So 10–16 Uhr,
☎ *(0 33 01) 53 74 37, www.spsg.de*

40 Brandenburg-Preußen-Museum Wustrau
Das Museum beschreibt die Entwicklung Preußens von der „märkischen Streusandbüchse" zur europäischen Großmacht unter den Hohenzollern. Die Zeit zwischen 1415 und 1918 im Fokus, geht es vor allem um die zivilen Leistungen wie Schule, Wissenschaft und Wirtschaft.
Eichenallee 7a, Apr–Okt Di–So 10–18 Uhr, Nov–Mär Di–So 10–16 Uhr, ☎ *(03 39 25) 7 07 98, www.brandenburg-preussen-museum.de*

> **TIPP** 27. August
> **Heideblütenfest auf dem Capriolenhof**
> Kutschfahrten über die Heide, Musik auf der Bühne zum Träumen unterm Apfelbaum, die Wahl der schönsten Ziege zur Heideprinzessin, Hofrundgänge mit Offenbarungen zum Thema Ziegen, Käse, Fleisch und leckeres Essen.
> *Schleusenhof Regow 1,*
> *Fürstenberg/OT Bredereiche*
> ***www.capriolenhof.de***

41 Gedenkstätte und Museum Sachsenhausen
Keine Sehenswürdigkeit im klassischen Sinne, aber dennoch irgendwie ein Muss: das 1936 im Auftrage Heinrich Himmlers geplante Konzentrationslager (KZ) Sachsenhausen demonstriert mit seinem strikt geometrischen Aufbau mit Appellplatz auf bedrückende Weise die perverse Vernichtungsideologie der Nazis. Einst Ausbildungsort für KZ-Kommandanten sowie Bewachungspersonal. Heute in den verbliebenen Baracken verschiedene Dauerausstellungen zum Thema, Führungen möglich.
Straße der Nationen 22, 16515 Oranienburg, Außengelände: 26. Mrz–28.Okt tgl. 8.30–18 Uhr, ab 29. Okt tgl. 8.30–16.30 Uhr, Die Öffnungszeiten der drei Museen bitte tagesaktuell prüfen.
☎ *(0 33 01) 20 00, www.stiftung-bg.de*

42 Alfred Wegener-Museum Zechlinerhütte
Alfred Wegener war Meteorologe, Polarforscher und Geowissenschaftler. Bekannt wurde er posthum durch seine Theorie der Kontinentalverschiebung. Als Kind verbrachte er viele Sommer und Ferienzeiten auf dem Landsitz seiner Großeltern in Zechlinerhütte. Das Museum stellt Wegeners Leben und Wirken vor und schlägt eine Brücke bis zur Klimaproblematik der Gegenwart.
Rheinsberger Straße 14, 18. Mai – 10. Sept Do–So 10 –16 Uhr ☎ *(03 39 21) 7 02 17, www.alfred-wegener-museum.de*

43 Ofen- und Keramikmuseum Hedwig Bollhagen Velten
1835 wurde in Velten die erste Ofenfabrik gegründet, in den Folgejahren kamen 35 weitere hinzu. Das Museum zeichnet die wirtschaftliche Entwicklung nach und zeigt neben historischen Küchen- oder Prunköfen auch 4.000 Einzelkacheln sowie Gebrauchskeramiken von Hedwig Bollhagen. Untergebracht ist es im Gebäude der letzten noch produzierenden Ofenfabrik Veltens.
Wilhelmstraße 32, Di–So 11–17 Uhr,
☎ *(0 33 04) 3 17 60, www.okmhb.de*

FAMILIE

44 Tier- und Freizeitpark Germendorf
Über 650 Tiere – von Alpaka bis Zebu – können hier beobachtet, gefüttert und zum Teil gestreichelt werden. Urzeitpark, Wanderwege, Badeseen, Grillplätze und Abenteuerspielplatz sorgen ebenfalls für einen abwechslungsreichen Familientag.
An den Waldseen 1a, tägl. 9–19 Uhr,
☎ *(0 33 01) 33 63, www.freizeitpark-germendorf.de*

45 Tierpark Kunsterspring Neuruppin
Wald, Wiesen, Feuchtgebiete und das zuweilen tief eingeschnittene Kerbtal der Kunster prägen das Gelände, auf dem über 388 Tiere in 81 Arten leben. Besonders spannend sind die Schaufütterungen oder eine Wanderung durch den Tierpark bei Nacht.
Kunsterspring 4, Gühlen Glienicke, Apr–Sep tägl. 9–19 Uhr (sonst bis 17 Uhr),
☎ *(03 39 29) 7 02 71, www.tierpark-kunsterspring.com*

46 Ziegeleipark Mildenberg Top Tipp
Ende des 19. Jahrhunderts boomte die Ziegelindustrie rund um Zehdenick – heute macht der Ziegeleipark Mildenberg dieses Stück Geschichte auf unterhaltsame Weise lebendig. So kann man verschiedene Ausstellungen zum Thema besuchen, alte Ringöfen und eine historische Dampfmaschine bewundern, Ziegel selbst herstellen, am See picknicken oder mit der Tonlorenbahn durch die herrliche Landschaft fahren. Ebenfalls auf dem Gelände: Badestelle, Marina, Abenteuerspielwiese, Boots- und Fahrradverleih.
Ziegelei 10, Zehdenick, 1. April–8. Aug, 24. Aug–5. Nov tägl. 10–18 Uhr (letzter Einlass 17 Uhr),
☎ *(0 33 07) 31 04 10, www.ziegeleipark.de*

> **TIPP** 23. und 24. September – 10 Uhr
> **Regionalmarkt**
> Ein Markt voller frischer und kreativer Erzeugnisse aus der Region, mit vielen Attraktionen für Kinder.
> *Schlosspark Oranienburg*
> *Schloßplatz 1, 16515 Oranienburg*
> ***www.oranienburg-erleben.de***

47 Schlosspark Oranienburg
Direkt am Oranienburger Schloss liegt der 30 Hektar große Schlosspark. In dem beliebten Freizeit- und Familienpark lässt es sich wunderbar entspannen: in vielfältigen Gartenzimmern, in Liegestühlen auf ausgedehnten Wiesen, bei Boule, Minigolf und Großfeldschach. Kinder können toben, hopsen, klettern, matschen, planschen – in der Spiellandschaft samt Wasserspielplatz, Kletterfelsen, Trampolinen und zwei Hüpfkissen.
Schloßplatz 1, 16515 Oranienburg, Hauptsaison 1. April – 31. Okt: Mo–Fr. 9 –17 Uhr, Sa 9 –16 Uhr, 1. Nov–31. Mrz Mo, Di, Do, Fr 9–17 Uhr, Sa 9–13 Uhr, ☎ *(0 33 01) 6 00 85 31, www.oranienburg-erleben.de*

48 Feuerwehrmuseum Liebenwalde
Hier werden Kinderträume wahr: in einer ehemaligen Lagerhalle erzählen auf 600 Quadratmeter Fläche diverse ausrangierte

Originalexponate wie Helme, Schläuche, Uniformen sowie mehrere Löschfahrzeuge von der 130-jährigen Geschichte der Liebenwalder Feuerwehr. Erklimmen erlaubt! Führungen auf Anmeldung.
Berliner Straße 50, Mai–Sep Mo–Fr 10–16 Uhr, Sa 10–16 Uhr, ☎ (03 30 54) 6 18 61, www.feuerwehrmuseum-liebenwalde.de

49 Weihnachtsmannhaus Himmelpfort
Unter dem Dach der ehemaligen Dorfschule in Himmelpfort wohnt er, der Weihnachtsmann. Auch seine Postfiliale ist hier untergebracht (Adresse: An den Weihnachtsmann, 16798 Himmelpfort). Wunschzettel, die bis spätestens zehn Tage vor Heiligabend eingehen, werden garantiert beantwortet. Ganzjährig finden viele Veranstaltungen statt, darunter Theater- und Märchenfeste. Zudem gibt es ein Café und einen Regionalladen.
Klosterstraße 23, ☎ (03 30 89) 4 18 88, Do–So 11–17 Uhr, www.weihnachtshaus-himmelpfort.de

↳ KULINARIK

50 Capriolenhof Schleuse Regow
Unmittelbar an der Schleuse Regow betreiben Sabine Denell und Hanspeter Dill ihren Ziegenhof. In der umliegenden Heide grasen ca. 150 Toggenburger Ziegen, deren Milch in Handarbeit zu rund 20 Käsesorten verarbeitet wird. Ebenfalls im Angebot: Ziegenkäsekuchen, -eis und -fleisch.
Schleusenhof Regow 1, Bredereiche, ☎ (03 30 87) 5 11 83, www.capriolenhof.de

UCKERMARK

Angermünde · Annenwalde · Boitzenburg · Lychen · Prenzlau · Schwedt/Oder · Templin

↳ NATUR

51 Nationalpark Unteres Odertal
Brandenburgs einziger Nationalpark erstreckt sich von Hohensaaten über Schwedt bis vor die Tore Stettins. Die Stromoder und ihre Altwasser, Feuchtwiesen, Trockenrasen, Au- und Laubmischwälder bestimmen diese einzigartige Flusslandschaft, die man am besten per Kanu, zu Fuß oder mit dem Fahrrad erkundet (z. B. Oder-Neiße-Radweg, Uckermärkischer Radrundweg). Im Nationalparkhaus in Criewen findet man eine anschauliche Ausstellung.
Nationalparkhaus Criewen, Am Speicher 3, Apr–Okt tägl. 9–17 Uhr, Nov–Mär Fr–So 10–17 Uhr, ☎ (0 33 32) 2 67 72 44, www.unteres-odertal.de

52 Blumberger Mühle Angermünde
Umweltausstellung über das Biosphärenreservat Schorfheide-Chorin. Es geht um die Eiszeit und um Ökosysteme wie Wald, Moor und Wasser. Spielplatz, Fischteiche, Kräutergarten, Sumpfschildkrötenanlage und Exkursionen sorgen draußen für Spaß und Spannung.
Blumberger Mühle 2, Apr–Okt tägl. 10–18 Uhr, Nov–Mär tägl. 10–16 Uhr, ☎ (0 33 31) 2 60 40, https://blumberger-muehle.nabu.de/

↳ FAMILIE

53 NaturTherme Templin
In der großzügigen Badelandschaft planscht man in 36 Grad Celsius warmem Thermalwasser. Wellenbecken und Erlebnisrutschen sorgen für Spaß, sieben Saunen und ein vielseitiger Wellnessbereich für absolute Entspannung.
Dargersdorfer Str. 121, tägl. 9–21 Uhr, ☎ (0 39 87) 20 11 00, www.naturthermetemplin.de

54 Tierpark Angermünde
In einem weitläufigen Parkgelände mit altem Baumbestand leben rund 250 Tiere in 45 Arten, darunter alle sechs Kamelarten der Welt. Streichelzoo, Zooschule und Abenteuerspielplatz sind besondere Attraktionen für Kinder.
Puschkinallee 12a, Apr–Okt tägl. 10–18 Uhr, Mär tägl. 10–17 Uhr, Nov–Feb tägl. 10–16 Uhr, ☎ (0 33 31) 3 21 43, www.angermuende.de

HAVELLAND

Brandenburg an der Havel · Caputh · Ferch · Groß Kreutz · Ketzin Lehnin · Paretz · Petzow · Rathenow · Ribbeck · Werder (Havel)

↳ NATUR

55 Naturpark und Naturpark-Zentrum Westhavelland Top Tipp
Das weitläufigste Großschutzgebiet Brandenburgs wird vor allem durch eines bestimmt: das Wasser. Lebensader ist die (Untere) Havel, die zahlreichen Wasservögeln, Bibern, Ottern, dem Seeadler sowie den letzten Großtrappen in Deutschland einen Lebensraum bietet. Einmalig auch der Nachthimmel, der zu Deutschlands erstem „Sternenpark“ ernannt wurde. Viele Hintergrundinfos anschaulich im NaturparkZentrum in Milow erfahrbar.
Stremmestraße 10, 14715 Milower Land/OT Milow, Apr–Okt tägl. (außer Mi) 10–17 Uhr, Nov–Mär Do–So 10–16 Uhr, ☎ (03 38 6) 21 11 66, www.nabu-westhavelland.de

56 Obstgüter Werder (Havel)
Die Region rund um Werder (Havel) ist berühmt für ihren Obstanbau. Rund 30 Erzeuger versorgen hier das Berliner Umland mit Äpfel, Birnen, Pflaumen oder auch Sanddorn. Wer mag, kann zum Selberpflücken auf die Plantagen kommen oder aber den Panoramaweg Werderobst für eine fruchtige Radtour nutzen. Jährliches Highlight ist das Baumblütenfest.
Tourismusbüro Werder (Havel), Kirchstraße 6/7, ☎ (0 33 27) 73 06 00, www.obstbauverein-werder.de

↳ KULTUR

57 Otto-Lilienthal-Centrum Stölln
Hier auf dem Gollenberg soll Otto Lilienthal ab 1893 seine spektakulären Flugversuche unternommen haben – die mit seinem tödlichen Absturz 1896 jäh endeten. Im nahe gelegenen Stölln erwarten den Besucher die ersten theoretischen (Vogel-) Studien sowie erste Flugapparate Lilienthals. Am Fuße des Gollenbergs steht „Lady Agnes“ bereit – ein ausrangiertes Interflug-Langstreckenflugzeug, an deren Bord über die zivile Luftfahrt in der DDR informiert wird.
Otto-Lilienthal-Straße 50, 14728 Gollenberg/OT Stölln, Mär Sa/So 11–16 Uhr, Apr–Okt Di–So 10–17 Uhr, ☎ (03 38 75) 90 69 0, www.otto-lilienthal.de

58 Schloss Ribbeck
Einst Sitz der Familie von Ribbeck ist das von Theodor Fontane in seinem berühmten Gedicht verewigte Schloss heute ein Ort des Genusses, der Kunst und Kultur. Im Schlossrestaurant stehen feine regionale Gerichte auf der Karte.
Theodor-Fontane-Straße 10, Nauen/OT Ribbeck, Museum: Mi–So 11–17 Uhr, ☎ (03 32 37) 8 59 00, www.schlossribbeck.de

59 Industriemuseum Brandenburg an der Havel
Über 10.000 Menschen waren hier am einst größten Rohstahlproduktionswerk

der DDR beschäftigt, ehe es 1993 stillgelegt wurde. Heute dienen die Werkshallen als Museum, in dem hauptsächlich ehemalige Stahlarbeiter/-innen durch die Anlage führen. Herzstück ist der gewaltige Siemens-Martin-Ofen – der letzte seiner Art in Westeuropa! Kinder finden Kräne, Loks und Fahrzeuge vor, Erklimmen erlaubt. Außerdem: Fahr- u. Motorräder sowie Kraftfahrwagen der einst ebenfalls in Brandenburg ansässigen Brennabor-Werke.
August-Sonntag-Straße 5, Mär–Okt Di–So 10–17 Uhr, Nov–Feb Di–So 10–16 Uhr,
☎ *(03 38 1) 30 46 46, www.industriemuseum-brandenburg.de*

↳ FAMILIE

60 Optik-Industrie-Museum Rathenow
Mit Erfindung der Vielschleifmaschine wurde in Rathenow vor über 200 Jahren die optische Industrie begründet. Rund 1.000 Exponate – darunter z. B. das erste Weitwinkelobjektiv – nehmen mit auf eine Reise in die Welt des Sehens, des Lichts und der geschliffenen Gläser. An Mitmach-Stationen können Geräte benutzt und optische Phänomene erforscht werden.
Märkischer Platz 3, Di–So 11–17 Uhr,
☎ *(0 33 85) 51 90 40, www.oimr.de*

61 Storchenhof Paretz
Ein Paradies für kleine und große Tierfans, denn hier darf man Hunde und Katzen streicheln, Schafe, Schweine und Enten füttern und auf Ponys reiten. Von April bis August sind die Störche auf dem Dach die Attraktion. Im Stallcafé wird man kulinarisch verwöhnt.
Werderdammstraße 12, Ketzin,
☎ *(03 32 33) 7 37 10, www.storchenhof-paretz.de*

62 Havel-Therme Werder Top Tipp
Die im Sommer 2021 neu eröffnete Therme bietet mediterran-orientalisches Flair direkt am Ufer des Großen Zernsees. 13 Saunen und Dampfbäder laden zum Entspannen ein. Der Badebereich ist in einen Thermal- und Familienbereich aufgeteilt. Die Therme bietet zudem einen Außenbereich, Das Familienbad punketet u. a. mit zwei Rutschröhren. Alle Bereich des Bades können getrennt aber auch gemeinsam besucht werden.
Zum Großen Zernsee 15, 14542 Werder (Havel), Therme&Saune: tägl. 9–24 Uhr, Fr–Sa 9–1 Uhr, Familienbad: tägl. 9–21 Uhr, Mi Frühschwimmen ab 7 Uhr
☎ *(033 27) 72 49 20, www.havel-therme.de*

BARNIM

Chorin · Eberswalde · Groß Schönebeck · Joachimsthal · Niederfinow · Wildau

↳ NATUR

63 Naturpark und BIORAMA-Projekt Joachimstal
Ist die Luft klar, reicht der Blick vom BIORAMA-Aussichtsturm nicht nur über das waldreiche Biosphärenreservat Schorfheide-Chorin, sondern bis zum rund 70 Kilometer entfernten Berliner Fernsehturm.
Am Wasserturm 1, Apr–Okt Do–So 11–18 Uhr, ☎ *(03 33 61) 6 49 31, www.biorama-projekt.org*

64 Wildpark Schorfheide
Mitten im größten zusammenhängenden Waldgebiet Mitteleuropas liegt der Wildpark Schorfheide. Sieben Kilometer lange Wanderwege führen hier durch herrlichste Natur, vorbei an Rast- und Picknickplätzen und großzügig angelegten Gehegen mit seltenen Haustierrassen und Großwildtieren wie Wolf, Wisent und Elch.
Prenzlauer Straße 16, tägl. 9–19 Uhr, letzter Einlass 17 Uhr, ☎ *(03 33 93) 6 58 55, www.wildpark-schorfheide.de*

↳ KULTUR

65 Heidekrautbahn-Museum
Die Geschichte der von Berlinern liebevoll als „Heidekrautbahn" bezeichnete Eisenbahnstrecke – bindet sie die Großstadt doch mit der Schorfheide in Groß Schönebeck an – kann im ehemaligen Betriebswerk in Basdorf erkundet werden. U.a. 40 historische Schienenfahrzeuge sowie ein Signalgarten warten in den Fahrzeughallen und dem Freigelände auf die Besucher.
An der Wildbahn 2a, 16348 Wandlitz/OT Basdorf,
☎ *(03 33 97) 6 08 29), www.berliner-eisenbahnfreunde.de*

66 Kloster Chorin Top Tipp
Das ehemalige, im Stil der norddeutschen Backsteingotik erbaute Zisterzienserkloster beeindruckt bis heute. Urlauber können das Hauskloster der Askanier, der Markgrafen von Brandenburg, in Ausstellungen oder während einer Führung erkunden. Ein Besuch lohnt besonders während der regelmäßig stattfindenden Markttage oder des Choriner Musiksommers von Juni bis August.
Amt Chorin 11a, tägl. 9–18 Uhr, (im Winter bis 10–16 Uhr, Mi geschlossen im Jan/Feb), ☎ *(03 33 66) 7 03 77, www.kloster-chorin.org*

↳ FAMILIE

67 BARNIM PANORAMA
Einmalige Kombination aus NaturparkZentrum und Agrarmuseum im alten Dorfkern von Wandlitz, nahe des Wandlitzer Sees. In sechs Themenräumen wird die Geschichte und Vielfalt des Barnim beleuchtet. Ob eine „Herde" aus Traktoren oder die begehbare Landkarte – vieles zum Anschauen, Anfassen und Ausprobieren.
Breitscheidstraße 8–9, 16348 Wandlitz, tägl. außer Fr. 10–18 Uhr
☎ *(03 33 97) 68 19 20, www.barnim-panorama.de*

Hafen-Empfehlungen

Häfen bietet Heimat auf Zeit. Sie sind Startpunkte für Entdeckungen an Land und bieten wichtige Infrastruktur für die Versorgung von Boot und Crew.

1 Stadthafen Plau am See

Dammstraße 29
19395 Plau am See
(03 87 35) 450 50

Liegeplätze: 60
Abwasser/Frischwasser: ✓/✓
Bootsservice/-tankstelle: ✓/–
Sanitäranlagen/Strom: ✓/✓
WLAN: ✓

Einkaufsmöglichkeiten
im Ort vorhanden

Restaurants
im Ort

www.plau-am-see.de

2 Elde-Hafen Plau am See

An der Metow
19395 Plau am See
(03 87 35) 456 78

Liegeplätze: 30
Abwasser/Frischwasser: –/✓
Bootsservice/-tankstelle: –/–
Sanitäranlagen/Strom: –/✓
WLAN: ✓

Einkaufsmöglichkeiten
im Ort vorhanden

Restaurants
Fischerhaus An der Metow, weitere im Ort

www.plau-am-see.de

3 Lenzer Hafen

Liegeplätze: 55
Abwasser/Frischwasser: ✓/✓
Bootsservice/-tankstelle: ✓/✓
Sanitäranlagen/Strom: ✓/✓

Einkaufsmöglichkeiten:
- frische Brötchen oder Frühstück in der Gaststätte vor Ort auf dem Grundstück

HOTELZIMMER

- Wohnmobilstellplatz, Bootsvermietung, Bootshafen mit Tankstelle, Hafengaststätte, Familienhotel und Ferienwohnungen

lenzerhafen malow

Lenzer Hafen
17213 Fünfseen OT Lenz - Süd,
Zum Hafen 1, (03 99 32) 123 85
Funk (0171) 401 87 39
info@lenzer-hafen.de
www.lenzer-hafen.de

www.malow.de

4 Marina am Malchower See

Liegeplätze: **80** davon **15 Gastlieger**
Abwasser/Frischwasser: ✓/✓
Bootsservice/-tankstelle: ✓/n.A.
Sanitäranlagen (WC)/Strom: ✓/✓
WLAN / Kran: ✓/✓

Übernachtungsmöglichkeit
in Malchow & Umgebung

Einkaufsmöglichkeit
In Malchow

Restaurant
In Malchow

MMS Marina am Malchower See

Hafenmeister:
(03 99 32) 14 77 1

Marina am Malchower See
Ziegeleiweg 4, 17213 Malchow
Müritz-Elde-Wasserstraße km 131,650 Südufer
(03 99 32) 14 77 1 (Marina)
(03 99 32) 14 77 4 (Charter)
malchowboot@fb-yachtcharter.de
www.yachtferien.eu

5 Marina Eldenburg

An der Reeck 1a
17192 Waren (Müritz)
(03 99 1) 123 40 00
www.marina-eldenburg.de

Liegeplätze: **49**
Abwasser/Frischwasser: ✓/✓
Bootsservice/-tankstelle: ✓/–
Sanitäranlagen/Strom: ✓/✓

Stützpunkt der ADAC-Sportschifffahrt

Einkaufsmöglichkeiten
Supermärkte im Ort

Restaurants
Kleines Hafenrestaurant

Charter
Yachtcharter Schulz
www.bootsurlaub.de

6 Stadthafen Waren

Müritzstraße 72
17192 Waren (Müritz)
(039 91) 66 67 54

Liegeplätze: **180**
Abwasser/Frischwasser: ✓/✓
Bootsservice/-tankstelle: ✓/✓
Sanitäranlagen/Strom: ✓/✓

Einkaufsmöglichkeiten
alles vorhanden

Restaurants
viel Auswahl in der Fußgängerzone

Charter
Bootscharter Malow: Stahlyachten
www.bootscharter-malow.de

7 Hafen Klink am Schloss

Liegeplätze: **130**
Abwasser/Frischwasser: ✓/✓
Bootsservice/-tankstelle: ✓/–
Sanitäranlagen/Strom: ✓/✓
WLAN: ✓

Einkaufsmöglichkeiten
Brötchen im Hafenbüro,
alles andere in Waren (Müritz) > 5 km

Restaurants
Gutshaus „Am Schloß Klink",
Fischerhus, Kells Müritzer Bauernmarkt

· Fahrradverleih

Bootsverleih
Motorkreuzer beim Hafenmeister

Charter
Unruh Marine: www.unruh-marine.de

Hafenmeister:
M. Eichler (0152) 54 15 96 41

Hafen Klink am Schloss
Hafenstraße 6, 17192 Klink
(0 39 91) 63 47 41 oder
(0152) 54 15 96 41
service@hafen-klink.de
www.hafen-klink.de

8 Maremüritz Yachthafen Resort & Spa

Am Seeufer 49
17192 Waren (Müritz)
(039 91) 16 55 59

Liegeplätze: **65**
Abwasser/Frischwasser: */✓
Bootsservice/-tankstelle: ✓/*
Sanitäranlagen/Strom: ✓/✓
Waschmaschine/Trockner: ✓/✓
WLAN: ✓

Einkaufsmöglichkeiten
Edeka, ca. 1km entfernt

Restaurants
Restaurant „Oh Julia", Restaurant „FloMaLa"
direkt vor Ort, alternativ im Stadthafen
(ca. 15 min. zu Fuß)

*in ca. 600 m Wasserlinie (direkt im Stadthafen von Waren)

9 Naturhafen im Bolter Kanal

Bolter Kanal
17248 Boeker Mühle
(03 98 23) 25 30

Liegeplätze: **26**
Abwasser/Frischwasser: ✓/✓
Bootsservice/-tankstelle: ✓/–
Sanitäranlagen/Strom: ✓/✓

Einkaufsmöglichkeiten
im Kiosk um die Ecke,
am Zeltplatz

Restaurants
„Zum Seeadler"

Charter
Voyager: Woterfitz, www.woterfitz.de

10 Marina Müritz

Hafendorf Müritz
17248 Rechlin
(03 98 23) 2 66-0

Liegeplätze: **250**
Abwasser/Frischwasser: ✓/✓
Bootsservice/-tankstelle: ✓/✓
Sanitäranlagen/Strom: ✓/✓

Stützpunkt der ADAC-Sportschifffahrt

Einkaufsmöglichkeiten
Minimarkt im Müritzturm,
weitere im Ort (circa 4 km)

Restaurants
„Captain's Inn" und am
Müritzplatz plus im Ort

11 Yachthafen Rechlin

Fritz-Reuter-Straße 52
17248 Rechlin
(03 98 23) 205 20

Liegeplätze: **84**
Abwasser/Frischwasser: ✓/✓
Bootsservice/-tankstelle: ✓/✓
Sanitäranlagen/Strom: ✓/✓

Einkaufsmöglichkeiten
alles im Ort

Restaurants
in der Anlage

12 Marina Buchholz

Seepromenade 1, 17209 Buchholz
(0151) 50 50 94 60

Liegeplätze: **200**
Abwasser/Frischwasser: ✓/✓
Bootsservice/-tankstelle: ✓/–
Sanitäranlagen/Strom: ✓/✓

Einkaufsmöglichkeit
kleiner Kiosk

Restaurant
„Seerose"

13 Bootsservice Rick & Rick GbR in Mirow

Schlossinsel 6 & Granzower Chaussee 1
17252 Mirow (03 98 33) 205 13,
(03 98 33) 27 58 48 oder
(0174) 8 97 96 83
www.bootsservice-rick.de

Häfen: < ca. 1,5 km >	Schloss-insel	Granz. Chaussee
Liegeplätze:	**35**	**60**
Abwasser/Frischwasser:	–/✓	✓/✓
Bootsservice/-tankstelle:	✓/–	✓/✓
Sanitäranlagen/Strom:	✓/✓	✓/✓

Einkaufsmöglichkeiten
am Hafen und im Ort

Restaurants
Gasthof „Blaue Maus", Mecklenburger Hof,
La Casa, Schlossbrauerei

Charter
Yachtcharter Mirow: yachtcharter-mirow.eu
PUUR Yachtcharter: www.puur-yachtcharter.de

14 Precise Resort Marina Wolfsbruch

Liegeplätze: 160
Abwasser/Frischwasser: ✓/✓
Bootsservice/-tankstelle: ✓/✓
Sanitäranlagen/Strom: ✓/✓

Einkaufsmöglichkeiten
Bäckerei „Zwieback“

Restaurants
in der Anlage

Wolfsbruch 3
16831 Rheinsberg-Kleinzerlang
(03 39 21) 887 11

Charter
www.leboat.de

15 Hafendorf Rheinsberg

Liegeplätze: 50
Abwasser/Frischwasser: ✓/✓
Bootsservice/-tankstelle: ✓/–
Sanitäranlagen/Strom: ✓/✓

Einkaufsmöglichkeiten
kleiner Supermarkt

Restaurants
große Auswahl an Gastronomie im maritim Hotel + „Hafenbistro“

Hafendorfstraße 1
16831 Rheinsberg
(03 39 31) 805 45

Charter
Boat City (Kanus, Segel, Motor):
www.boat-city.de
Lanke-Charter: www.lanke-charter.de

16 Marina Inselblick Zechlin

Liegeplätze: 65
Abwasser/Frischwasser: ✓/✓
Bootsservice/-tankstelle: ✓/–
Sanitäranlagen/Strom/W-Lan: ✓/✓/✓

Einkaufsmöglichkeiten
in Kagar (3 km)

Restaurant
Hotel „Gutenmorgen“ (300 m)

Charter
Eigene Hausboote:
www.inselblick-zechlin.de

Ferienanlage INSELBLICK

Max Yachtcharter:
www.max-yachtcharter.de

Zur Beckersmühle 101
16837 Zechlin
(0162) 726 00 27
www.inselblick-zechlin.de

17 Yachthafen Rheinsberg

Liegeplätze: 35
Abwasser/Frischwasser: ✓/✓
Bootsservice/-tankstelle: ✓/–
Sanitäranlagen/Strom: ✓/✓

Einkaufsmöglichkeiten
Supermärkte im Ort Rheinsberg

Restaurants
zahlreiche in unmittelbarer Nähe

Kurt-Tucholsky-Str.
16831 Rheinsberg
(03 39 31) 386 19

Charter
Reederei Halbeck:
www.schifffahrt-rheinsberg.de

18 Yachthafen Priepert am Ellbogensee

Liegeplätze: 100
Abwasser/Frischwasser: ✓/✓
Bootsservice/-tankstelle: ✓/✓
Sanitäranlagen/Strom: ✓/✓

Einkaufsmöglichkeiten
im Kiosk vor Ort

Restaurants
„Am Yachthafen“

An der Havel 28
17255 Priepert
(03 98 28) 204 30

19 Marina am Röblinsee

Liegeplätze: ca. 65
Abwasser/Frischwasser: ✓/✓
Bootsservice/-tankstelle: ✓/✓
Sanitäranlagen/Strom: ✓/✓
Kran Service/W-Lan: ✓/✓
Stellplätze Sommer/Winterlager: ✓/✓

Einkaufsmöglichkeiten
alles im Ort

Restaurants
in Fürstenberg/Havel

Uferweg 1a, 16798 Fürstenberg
(03 30 93) 61 30 70
www.marinaroeblinsee.de

Charter
www.riverboating.com

20 Stadthafen Lychen

Liegeplätze: 20
Abwasser/Frischwasser: ✓/✓
Bootsservice/-tankstelle: –/–
Sanitäranlagen/Strom: ✓/✓

Einkaufsmöglichkeiten
Supermarkt im Ort

Restaurants
„Lindenhof“,
„Grünheide“

Berliner Straße 57
17279 Lychen
(0174) 941 01 67

Charter
BunBo BungalowBoote: www.bunbo.de

21 Marina Alter Hafen im Ziegeleipark Mildenberg

Liegeplätze: 20
Abwasser/Frischwasser: ✓/✓
Bootsservice/-tankstelle: ✓/–
Sanitäranlagen/Strom: ✓/✓
Camping/Wohnmobilstellplätze: ✓/✓
Kanu/Sportbootverleih: ✓/✓

Einkaufsmöglichkeiten
Hafenshop u.a. mit Lebensmitteln und Bootszubehör, Hafenboutique

Restaurants
Gasthaus & Pension „Alter Hafen“

Ziegelei 11, 16792 Zehdenick
OT Mildenberg, Hafenmeister
(0 33 07) 42 05 04
www.marina-alter-hafen.de

Charter Brehm & Presch Marina GbR
(0 33 07) 420 00 79
welcome@marina-alter-hafen.de

22 Marina Neuer Hafen im Ziegeleipark Mildenberg

Liegeplätze: 30
Abwasser/Frischwasser: ✓/✓
Bootsservice/-tankstelle: ✓/✓
Sanitäranlagen/Strom: ✓/✓
Slipanlage: ✓
Abstellmöglichkeit f. Fahrzeuge: ✓

Restaurants
Gasthaus & Pension „Alter Hafen“, „Bernis Café“

Ziegelei 5, 16792 Zehdenick
OT Mildenberg, Hafenmeister
(0 33 07) 42 05 04
www.marina-alter-hafen.de

Charter
Brehm & Presch Marina GbR
(0 33 07) 420 00 79
welcome@marina-alter-hafen.de
www.marina-alter-hafen.de

23 EastWest am Prerauer Stich

Liegeplätze: 120
Abwasser/Frischwasser: ✓/✓
Bootsservice/-tankstelle: ✓/Diesel
Sanitäranlagen/Strom/WLAN: ✓/✓/✓
Waschmaschine/Trockner: ✓/✓
Dauerliegeplätze/Winterlager: ✓/✓
Parkplatz: ✓/✓
Kran: ✓ bis 32 t

Einkaufsmöglichkeiten
Im Ort

Restaurant
Akropolis

Charter
EastWest Charter
www.go-eastwest.de

Verkauf
Yacht Zentrum am Prerauer Stich
www.yacht-zentrum.de

Marina Zehdenick am Prerauer Stich
Waldstraße 10, 16792 Zehdenick
(033 07) 421 80 43
info@hafen-zehdenick.de
www.go-eastwest.de/hafen

24 Schlosshafen Oranienburg mit Reisemobilstellplatz

Liegeplätze: 82
Abwasser/Frischwasser: ✓/✓
Sanitäranlagen/Strom: ✓/✓
Slipanlage/Absauganlage: ✓/✓
Dauerliegeplätze/Winterlager: ✓/✓
Waschmaschine/Trockner: ✓/✓
Parkplatz/WLAN: ✓/✓

Einkaufsmöglichkeiten
im Stadtzentrum (500 m)
- 1€ Rabatt auf den Schlosspark-Eintritt mit Tallycard (ausgenommen Sonderveranstaltungen)

Restaurants
am Schloss und im Stadtzentrum (200 m – 500 m)

Schlosshafen Oranienburg
Rungestraße 47, 16515 Oranienburg
(033 01) 52 20 450
Funk (0171) 555 20 13
schlosshafen@oranienburg-erleben.de
www.oranienburg-erleben.de

25 Steganlage Oranienburg an der TURM ErlebnisCity

André-Pican-Straße 42
16515 Oranienburg
(033 01)57 38 11 11
www.erlebniscity.de

Liegeplätze: 16
Abwasser/Frischwasser: –/–
Bootsservice/-tankstelle: –/–
Sanitäranlagen/Strom: */–

Einkaufsmöglichkeiten
zahlreiche Möglichkeiten im Ort

Restaurants
TURM-Café mit Eis, Kuchen und Snacks, TURM-Restaurant „türmchen" mit vollwertigen Gerichten
*innerhalb der Öffnungszeiten der TURM ErlebnisCity

26 Marina Lanke

Scharfe Lanke 109–131
13595 Berlin
(030) 362 00 90
www.marina-lanke.de

Liegeplätze: 480
Abwasser/Frischwasser: ✓/✓
Bootsservice/-tankstelle: ✓/✓
Sanitäranlagen/Strom: ✓/✓

Einkaufsmöglichkeiten
alles in der Stadt

Restaurants
Hafenbistro Adda und Italienisches Restaurant

Charter
Marina Lanke Hausboote
www.marina-lanke.de/hausboot-mieten

27 Altstadthafen Berlin-Spandau

Liegeplätze: 40
Abwasser/Frischwasser: ✓/✓
Bootsservice/-tankstelle: –/–
Sanitäranlagen/Strom: ✓/✓

Einkaufsmöglichkeiten
Supermarkt im Hafen

Restaurants
im Hafen

Charter
Lanke-Charter
www.lanke-charter.de

Hafenmeister:
(0151) 14 78 22 34

Altstadthafen Berlin Spandau AS GmbH & Co. KG
Frieda-Arnheim-Promenade
13585 Berlin

(030) 20 14 45 05
info@altstadthafen-spandau.de
www.altstadthafen-spandau.de

28 Marina am Tiefen See

Gleich neben dem Hans-Otto-Theater!
Schiffbauergasse 8, 14467 Potsdam
(03 31) 817 06 17
www.marina-am-tiefen-see.de

Liegeplätze: 80
Abwasser/Frischwasser: ✓/✓
Bootsservice/-tankstelle: ✓/– **(Diesel nebenan)**
Sanitäranlagen/Strom: ✓/✓

Restaurants
Restaurant „Bootshaus" mit Havelterrasse

Einkaufsmöglichkeiten
Netto und Bio-Company (300 m), 10 min bis zur historischen Innenstadt

29 Yachthafen Ringel

An der Havel 38,
14542 Werder (Havel) OT Töplitz
(03 32 02) 602 17
www.marina-ringel.de

Liegeplätze: 200
Abwasser/Frischwasser: ✓/✓
Bootsservice/-tankstelle: ✓/✓ **(Diesel)**
Sanitäranlagen/Strom: ✓/✓

Restaurants
Trattoria la Marinara

Stützpunkt der ADAC-Sportschifffahrt

Einkaufsmöglichkeiten
Hafenshop

Pension
Ferienhäuser mit Boots- und Fahrradverleih

Bootskranung bis 20 t

30 Yachtcharter Werder

Liegeplätze: 52
Abwasser/Frischwasser: –/✓
Bootsservice/-tankstelle: ✓/–
Sanitäranlagen/Strom: ✓/✓

Einkaufsmöglichkeiten
Supermärkte, Getränkemarkt, Bäcker, Drogerie und Apotheke (in ca. 1–2 km)

Restaurants in Werder
Restaurant Filterhaus, Mexikanisch – El Bandito, Italienisch – Ristorante Pane e Vino, Griechisch – LIMANI oder Fischrestaurant Arielle

Charter/Bootshalle
- Reparaturservice, Wartungs- und Inspektionsarbeiten
  www.yachtcharter-werder.de
- Verleih von SUP, Kajak und Angelkarten
  www.wassersport-werder.de

Hafen Sommersaison
Mo – Fr 8 –17 Uhr, Sa – So 10 –17 Uhr

Yachtcharter Werder
Adolf-Damaschke-Str. 35
14542 Werder (Havel)
(033 27) 54 90 72
info@yachtcharter-werder.de
www.yachtcharter-werder.de

Übersichtskarte
mit Hafen-Empfehlungen

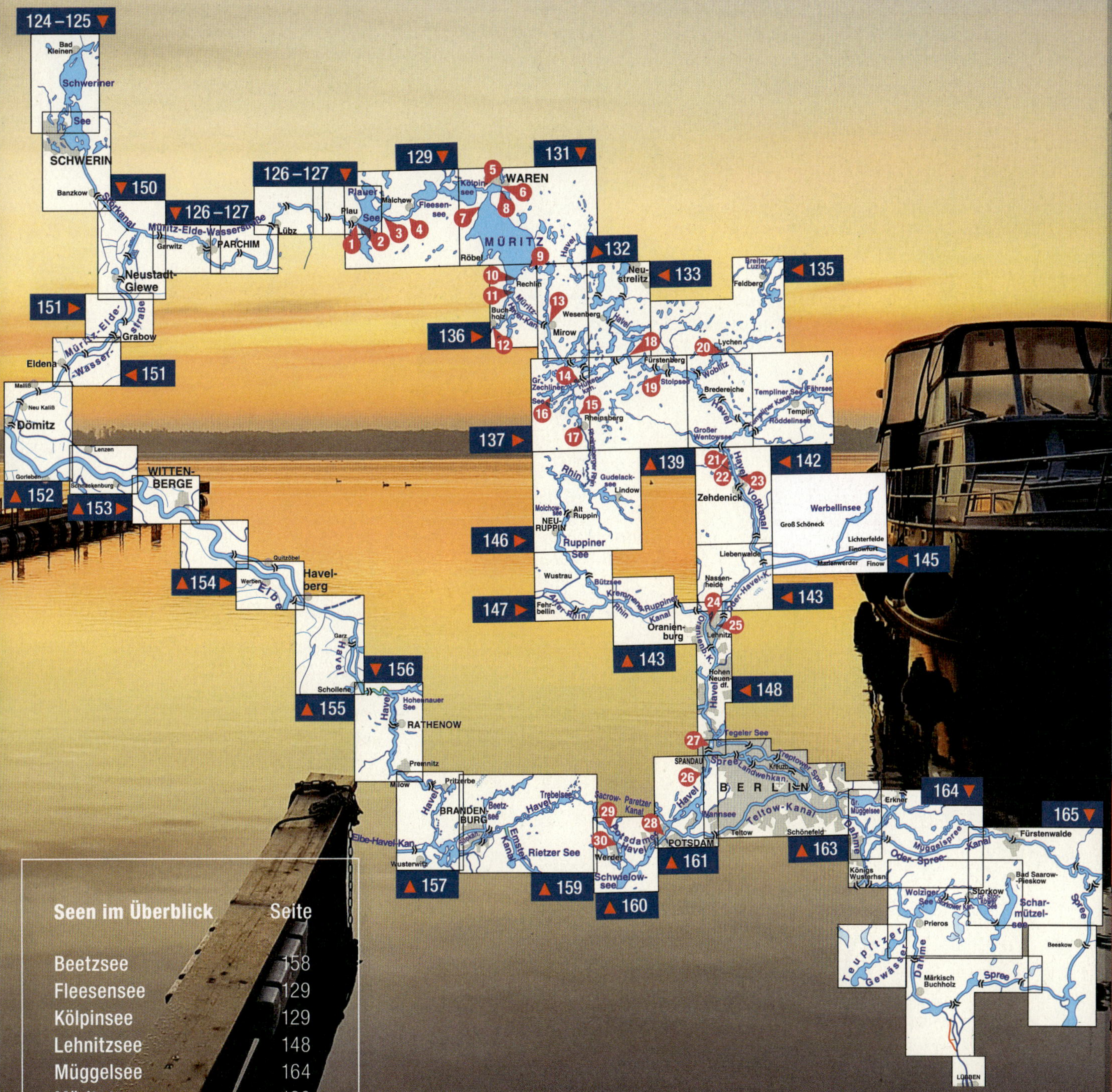

Seen im Überblick	Seite
Beetzsee	158
Fleesensee	129
Kölpinsee	129
Lehnitzsee	148
Müggelsee	164
Müritz	130
Plauer See (Brandenburg)	157
Plauer See (Mecklenburg)	128
Rheinsberger See	137
Ruppiner See	146
Scharmützelsee	165
Schweriner See	125
Schwielowsee	160
Stechlinsee	139
Tegeler See	148
Wannsee	161
Werbellinsee	145
Woblitzsee	133

00 Hafen-Empfehlungen

Auf dieser Karte ist die Nummerierung der im vorherigen Teil aufgelisteten Hafen-Empfehlungen eingetragen. Der Pin zeigt Ihnen die Lage des Hafens; in den Hafen-Empfehlungen erfahren Sie die Details.

Anschlusskarte Seite 125

Anschlusskarte Seite 124

Anschlusskarte Seite 126 oben
Anschlusskarte Seite 150 oben
weiter: kleine Karte links

Kleine Anschlusskarte Seite 125 links & Seite 150

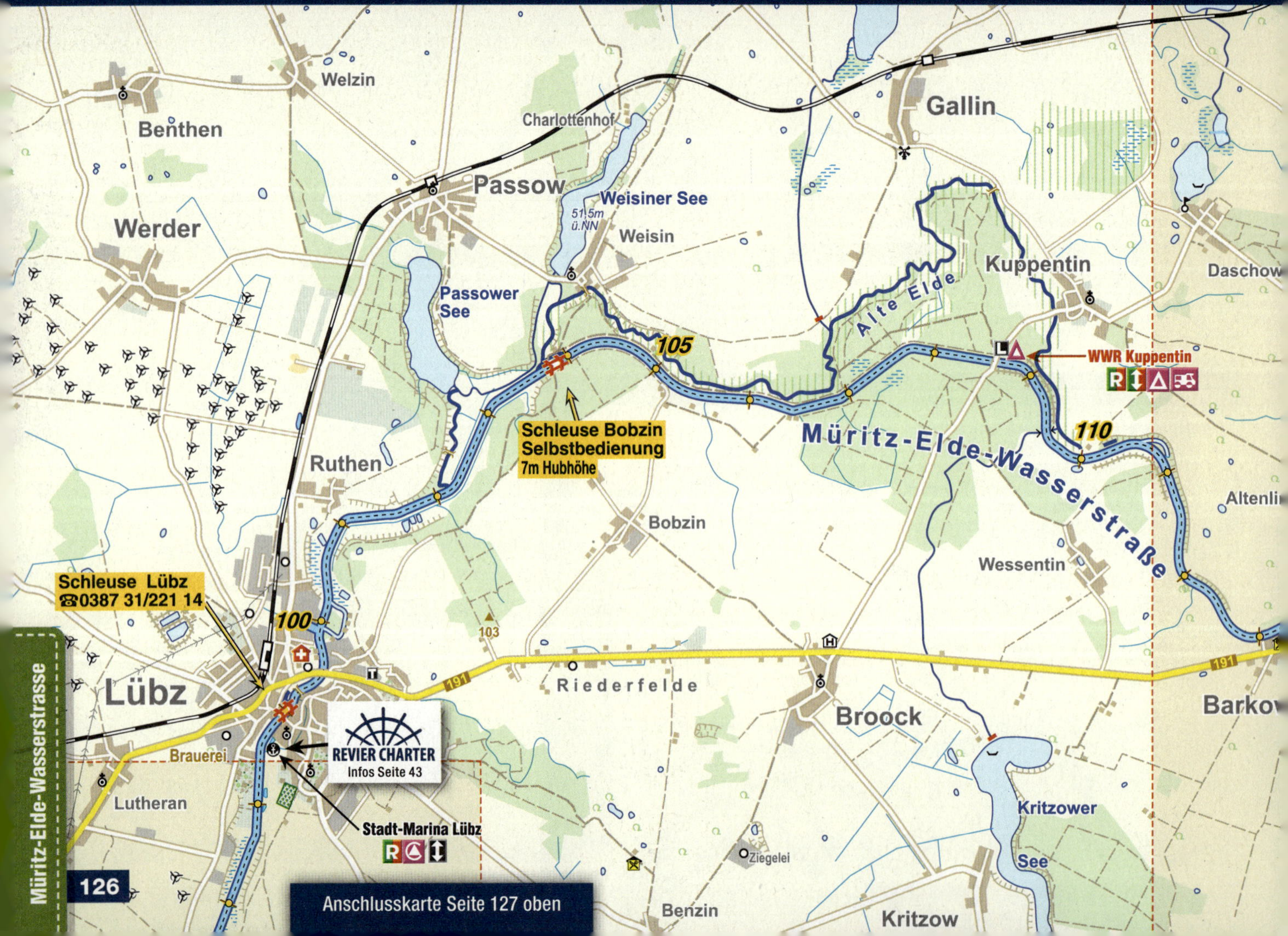

Anschlusskarte Seite 127 oben

Anschlusskarte Seite 126 unten

Anschlusskarte Seite 128

Mit Motor, aber ohne Bootsführerschein durchs Seenland

Zur Förderung von Wassersport und -tourismus schufen Mecklenburg-Vorpommern, Brandenburg, Sachsen-Anhalt, Rheinland-Pfalz und Saarland die Möglichkeit, auf ungefährlichen Wasserstraßen Sportboote mit einer „Charterbescheinigung“ zu führen. Dazu sind bestimmte Sicherheitsanforderungen zu beachten, auf die das Charterunternehmen während einer mindestens dreistündigen Einweisung hinweist. Der Charterschein gilt nur für die Dauer der Bootsmiete, auf der abgesprochenen Route und für das jeweilige Boot, und ist von einem dazu befugten Bootsvermieter erhältlich. Einige Gewässer sind nicht für Charterschein-Besitzer freigegeben; außerdem darf man nicht nachts fahren. In Brandenburg wurde bereits drei Jahre nach der Einführung jedes dritte Boot mit Charterschein gemietet. Voraussetzungen der mit Charterschein nutzbaren Boote:
Haftpflichtversicherung

- Länge von weniger als 15 Meter
- max. Geschwindigkeit 12 km/h
- max. für 12 Personen zugelassen

Wer sich vor der Fahrt über Regeln und Bestimmungen informieren möchte, kann das im Elektronischen Wasserstraßen-Informationssystem (www.elwis.de) tun.
Im Oktober 2012 wurden die Führerscheinregelungen in der Sportschifffahrt neu geregelt. Im Binnenbereich, mit Ausnahme des Rheins, der Seeschifffahrtsstraßen und der Elbe im Hamburger Hafen, dürfen Personen ab 16 Jahren seitdem auf den Binnenschifffahrtsstraßen Sportboote von weniger als 15 Meter Länge führerscheinfrei führen, sofern die Nutzleistung der Antriebsmaschine nicht mehr als 11,03 kW (15 PS) beträgt und keine gewerbsmäßige Nutzung stattfindet. Ob mit Charterschein, führerscheinfrei unter 15 PS oder mit Bootsführerschein, die nötige Umsicht und gegenseitige Rücksicht auf dem Wasser ist weiterhin oberstes Gebot.

Peter Schoh

Anschlusskarte Seite 127 unten

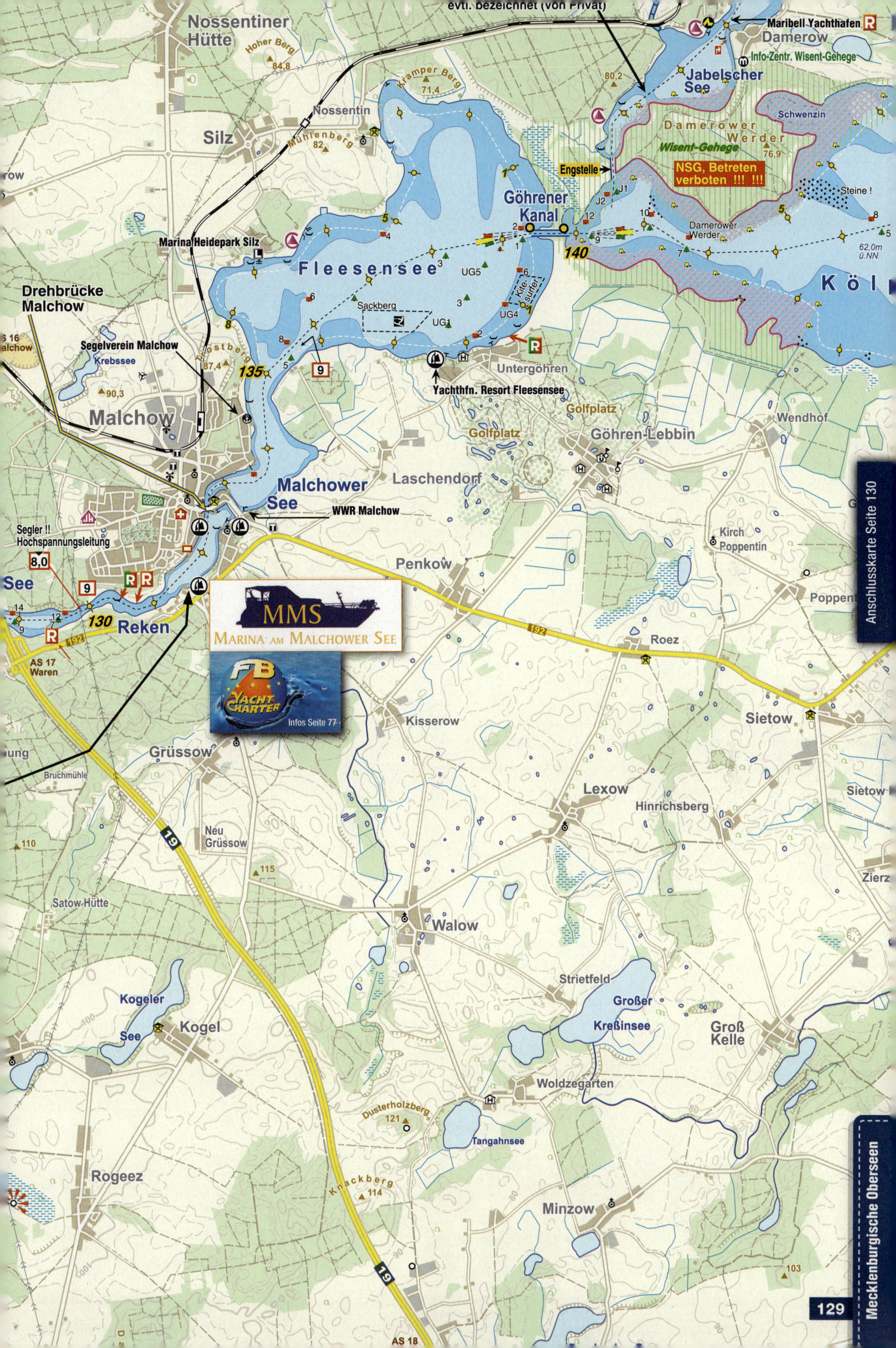

Anschlusskarte Seite 130

Anschlusskarte Seite 129

Anschlusskarte Seite 136

Mecklenburgische Seenplatte

www.KartenWerft.de

KartenWerft

Binnenkarten Atlas 2

Anschlusskarte Seite 131
Woterfitzsee
Caarpsee
58,6m ü.NN
PADDEL-PAUL
Kanuverleih
geführte Kanutouren
Klassenfahrt und Gruppentouren
Angelboote
Kanushuttle
Schillersdorf 1
17252 Mirow/OT Schillersdorf
Tel. (039829) 2 03 24
Mobil (0174) 8 27 52 30
www.paddel-paul.de
Havel
6m
hier kein
Babke
77,7
67,7
Jäthen-
see
59,2m ü.NN
Schulzenwerder
Müritz-Nationalpark
Graben 100m
Zietlitz
Leppin-
see
58,5m ü.NN
Anlieger frei
MK 760
Haveltourist
Schillersdf.
Leppiner
Heide
83,5
Roggentin
Qualzow
Großer
Kotzower
See
Schillersdorfer Teerofen
Heide
Bullowsee
Neufeld
Granzower
Tannen
5
Leussow
Granzower
Möschen
Freizeitsteg Ferienpark Mirow
Minimarina
Granzow
Anlieger frei
5
Mirower
See
Bootsservice Rick u. Rick 2
Bootsservice Rick u. Rick 1
MIROW
RV Blau-Weiß Mirow
Wasserwanderrastplatz Mirow
4,0
4,3
4,2
Hohe Brücke
Peetsch
20
58,4m ü.NN
Schulzen-
see
5
Rätz-
see
57,4m ü.NN
Anlieger frei
Zotzen-
see
Holm
58,4m ü.NN
Schwarzer
See
Mössen-
see
Mirower Holm
Fleether Mühle
70,8
Anlieger frei
15
Fleeth
Schleuse Diemitz
Anschlusskarte Seite 136
Kleinseenplatte
Anschlusskarte Seite 137

ganzjährig gesperrt
Krams-see
kte Durchfahrt entlang
nenlinien (grün) erlaubt
Prälank
Gr.-Prälank-see
Zierker See
NEUSTRELITZ
Glambecker See
Neptunclub Neustrelitz
sion Fischerhaus
Insel, li. fahren
Görtow-see
Zierz-see
Balkensperre
Wittpohl
Müritz-Nationalpark
Kakeldütt
Hohenlanke
Lindenberg
Kammerkanal
Kl.-Bürger-see
Gr.-
Wenschsee
Bauernberg
Userin
Kl.
Gr. Eichhorst-see
Roter See
68,6m ü.NN
58,8m ü.NN
Havelberge
am Woblitzsee
Camping- und Ferienpark Havelberge
17237 Userin/OT Groß Quassow
Tel. (0 39 81) 24 79 0
Fax: (0 39 81) 24 79 99
E-Mail: info@haveltourist.de
www.haveltourist.de
Useriner See
Krummer See
MK 769
Zwenzower Schleuse
Voßwinkeler Schleuse
Gleislore
50m
Groß Quassow
Schleuse Voßwinkel
!! z.T. dichtes Schilf- und Sumpfufer !!
Flacher Trebbower See
Fischsperre
Rohr
Tiefer Trebbower See
Floßgaben
Zwenzow
Felschen-see
MK 770
Useriner Mühle
Kilometer-Sprung: 1 km fehlt in der offiziellen Kilometrierung
Voßwinkel
z.Zt.
Floßgraben
Gr.-Trebbow
Zwenzower Tannen
Großer Labus-see
57,3m ü.NN
Havel
MK 780
Woblitz-
Schleuse Wesenberg
Bootsschleppe
Klein Trebbow
Klein Quassow
Below
Müritz-Nationalpark
Kleiner Labussee
Quassower Tannen
57,2m ü.NN
see
MK 785
Gr. Weißer See
WESENBERG
Kanu-Mühle
WWR Kanu-Mühle
Marina Wesenberg
Rotemoorberg
Rote Moorsee
Wasserwanderrastplatz Wesenberg
WC
Schleuse Wesenberg
Havel
gesperrt
FLOSSURLAUB MV
Naturhafen Wesenberg
Tel. (039 81) 44 22 48
flossurlaub-mv.de
Obere Havel-Wstr.
MK 790
Schwaanhavel
Ahrensberg
Havel
Drewensee
54,8m ü.NN
Y: nur f. Anlieger mit festem Liegepl. frei
Kronsberg
MK 793
Krummer
Peetschsee
nur für K, im Sommer stark verkrautet
alte überdachte Holzbrücke
Fischsperre
Fischer gutes Fi beim
Finowsee
Havel
Wangnitzsee
Woklow-see
Drosedow
Neu Drosedow
Heegesee
Plätlin-see
nur ausgetonnter Bereich erlaubt
55,0m ü.NN
Großer Priepertsee
Wustrow
Klenz-see
57,4m ü.NN
Seewalde
Hartenland
Kanustation Priepert
Radensee
Priepert
benowsee
NFH Ferienzentrum am Plätlinsee
Yachthfn. Priepert
Diesel
Yachthfn. Ferienpark zum Ellbogensee
Neu Canow
Dollbek
Canower Heide
Warberg
Buchsee
Strasen
Ellbogensee
Marina
MK810
54,5m ü.NN
Anschlusskarte Seite 134
Kleinseenplatte
Anschlusskarten Seite 138+139

Zeichenerklärung

M=1: 62.500   1 cm = 625 m

- Kanugewässer
- Rudergewässer
- -eingeschränkt befahrbar
- Motorbootgewässer
- Spundwände, Buhnen
- Anlegeverbot (NSG)
- Fluss gesperrt
- Gesperrte Wasserfläche für Motorsport
- Wasserfläche für alle Boote gesperrt
- (kleinere Seen sind nicht berücksichtigt)
- 5 Gewässer - km
  - -Zeichen für je 1km, alle 5km mit Zahl
- 10 amtliche km (schwarze Zahlen)
- gestrichelte Linien:
  - schwarz= Routen für Yachtsport
  - weiss= Routen für K+R-Sport
  - (-gleichzeitig die Strecke(n), auf der die markierten km verlaufen)
- Sieltor
- 6m Durchschnittliche Flussbreite
- kleine Brücke/Steg
- Mühle/Wehr
- Schleuse
- 2,5 Tauchtiefe
- 1,8 Durchfahrtshöhe (in m)
- 1,2 bB. bewegliche Brücke
- 8 Höchstgeschwindigkeit (km/h über Grund)

- Anlegeverbot/Ankerverbot
- Fahrverbot f. Motor/-f. Kanu
- Nacht Motor-Nachtfahrverbot
- Wassertankstelle/Wasserski
- Einfahrt verboten
- Einfahrt mit Motorkraft verboten
- Fahrwassermarkierung
- Yachthafen/Werft
- Diesel Super Tankstelle
- Liegeplatz f.Yachten/Ankerplatz
- Liegeplatz/Yachthafen mit "Gelbe Welle" Auszeichnung

farbkodierte Angaben

Kanu Rudern Motor Camping/Heim

- Einsetzen Kanu/Kanu + Rudern
- Aussetzen Kanu/Kanu + Rudern
- Ein- und Aussetzstelle
- Slipanlage bzw. Trailer-Rampe
- R Rastplatz Kanu/
- R Rastplatz Kanu+Rudern
- Kanu- / Ruder-/Yachtverein
- MK 705 Campingplatz/Biwakplatz
  - Nr. ADAC Caravaning Führer

Tiefenangaben auf Seen: 0-2m, 2-5m, tiefer 5m (Es liegen nicht für alle Binnenseen detaillierte Tiefendaten vor)

Abkürzungen:

- K R Y Kanusport/Rudersport/Yachtsport
- befahrbar
- unbefahrbar/umsetzen
- li re links/rechts
- Brücke
- !! Achtung, Gefahr
- !!! Achtung Lebensgefahr
- Wst. Wasserstand
- HW sehr hoher Wasserstand
- MW guter Wasserstand
- NW geringer Wasserstand

Detailskizzendarstellungen: ergänzende Legende

- Steilwehr/Schrägwehr
- Walze bzw. Rücklauf
- Schwall
- ?? vor Befahrung anschauen
- Paddel-/Ruderstrecke
- Motorbootroute
- Umtrageweg/Gleislore
- Brücke/Zaun
- P PKW-Parkplatz/Telefon
- € *Apotheke/Geldinstitut

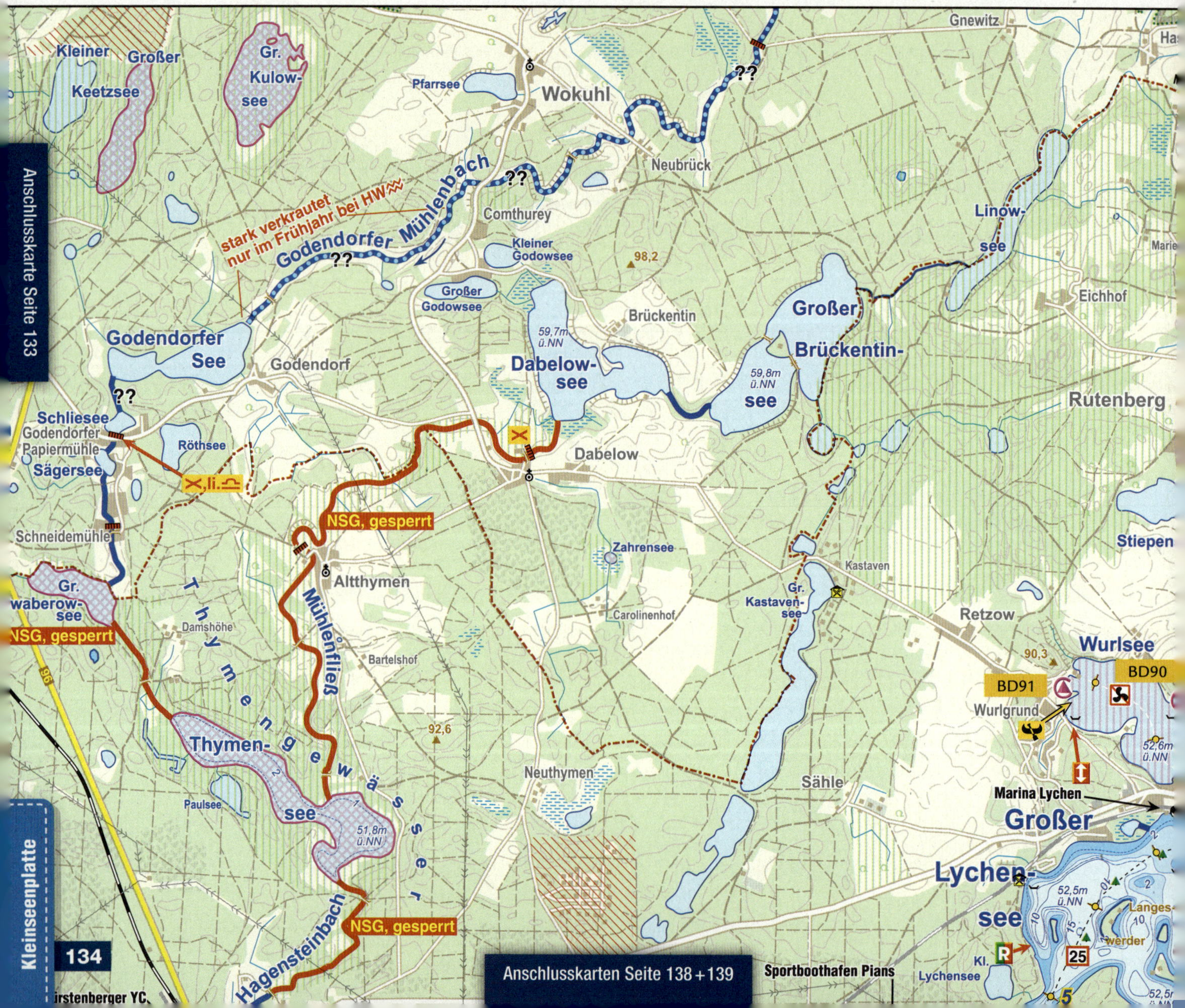

Anschlusskarte Seite 133

Anschlusskarten Seite 138+139

Anschlusskarten Seite 140

Anschlusskarte Seite 130

Anschlusskarte Seite 132

Anschlusskarte Seite 132

Anschlusskarte Seite 138

Charterschein-Revier

Auf einem Großteil der Wasserstraßen der Mecklenburgischen Seenplatte darf ein Sportboot auch ohne Sportbootführerschein gefahren werden. Zu verdanken ist dies der Charterschein-Verordnung.

Wasserstraße (WS)	von (km)	bis (km)
Stör-WS	0,0 (Mündung)	19,88 (Schweriner See)
Stör-WS	19,88 (Schweriner See)	44,70 (Hohen Viecheln) 1. Durchfahrt nur in der bezeichneten Fahrrinne 2. Fahrverbot ab Windstärke 4 Bft 3. Alle Personen müssen Rettungswesten tragen
Müritz-Elde-WS	0,95 (Schl. Dömitz)	121 (Plauer See)
Müritz-Elde-WS Plauer See	121 (Plauer See)	126 (Lenz) 1. Durchfahrt nur in der bezeichneten Fahrrinne 2. Fahrverbot ab Windstärke 4 Bft 3. Alle Personen müssen Rettungswesten tragen 4. Tel. Abruf der Befahrbarkeit beim Vercharterer vor Einfahrt 5. Tel. Meldung nach Durchfahrt
Müritz-Elde-WS	126 (Lenz)	152,50 (Klink) 1. Durchfahrt nur in der bezeichneten Fahrrinne 2. Fahrverbot ab Windstärke 4 Bft 3. Alle Personen müssen Rettungswesten tragen
Müritz-Elde-WS	152,50 (Klink)	167 (Marina Claassee) 1. Durchfahrt nur in der bezeichneten Fahrrinne 2. Fahrverbot ab Windstärke 4 Bft 3. Alle Personen müssen Rettungswesten tragen 4. Tel. Abruf der Befahrbarkeit beim Vercharterer vor Einfahrt 5. Tel. Meldung nach Durchfahrt
Müritz-Elde-WS	167 (Marina Claassee)	180 (Buchholz)
Müritz-Havel-WS	0,0 mit Haupt- und Nebenstrecken	31,8
Obere Havel-WS	15,9 (Zehdenick) mit Haupt- und Nebenstrecken	94,4 (Hafen Neustrelitz)
Obere Havel-WS	Mzk 43,95 (Liebenwalde)	15,9 (Zehdenick)
Dahme-WS	10,3 mit Haupt- und Nebenstrecken	26,04
Potsdamer Havel	28,0 Fahrverbot ab Windstärke 4 Bft auf dem Schwielowsee	0,0
Untere Havel-WS	56,0 (Brandenburg) Einschränkunden für diesen Bereich direkt beim Vercharterer erfragen	67,5 (Plaue)
Untere Havel-WS	67,5 (Plaue) mit Haupt- und Nebenstrecken	145,8 (Havelberg)
Untere-Havel-Mündungsstrecke	145,8 (Havelberg) mit Haupt- und Nebenstrecken Fahrverbot bei Wasserständen am Unterpegel Rathenow von mehr als 130 Zentimetern	156,0 (Quitzöbel)

Quelle: Binnenschifffahrt-Sportbootvermietungsverordnung, 1.1.2007

Anschlusskarte Seite 137

Anschlusskarten Seite 132 + 133
Diesel
MK810
54,5m ü.NN
Ziernsee
Ellbogensee
Kleinmenow
Steinhavelmühle
Fürstenberger YC
WWRastplatz
K-Bürstengasse
Hagensteinbach
NSG, gesperrt
Marina Fürstenberg
Ravensbrück
Schwedt-see
Gedenkstätte Ravensbrück
51,6m ü.NN
Havel
se Strasen
70
54,6m ü.NN
Großmenow
Haveltourist
92,8
Menow-see
65
Stein-förde
4,7
BD85
60
4,6
Gr.Boberowsee
Kl. Glietzensee
52,6m ü.NN
Röblinsee
5,5
Fürstenberg
Baalensee
Schleuse Fürstenberg
4,1
FLOSSURLAUB MV
Yachthafen Priepert
An der Havel 28, 17255 Priepert
Tel. (039 81) 44 22 48
flossurlaub-mv.de
59,1m ü.NN
Peetschsee
MARINA RÖBLINSEE
Uferweg 1a
16798 Fürstenberg/Havel
Tel. (03 30 93) 61 30 70
marinaroeblinsee.de
Alte Reederei
www.AlteReederei.de
+49 (0)172 322 74 21
Ausflug Urlaub Kultur
6 FeWo, 5 DZ
Boote, Kunst, Garten, Sauna, Café-Bistro, Kino
Burgersee
Tiefenbrunn
Drögen
59,6m ü.NN
88,0
Taucher-basis
Dagow-see
Dagow
Großer Stechlin-see
Neuglobsow
Fischerhs.-Stechlin
ganzjährig gesperrt
nur örtlich zugelassene Boote z.B. von Vermietern erlaubt
Str. f. PKW gesperrt
FÜRSTENBERG
Schloss
Bahnhof
Wasserwander-rast-/Zeltplatz
Stadtpark
Schwedtsee
Stadt-kirche
Kanu-Fischpass
Mühlengraben
200m
Baalensee
Havel
Röblinsee
Schleuse
Tel.:03 307-46 78 50
Müritz-Havel-W
Anschlusskarte Seite 140
Gramzow
Buchholz
Burow
25
Roofensee
Polzowkanal
20
sehr verwachsen und kaum noch
Siedlung Grunow
Menz
Zernikower Mühle
15
Polzower
Ludwigshorst
Kleinseenplatte

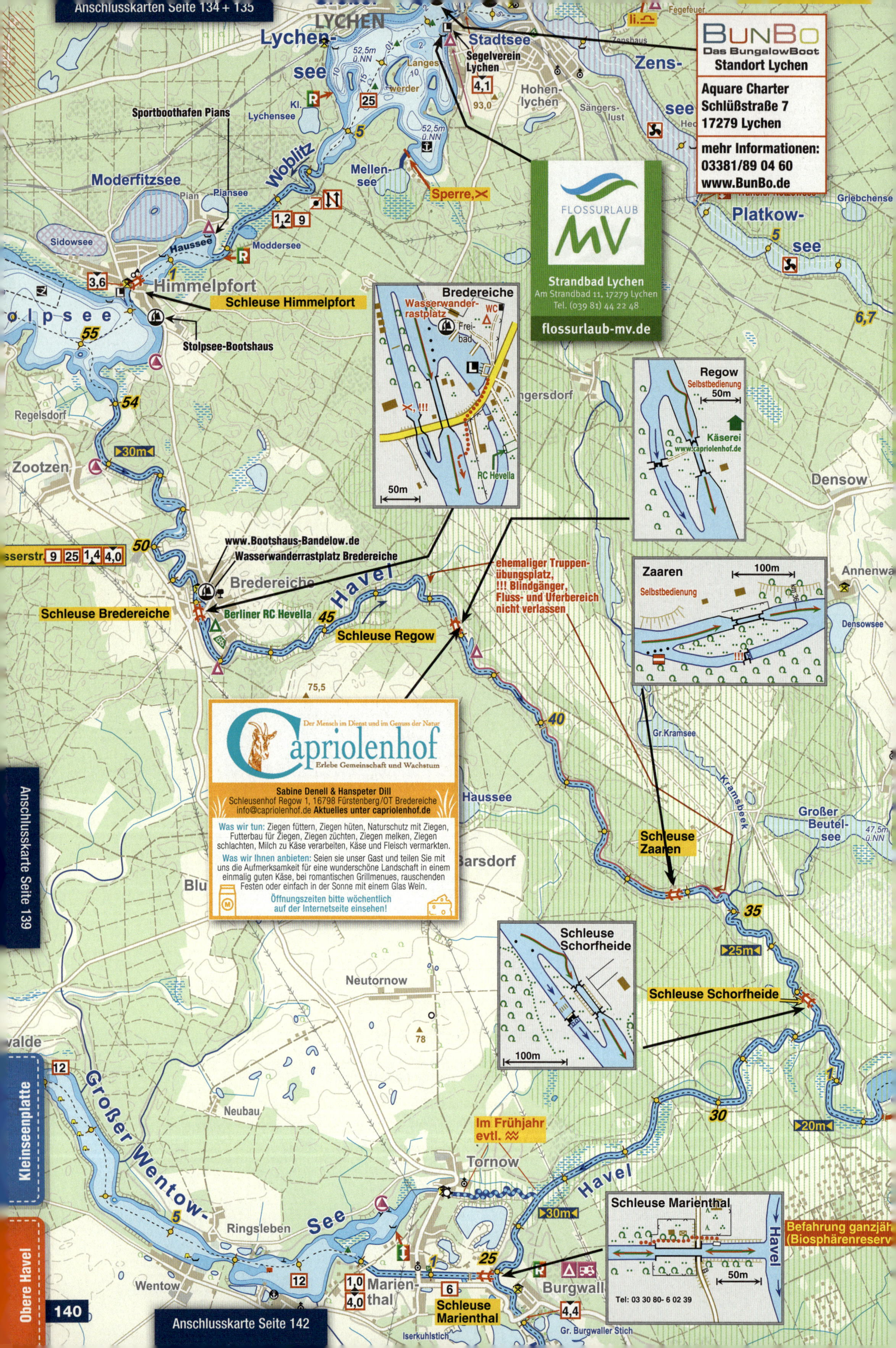

Anschlusskarten Seite 134 + 135
LYCHEN
Lychen-
see
Stadtsee
Segelverein Lychen
Zens-
see
BunBo
Das BungalowBoot
Standort Lychen
Aquare Charter
Schlüßstraße 7
17279 Lychen
mehr Informationen:
03381/89 04 60
www.BunBo.de
Sportboothafen Pians
Lychensee
Woblitz
Mellen-
see
Sperre
Moderfitzsee
Piansee
Sidowsee
Haussee
Moddersee
Himmelpfort
Schleuse Himmelpfort
Stolpsee-Bootshaus
Platkow-
see
Griebchensee
FLOSSURLAUB
MV
Strandbad Lychen
Am Strandbad 11, 17279 Lychen
Tel. (039 81) 44 22 48
flossurlaub-mv.de
Bredereiche
Wasserwander-
rastplatz
Frei-
bad
RC Hevella
50m
Regow
Selbstbedienung
50m
Käserei
www.capriolenhof.de
Regelsdorf
Zootzen
30m
www.Bootshaus-Bandelow.de
Wasserwanderrastplatz Bredereiche
Bredereiche
Havel
Schleuse Bredereiche
Berliner RC Hevella
Schleuse Regow
ehemaliger Truppen-
übungsplatz,
!!! Blindgänger,
Fluss- und Uferbereich
nicht verlassen
Zaaren
Selbstbedienung
100m
Densow
Annenwa
Densowsee
Gr.Kramsee
Kramsbeek
Der Mensch im Dienst und im Genuss der Natur
Capriolenhof
Erlebe Gemeinschaft und Wachstum
Sabine Denell & Hanspeter Dill
Schleusenhof Regow 1, 16798 Fürstenberg/OT Bredereiche
info@capriolenhof.de Aktuelles unter capriolenhof.de
Was wir tun: Ziegen füttern, Ziegen hüten, Nutztiere mit Ziegen, Futterbau für Ziegen, Ziegen züchten, Ziegen melken, Ziegen schlachten, Milch zu Käse verarbeiten, Käse und Fleisch vermarkten.
Was wir Ihnen anbieten: Seien sie unser Gast und teilen Sie mit uns die Aufmerksamkeit für eine wunderschöne Landschaft in einem einmalig guten Käse, bei romantischen Grillmenues, rauschenden Festen oder einfach in der Sonne mit einem Glas Wein.
Öffnungszeiten bitte wöchentlich
auf der Internetseite einsehen!
Haussee
Barsdorf
Schleuse
Zaaren
Großer
Beutel-
see
Anschlusskarte Seite 139
25m
Schleuse
Schorfheide
100m
Schleuse Schorfheide
Neutornow
Neubau
20m
Kleinseenplatte
Großer Wentow-
See
Im Frühjahr
evtl.
Tornow
Havel
30m
Ringsleben
Wentow
Marien-
thal
Schleuse
Marienthal
Schleuse Marienthal
Tel: 03 30 80- 6 02 39
Befahrung ganzjähr
(Biosphärenreserv
Burgwall
Gr. Burgwaller Stich
Iserkuhlstich
Anschlusskarte Seite 142
Obere Havel

Alt Placht
Netzow
Engstelle Vorsicht !
Brückentrümmer !
Kl.Dolgensee
Klosterwalder Mühle
25
Netzowsee
51,4m ü.NN
Transfer Platkowsee
Lindenhof
Knehden
20
Gleuensee
Netzowgraben
Albertshof
Bandelowshof
4,0
Miet-Draisinenverkehr
Templin - Fürstenberg
(Bahnbus-Ersatzverkehr)
Plachtweiler
Bruch-
see
3,5
51,2m ü.NN
Neu Placht
Templiner
See
Fährkrug
Fährsee
Schleuse Templin
4,0
Joachimshof
15
Stadthafen Templin
Schleuse
Kannenburg
50m
Christianshof
4,5
Waldhof
0
Post-
heim
Lübbe-
Ahrens-
dorf
1,2
3,5
6
Beutel
6,6
Schulzenfelde
Dorettenhof
TEMPLIN
Stadtmauer
Kuckucks-
heim
Röddelin
10
3
52,9m ü.NN
Großer
Mahlgastsee
Kleiner
Mahlgast-
see
Biberburg–Tours
Hohenfelde
Western-
town
Hindenburg
Reinfeld
Karlshof
See
5
Röddelinsee
Alsenhof
5
5
Hammerfließ
Gr.
Lankensee
Röllengraben
Kuhwallsee
Hammelspring
Etashof
Dargersdorf
Befahrung ganzjährig verboten
(Biosphärenreservat Schorfheide)
1
Schulzenfließ
Polsensee
1
Kl.
Wokuhlsee
Gr.Wokuhlsee
Krempfließ
Krempsee
Baßdorf
10
15
Vietmannsdorf
verboten
Schorfheide)
5
Vietmannsdorfer Graben
flache Sumpfseen,
bei Kenterung !!!
Storkow

Anschlusskarte Seite 140

Anschlusskarte Seite 143

Anschlusskarte Seite 142

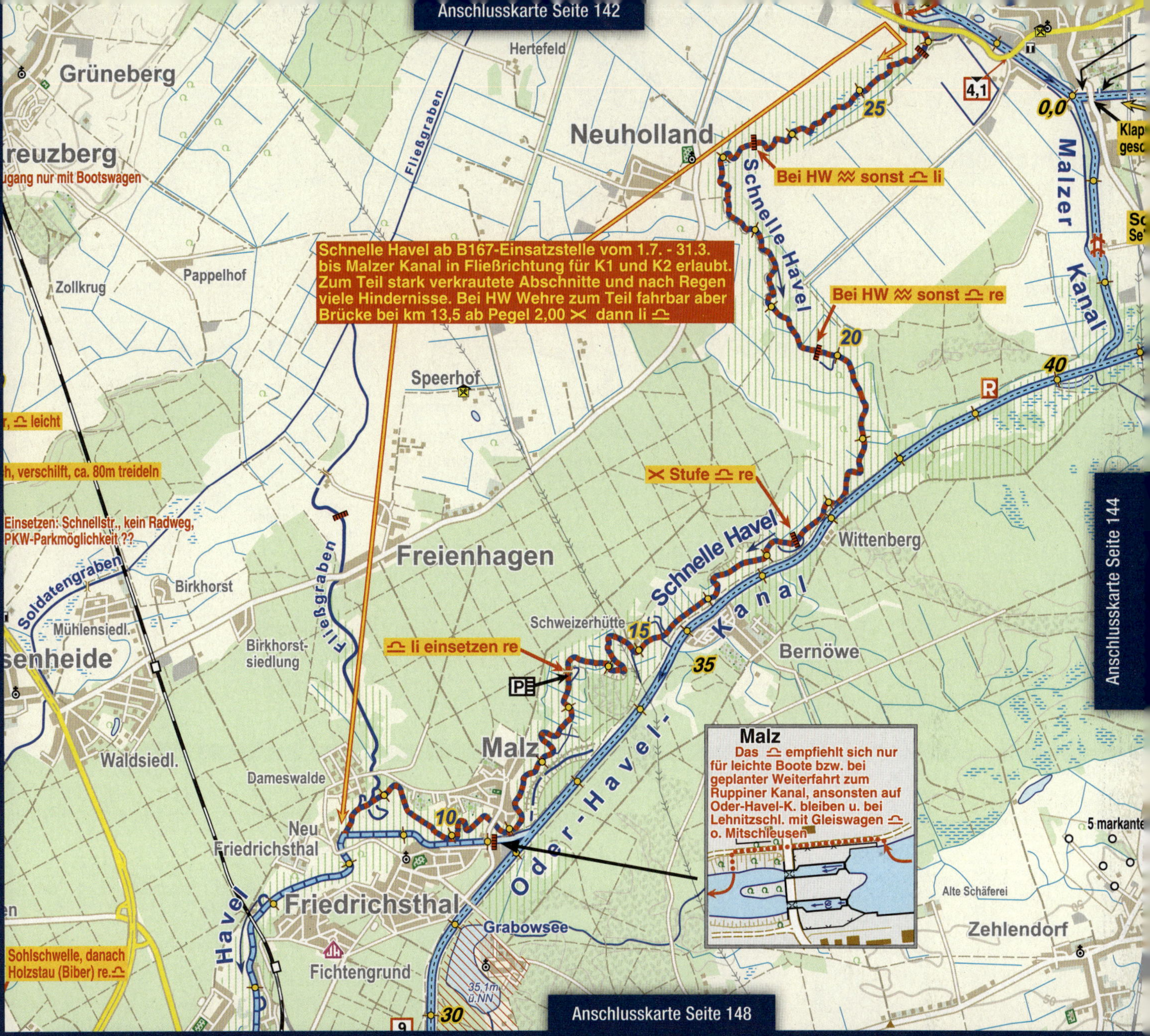

Anschlusskarte Seite 144

Anschlusskarte Seite 148

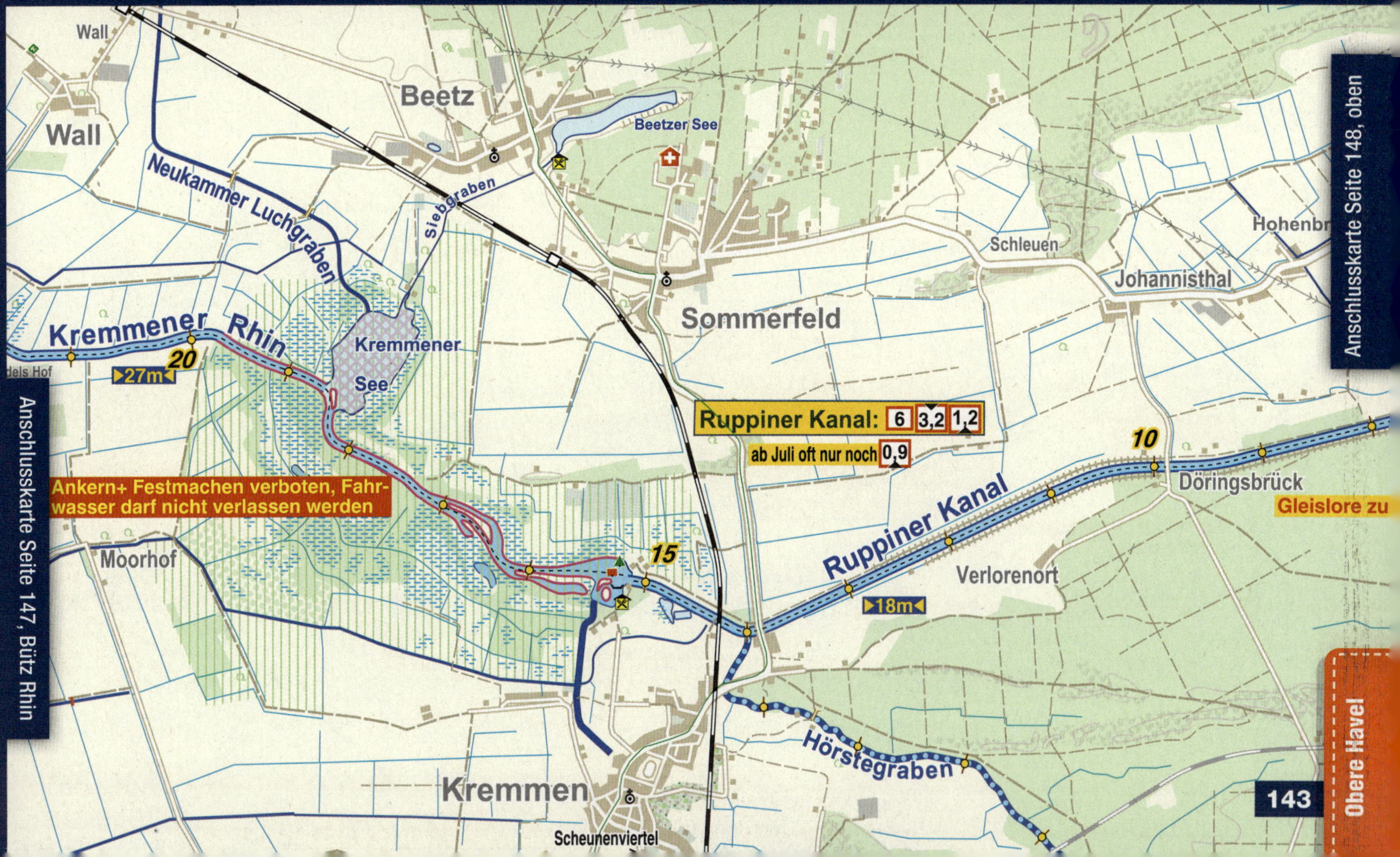

Anschlusskarte Seite 148, oben

Anschlusskarte Seite 147, Bütz Rhin

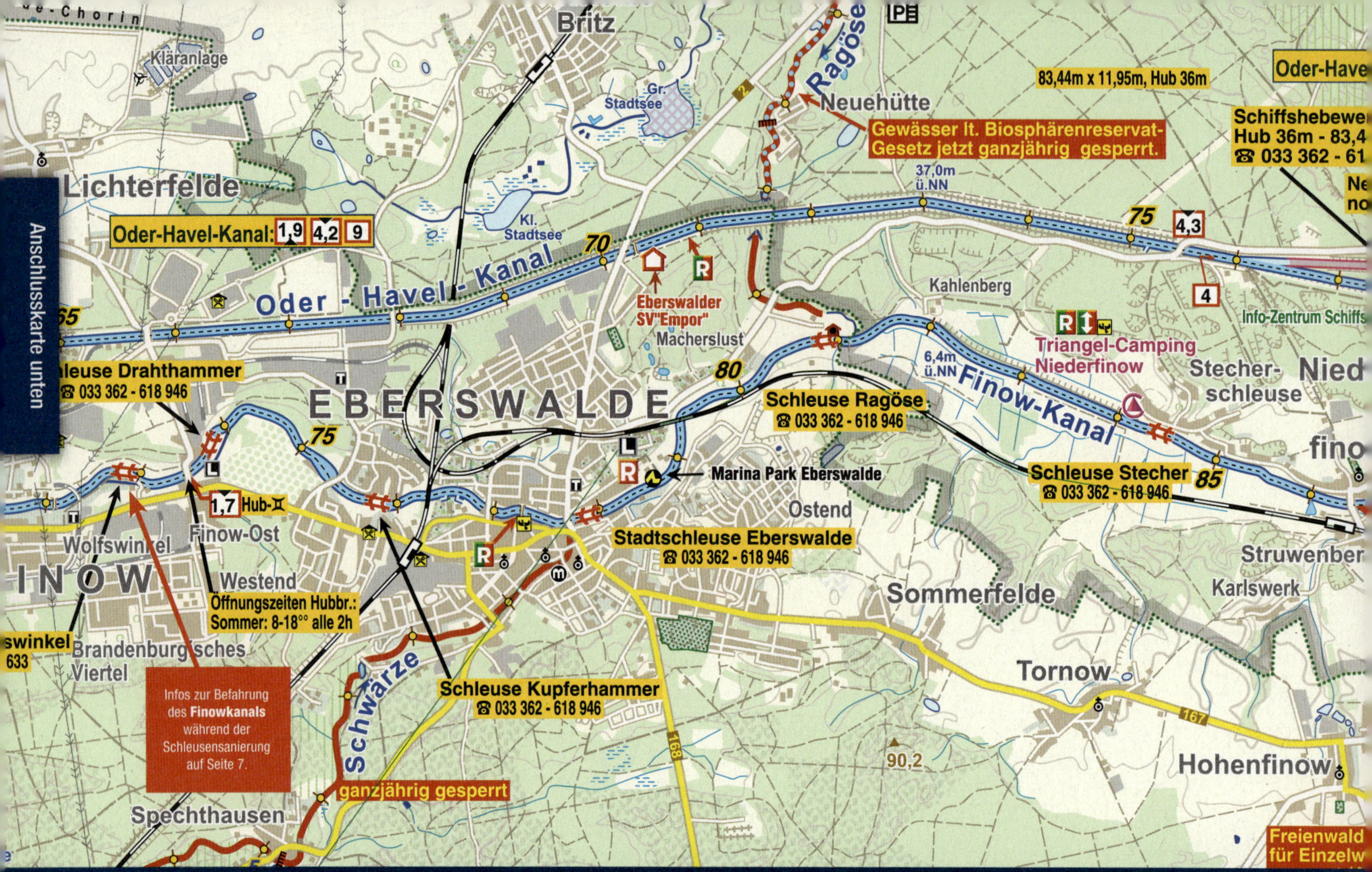
Anschlusskarte unten
Britz
Kläranlage
Gr. Stadtsee
Kl. Stadtsee
Ragöse
Neuehütte
Gewässer lt. Biosphärenreservat-Gesetz jetzt ganzjährig gesperrt.
83,44m x 11,95m, Hub 36m
Oder-Havel
Schiffshebewerk Hub 36m - 83,4
☎ 033 362 - 61
Lichterfelde
Oder-Havel-Kanal: 1,9 4,2 9
Oder - Havel - Kanal
37,0m ü.NN
70
75
4,3
4
Kahlenberg
Eberswalder SV"Empor"
Macherslust
Info-Zentrum Schiffs
Triangel-Camping Niederfinow
6,4m ü.NN
Finow-Kanal
Stecher-schleuse
Nied
fino
Schleuse Drahthammer
☎ 033 362 - 618 946
EBERSWALDE
80
Schleuse Ragöse
☎ 033 362 - 618 946
75
Marina Park Eberswalde
Schleuse Stecher
☎ 033 362 - 618 946
85
1,7 Hub-
Ostend
Wolfswinkel
Finow-Ost
Stadtschleuse Eberswalde
☎ 033 362 - 618 946
Struwenberg
FINOW
Westend
Öffnungszeiten Hubbr.: Sommer: 8-18°° alle 2h
Karlswerk
Sommerfelde
swinkel
633
Brandenburgisches Viertel
Tornow
Schwärze
Schleuse Kupferhammer
☎ 033 362 - 618 946
Infos zur Befahrung des Finowkanals während der Schleusensanierung auf Seite 7.
167
168
90,2
Hohenfinow
ganzjährig gesperrt
Spechthausen
Freienwald für Einzelw

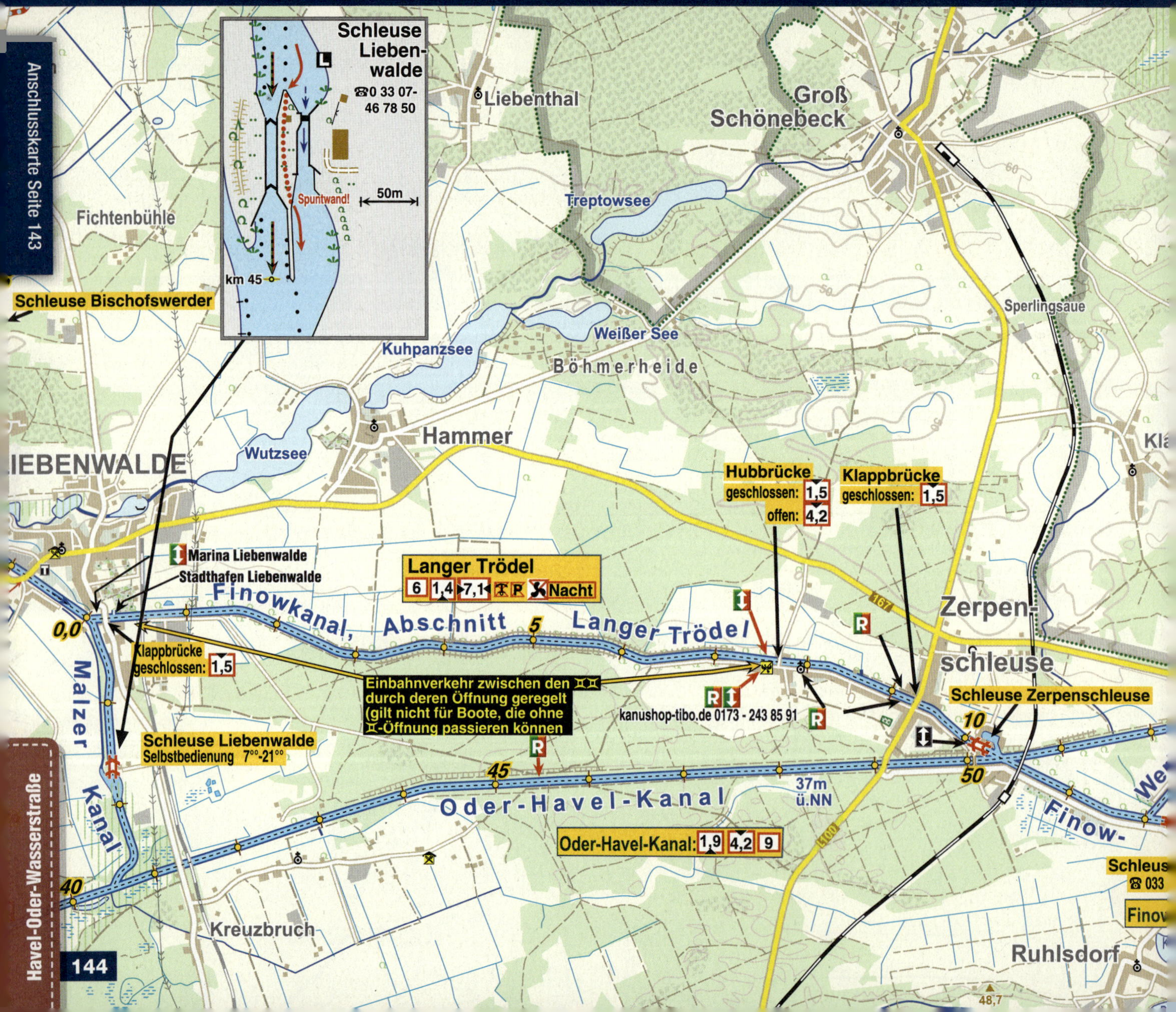
Anschlusskarte Seite 143
Schleuse Liebenwalde
☎ 0 33 07-46 78 50
Spundwand!
50m
km 45
Liebenthal
Groß Schönebeck
Fichtenbühle
Treptowsee
Schleuse Bischofswerder
Sperlingsaue
Weißer See
Kuhpanzsee
Böhmerheide
Hammer
LIEBENWALDE
Wutzsee
Hubbrücke geschlossen: 1,5 offen: 4,2
Klappbrücke geschlossen: 1,5
Marina Liebenwalde
Stadthafen Liebenwalde
Langer Trödel
6 1,4 7,1 Nacht
Finowkanal, Abschnitt Langer Trödel
5
0,0
Zerpen-schleuse
Klappbrücke geschlossen: 1,5
Einbahnverkehr zwischen den durch deren Öffnung geregelt (gilt nicht für Boote, die ohne Öffnung passieren können
kanushop-tibo.de 0173 - 243 85 91
Schleuse Zerpenschleuse
10
Malzer Kanal
Schleuse Liebenwalde
Selbstbedienung 7°°-21°°
45
50
Oder-Havel-Kanal
37m ü.NN
Finow-
Oder-Havel-Kanal: 1,9 4,2 9
40
Kreuzbruch
Ruhlsdorf
48,7
Havel-Oder-Wasserstraße

Liepe
Neues Hebewerk
Schleuse Liepe
Oderberger See
Alte Finow
ganzjährig gesperrt
Heeses Loos
Wriezener
Alte Oder
Freienwalder Landgraben
Finowkanal: 3,6 1,2 6
2,0 Klappbrücke
(Öffnungszeiten: siehe Schleusenzeiten)
Amalienhof
Broichsdorf
Falkenberg
Wendshof
Grimnitz
Joachimsthal
SSC Werbellinsee
Marina Werbellinsee
☎ 033 35-309 45
Elsenau
Michen
19,8
105,0
127
>20m Abstand zu Schilfgürteln ist einzuhalten ! Stillliegen ist in diesem Bereich für alle "Schwimmkörper" verboten!
(-im Biosphärenreservat)
DRK Wasserwacht
Waldhof
EJB Werbellinsee
Flacher Bug
Werbellinsee
6 25
15
Schloß Hubertusstock
43,3m ü.NN
Marina Altenhof
Altenhof
Schiffsanleger Altenhof
A11
Campingplatz "Am Spring", Jatour
SV Stahl-Finow
Wildau
SV Stahl-Finow-Segeln
10
Eichhorst
50m
Margarethenhof
Werbellin
AS 11 Werbellin
Buckow
Schleuse Eichhorst
☎ 033 35 - 219
Werbellinkanal: 1,2 3,4 6
IG Sportboote Rosenbecker See
Automatik-Schleuse
39,75m x 5,25m, Hub 2,94m
Schleusenzeiten: tägl. 7-21°°
siehe Hinweistafel
(auf Westseite mögl.)
35,4m ü.NN
Gr. Bukowsee
Schorfheide-Chorin
Grenze Biosphärenreservat
Üdersee
Rosenbeck
Karlshöhe
Clara-Zetkin-Siedlung
31,2m ü.NN
Grabowsee
für K möglich
Mäckersee
Langer Grund
NFH Üdersee
60
65
Pechteich
Schleuse Schöpfurt
☎ 033 35 - 451 633
Schleuse Drahthammer
☎ 033 362 - 618 94
SV-Stahl Finow
AS 12 Finowfurt
54
Hafen Marienwerder
Marina Marienwerder
Werft
25,6m ü.NN
70
Maritim Marienw.
☎ 033 35- 313 97
Marienwerder
Hubertusmühle
Finowfurt
Schleuse Heegermühle
☎ 033 35 - 451 633
Grafenbrück
Schleuse Grafenbrück
☎ 033 35 - 451 633
Grafenbrücker Mühle
>40
www.schippelschute.de
Marina "Eisvogel"
Luftfahrtmuseum
Schleuse Wolfswinkel
☎ 033 35 - 451 633
Finowkanal
Schleuse Leesenbrück
☎ 033 35 - 451 633
Pregnitzfließ
ganzjährig gesperrt
Alte Finow
Wasserski-Anlage
Anschlusskarte oben
Infos zur Befahrung des Finowkanals während der Schleusensanierung auf Seite 7.

Anschlusskarten Seite 137 + 138

Anschlusskarte Seite 147

Anschlusskarte Seite 146

Anschlusskarte Seite 143

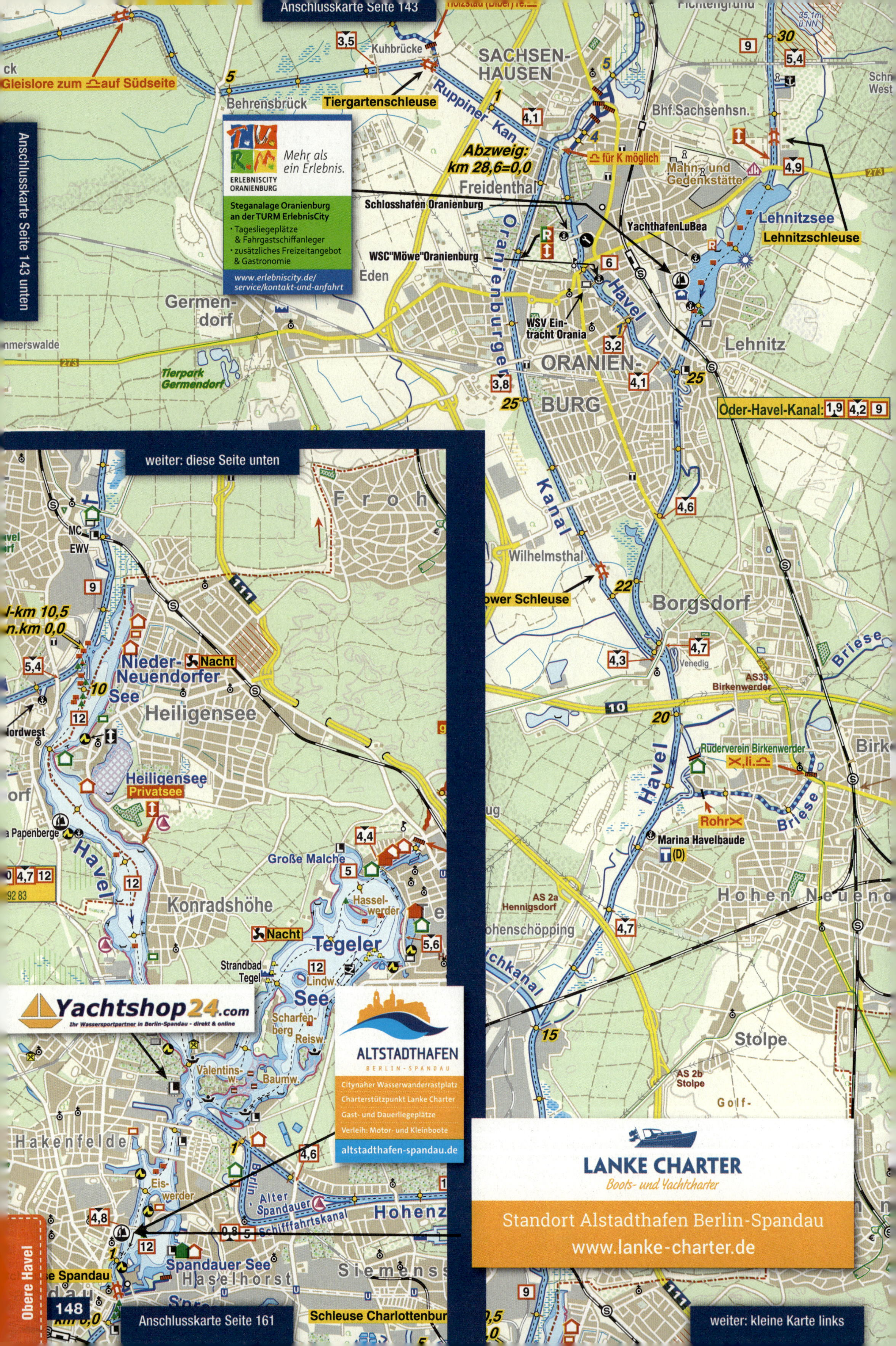

Anschlusskarte Seite 143
Anschlusskarte Seite 143 unten
Gleislore zum auf Südseite
Behrensbrück
Kuhbrücke
Tiergartenschleuse
Ruppiner Kan.
SACHSEN-
HAUSEN
Bhf.Sachsenhsn.
für K möglich
Mahn- und Gedenkstätte
Abzweig: km 28,6=0,0
Freidenthal
Schlosshafen Oranienburg
YachthafenLuBea
Lehnitzsee
Lehnitzschleuse
WSC"Möwe"Oranienburg
WSV Eintracht Orania
Eden
Germendorf
Tierpark Germendorf
Oranienburger Kanal
Havel
ORANIEN-
BURG
Lehnitz
Oder-Havel-Kanal:
Wilhelmsthal
Borgsdorf
Venedig
AS33 Birkenwerder
Briese
Ruderverein Birkenwerder
Rohr
Marina Havelbaude
AS 2a Hennigsdorf
Hohen Neuendorf
Stolpe
AS 2b Stolpe
Golf-
weiter: diese Seite unten
Froh
MC
EWV
Nieder-Neuendorfer See
Nacht
Heiligensee
Heiligensee Privatsee
Papenberge
Havel
Konradshöhe
Große Malche
Hasselwerder
Tegeler See
Strandbad Tegel
Lindw.
Scharfenberg
Reisw.
Valentinsw.
Baumw.
Hakenfelde
Eiswerder
Alter Spandauer
Berlin-Spandauer Schifffahrtskanal
Hohenz
Spandauer See
Haselhorst
Siemens
Anschlusskarte Seite 161
Schleuse Charlottenburg
weiter: kleine Karte links
TURM ERLEBNISCITY ORANIENBURG
Mehr als ein Erlebnis.
Steganlage Oranienburg an der TURM ErlebnisCity
· Tagesliegeplätze & Fahrgastschiffanleger
· zusätzliches Freizeitangebot & Gastronomie
www.erlebniscity.de/service/kontakt-und-anfahrt
Yachtshop24.com
Ihr Wassersportpartner in Berlin-Spandau - direkt & online
ALTSTADTHAFEN BERLIN-SPANDAU
Citynaher Wasserwanderrastplatz
Charterstützpunkt Lanke Charter
Gast- und Dauerliegeplätze
Verleih: Motor- und Kleinboote
altstadthafen-spandau.de
LANKE CHARTER
Boots- und Yachtcharter
Standort Alstadthafen Berlin-Spandau
www.lanke-charter.de
Obere Havel

Seenland Touren-Übersicht

In jeder **Ausgabe von Seenland** erscheinen mehrere **Tourberichte** aus den zahlreichen Regionen. Unsere Autoren beschreiben darin lebendig und lebensnah ihre **Tourerlebnisse**. Sie liefern wertvolle **Hinweise**, **Tipps** und **Inspirationen** für die eigene Urlaubsplanung. Auf **shop.magazin-seenland.de** können Sie die vergangenen **Ausgaben von Seenland** bequem nachbestellen.

Kleinseenplatte

Einsteigertaugliche, führerscheinfreie Tour mit der Motoryacht durch die Kleinseenplatte. Der Herbst bietet die perfekte Symbiose aus Kultur und Natur: Ein Hauch von Indian Summer umweht die Seen und Kanäle und die Kleinstädte zwischen Wesenberg, Rheinsberg und Fürstenberg bezeugen die reiche Geschichte der Region. Eine Hausboottour mit Kindern.

-> Tourbericht in Seenland 2020

Elbe | Elde

Als „Große Hausbootrunde" gilt die Fahrt von den Mecklenburger Seen stromabwärts auf der Havel bis zur Mündung in die Elbe, auf dieser stromab bis Dömitz und über die Elde zurück bis zur Seenplatte. Mindestens 600 km und 39 Schleusen, wenn man die Runde auf direktem Weg ohne Nebengewässer absolviert. Teil 2: Von Potsdam bis Plau am See.

-> Tourbericht in Seenland 2020

Potsdam | Havel

Bei einer Bootstour auf der Havel locken Landgänge hinter nahezu jeder Flussbiegung. Highlight der Strecke: Potsdam. Ein kulturelles Schmuckstück und das wassertouristische Zentrum der Region. Überall gilt: Die Wege zu schmucken Dörfern sind kurz, dank der zahlreichen Häfen – vom naturnahen Anleger bis hin zur modernen Marina. 6 Tage, 16,1 km, 2 Schleusen

-> Tourbericht in Seenland 2018

Müritz

Keine Schleusen versperren den Weg auf dem Wasser auf der Müritz. Lebendige Orte laden zum Landgang ein. Badestrände, Spielpätzen und Eisdielen sind Highlights für Kinder. Kurze Fahrtstrecken zwischen den Anlegern lassen Raum für Entdeckertouren ins Hinterland. Der größte See Mecklenburgs bietet beste Bedingungen für einen Charter-Bootsurlaub.

-> Tourbericht in Seenland 2020

Finowkanal

Klassikertour auf dem ältesten noch schiffbaren Kanal Deutschlands mit 12 Schleusen durch 400 Jahre Industriegeschichte. Führerscheinfrei befahrbar durch die Anbindung über den Langen Trödel an das Charterscheinrevier nördlich des Oder-Havel-Kanals. Optional verlängerbar für Crews mit Bootsführerschein zu einer Rundtour über das Schiffshebewerk Niederfinow.

-> Tourbericht in Seenland 2022

Berlin

Keine andere Metropole in Europa hat ein derart faszinierendes Wassersportrevier zu bieten wie Berlin. Selbst Venedig nimmt sich mit 38 Kilometern an schiffbaren Kanälen dagegen bescheiden aus. Die deutsche Hauptstadt bringt es auf fast die fünffache Länge an Schifffahrtsstraßen, konkret sind es 182 Kilometer innerhalb der Stadtgrenzen von Berlin.

-> Tourbericht in Seenland 2022

Ruppiner Gewässer

Die Ruppiner Gewässer sind ein Geheimtipp für Bootsurlauber, da das Revier mit Charterschein nur von der Schleuse Altfriesack bei Wustrau bis zum Viehlitzsee bei Lindow befahrbar ist. Doch selbst wer nur auf dieses kurze Stück Wasserstraße von gut 31 Kilometern beschränkt ist, sollte sich den Abstecher in das verträumte Revier gönnen. Dreitagestour auf dem Floß.

-> Tourbericht in Seenland 2020

Dahme

Die Luft Berlins ist weltbekannt, für seine von 1.000 Brücken überspannten Gewässer gilt das weniger – obwohl sie es verdient hätten. Ein Tripp mit dem Hausboot von Wildau durch neues Tesla-Land bis in die Hauptstadt. Man entdeckt den Südosten Berlins aus ungewohnter Perspektive vom Wasser aus. Das ist äußerst reizvoll und perfekt für einen Kurzurlaub.

-> Tourbericht in Seenland 2021

Peene

Die Peene ist für die Werbung zum mächtigen Amazonas des Nordens gemacht worden. Eine Bootstour hier ist beides – Abenteuer und kinderleichtes Vergnügen. Auf einer führerscheinfreien 12-Meter-Yacht geht es bei dieser Tour von der Charterbasis im Hafen Neukalen entlang der Peene über den Kummerower See bis nach Anklam und zurück zum Starthafen.

-> Tourbericht in Seenland 2021

Kanu

Nur von Mitte Juni bis Mitte Oktober zwischen 9 und 19 Uhr darf der Rheinsberger Rhin befahren werden – und das auch nur bei ausreichendem Pegelstand. Fallen jedoch die richtige Zeit und ein günstiger Pegel zusammen, ist ein echtes Kanuabenteuer für einen erlebnisreichen Sommertag garantiert. Startpunkt ist Rheinsberg, retour geht es abends per Shuttelbus.

-> Tourbericht in Seenland 2021

Pferdecamper

Stampfende Hufe als Taktgeber: Nicht hinter sieben Bergen, aber hinter mindestens so vielen grünen Hügeln – eine Handvoll Kilometer nördlich der Müritz – liegt das winzige Dorf Alt Falkenhagen. Hier erwartet Abenteuerlustige ein Urlaubserlebnis: Mit dem Planwagen, gezogen von mecklenburgischen Kaltblutpferden, durch die Mecklenburgische Seenplatte.

-> Tourbericht in Seenland 2018

Fahrrad

Der Plauer See ist der zweitgrößte See an der Mecklenburgischen Seenplatte. Zu Unrecht steht er im Schatten seiner großen Schwester, der Müritz. Die Wasserqualität ist ausgezeichnet, ein Paradies für Wassersportler und Badegäste. Auf einer Strecke von 55 Kilometern lässt sich der See auf einer Fahrradtour fast überall direkt am Ufer umrunden.

-> Tourbericht in Seenland 2022

Anschlusskarte Seite 125 unten

Anschlusskarte Seite 126 oben

Anschlusskarte Seite 151 oben

Anschlusskarte Seite 150 unten
Groß Laasch
Alte Elde
Müritz-Elde-Wasserstraße
Bek
49
AS Ludwigslust-Nord
191
Wabel
40
LUDWIGSLUST
Heidehof
Winkelmoor
35
Hechtsforthschleuse
(Selbstbedienung)
Kolbow
Ziegelscheune
AS Ludwigslust Süd
Griemoor
5
Karstädt
Hubbrücke
Öffnung: 9-19:30Uhr alle 90 Min.
geschlossen: 3,17 offen: 4,27
Schleuse Grabow
(Selbstbedienung)
Kaltehof
GRABOW
30
Prislich
Neu Karstädt
Anschlusskarte unten
4,22
Stadthafen Grabow

geschlossen: 3,17 offen: 4,27 Hubbrücke
30
4,22
GRABOW
Neu Karstädt
191
10
Stadthafen Grabow
Neu Fresenbrügge
Fresenbrügge
Schleuse Güritz
(Selbstbedienung)
Güritz
25
Eulenkrug
Alte Elde
1
5
Krohn
Wanzlitz
Anschlusskarte oben
20
und Bootshafen Witte - Eldena
Beckentin
4,8
Altona
Schleuse Eldena
Selbstbedienung
Eldena
15
Alte Elde
alter Steg 0,1 überheben
Schwarzer Berg
66
Dadow
Tegelberg
46
15
1 km/h
Stuck
Semmerin
Anschlusskarte Seite 152 oben
Kastorf
Boek

Anschlusskarte Seite 151 unten
Malliß
Stuck
Schlesiner Hof
Bockup
Kamerun
Ziegelei kanal
10
Schleuse Malliß
(Selbstbedienung)
Neu Göhren
Liepe
Raddenfort
Heiddorf
Heidhof
Klappbrücke
Schleuse Findenwirunshier
(Selbstbedienung)
Neu Kaliß
191
Schleuse Neu Kaliß
(Selbstbedienung)
Wasserwanderzentr. Dömitz
Müritz-Elde-Wasserstraße
25m
Alt Kaliß
MYC Dömitz
Floßgraben
Schleuse Dömitz
☎ 038758 - 22725
Groß Schmölen
Dömitzer KV
Laake
Alte Elde
Panorama-Café
Dömitz
Klein Schmölen
Boots-u.Motoren-service Stockmann
D+B
Binnendüne
15
Polz
Alt Eldenb
Brandleben
Rhinowkan.
<0,5 km/h
20
Gaarz
Schöpfwerk re.100m (bei Elbe-NW bis zur Elbe)
1.3.-30.6. gesperrt (bis km 12)
Breetz
Langendorf
500
Baarz
Biosphärenreservat: generelles Anlanderverbot außer in ausgewiesenen Bereichen (in Karte ohne violette Randlinie). Die mit Δ bezeichneten Biwakmöglichkeiten sind ohne WC-Einrichtungen
Anschlusskarte Seite 153 oben
Besandten
Unbesandten
Mödlich
Hafen Mödlic
keinerlei Einricht
200m
Elbe
Rosendorf
Grippel
Pretzetze
Kietz
Wootz
Vietze
495
490
Laase
Dannenberger Landgraben
Kl.Wootz
Brünk
re./li. oder
Laascher See-Ostteil+ Seege ganzj. gesperrt
Meetschow
Hafen Gorleben
WC/Du.
Gorleben
Laascher See

Lenzen/Elbe
Segelverein Lenzen
Lenzener KV
Flut
Museum Burg Lenzen
10m
Ferbitz
Hafen Lenzen
485
Motor-u.YC Lenzen
30
ungefähr in diesem Bereich soll ein ganzjähriges Befahrungsverbot bestehen (keinerlei Ausschilderung)
Gandow
8m
Lanz
Wustrow
Löcknitz
35
10m
Anschlusskarte Seite 152
Anschlusskarte unten
Pevestorf
480
Fähre Schnackenburg: 15.9.-14.4. 6-19.30 Uhr Sa.+So.: 8-19,30 Uhr 15.4.-14.9. 6-21Uhr Sa.+So.: 8-21°° Uhr
"Böser Ort"
475
Lütkenwisch
Café
Restorf
Restorfer See
Nördlicher Schaugraben
Holtorfer See
nur bei HW
Seege
Südlicher Schaugraben
Schnackenburg
Gartower See
Segelclub Gartow
Holtorf
Anlandeverbot
VSB Schnackenburg
Quarnstedt
Befahrungsverbot vom 1.3. - 30.6.
Gartow
DAN - 056
ganzjährig gesperrt (Bömenzien bis Gartow)
DAN - 057
Kapern
HW-Sperrtor (meist offen)

Jagel
Bootsclub Cumlosen
Bentwisch
470
Anlandeverbot
Cumlosen
Motrich
Lindenberg
Weisen
Anschlusskarte oben
Wentdorf
Waldhaus
Stepenitz
Hermannshof
WITTENBERGE
Brees
Müggendorf
465
Marina Nedwighfn.
Anlandeverbot
Stadthafen
re.
460
455
Vanzer
10
Wahrenberg (Storchendorf)
6,4
6,1
Garsedow
WSV Wittenberge
Anlandeverbot
Eickerhöfe
Pollitz
Losenrade
Anschlusskarte Seite 154 oben
Elbe

Anschlusskarte Seite 153 unten

Anschlusskarte Seite 153 unten

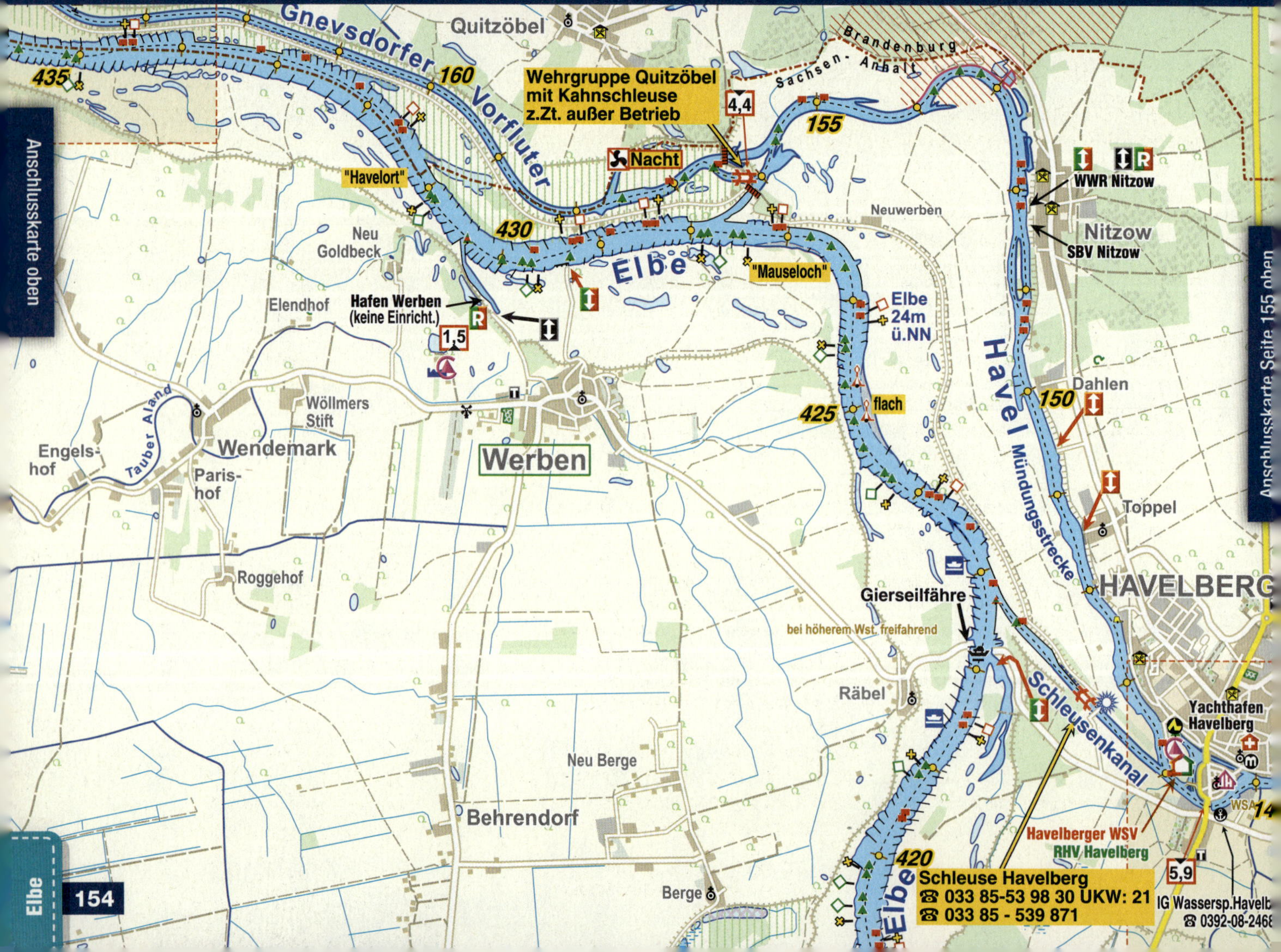

Anschlusskarte oben
Anschlusskarte Seite 155 oben

Anschlusskarte Seite 154 unten

Chartertörns absichern
Versicherungen für Crews

Essentiell für den Chartertörn ist die Skipper-Haftpflicht-Versicherung, denn sie schließt Deckungslücken, falls beispielsweise ein Schaden am Boot aufgrund grober Fahrlässigkeit abgelehnt wird, auch sind Ansprüche der Crew untereinander abgedeckt. Sollte also ein unglückliches Manöver zu einer Verletzung eines Crewmitglieds führen, sind etwaige Ansprüche gegen den Skipper abgesichert.
Eine Privathaftpflichtversicherung deckt diese Schäden in der Regel nicht. Sollte der Skipper inklusive seiner Crew keine entsprechende Versicherung abschließen, steht womöglich eine Haftung mit dem persönlichen Vermögen im Raum.
Dieses Risiko sollte jeder Skipper mit dem Abschluss einer Skipper-HaftpflichtVersicherung ausschließen. Die Deckung für die Skipper-Haftpflicht-Versicherung ist auch als 3-Tage-Tarif möglich, ab Euro 49,50 ist der kurze Törn versichert.
Fast alle Vercharterer verlangen vor Übernahme der Yacht eine Kaution. Um Unstimmigkeiten am Ende des Törns zu vermeiden, empfiehlt die Charterversicherungs-Expertin Katja Pilski die Kautionsversicherung. „Wenn der Vercharterer die Kaution einbehält, gibt es häufig Ärger. Damit die Erholung nicht gleich flöten geht, spart diese Absicherung viele Nerven." Bis auf die Reiserücktrittskosten-Versicherung, die mit der Buchung des Törns bzw. maximal 14 Tage danach abgeschlossen werden muss, können die Charterdeckungen last minute am Steg bei der Übergabe noch abgesichert werden. Einfach per Smartphone im Chartershop auf www.schomacker.de die gewünschten Leistungen auswählen und der Törn kann beginnen.
Der Abschluss einer Reiserücktrittskosten-Versicherung bei der Buchung ist für viele Chartercrews selbstverständlich, denn so kann verhindert werden, dass der Skipper und die ganze Crew auf den Kosten des Törns sitzenbleiben, falls jemand ausfällt. Enthalten ist ebenfalls die Versicherung gegen Reiseabbruch.

Katja Pilski und Connor Monaghan, Charterteam der Hamburger Yachtversicherung

Ganz wichtig zu wissen: Die Reiserücktrittskosten-Versicherung zahlt den Ausfall der gesamten Charter, wenn der Skipper oder seine engsten Angehörigen erkranken oder verstorben sind, bei Arbeitslosigkeit oder bei Antritt eines neues Jobs aus der Arbeitslosigkeit, bei Impfunverträglichkeit und auch bei erheblichen Schäden am Eigentum des Versicherten. Immer versichert ist eine Erkrankung an Covid-19. Ferner ist der Ausfall eines beliebigen Crewmitglieds aus den oben genannten Gründen versichert (hier wird der anteilige Betrag an der Charter erstattet). Falls besonders vereinbart, ist der Rücktritt von der gesamten Reise auch bei Ausfall nur eines Crewmitglieds möglich.
Jetzt kann auch eine mögliche Quarantäne im Zusammenhang mit Covid19 versichert werden. Erkrankt der Skipper, zahlt die Reiserücktrittskostenversicherung.
Ist er in Quarantäne, ist das keine Erkrankung, die Versicherung zahlt nicht. Was passiert aber, wenn die Familie am Abreisetag des gebuchten Chartertörns feststellt, dass ein Kind zwar nicht erkrankt, aber positiv auf Corona getestet wird und der Törn nun für alle nicht angetreten werden kann? Dieses Risiko lässt sich mit dem Corona-Zusatzschutz speziell für die Charterreise absichern. Der Corona-Quarantäne-Zusatzschutz tritt 14 Tage nach Buchung der Versicherung in Kraft und kann nur zusammen mit der Reiserücktrittskostenversicherung abgeschlossen werden.
Ebenfalls neu sind die Abschlussfristen für die Reiserücktrittskosten-Versicherung, die für sehr frühzeitig gebuchte Törns verlängert wurden.

Fragen beantwortet das Charterteam der Hamburger Yacht-Versicherung Schomacker gern telefonisch unter 040/36 98 49 49. Alles Infos und der Abschluss der Versicherungen: **www.schomacker.de**

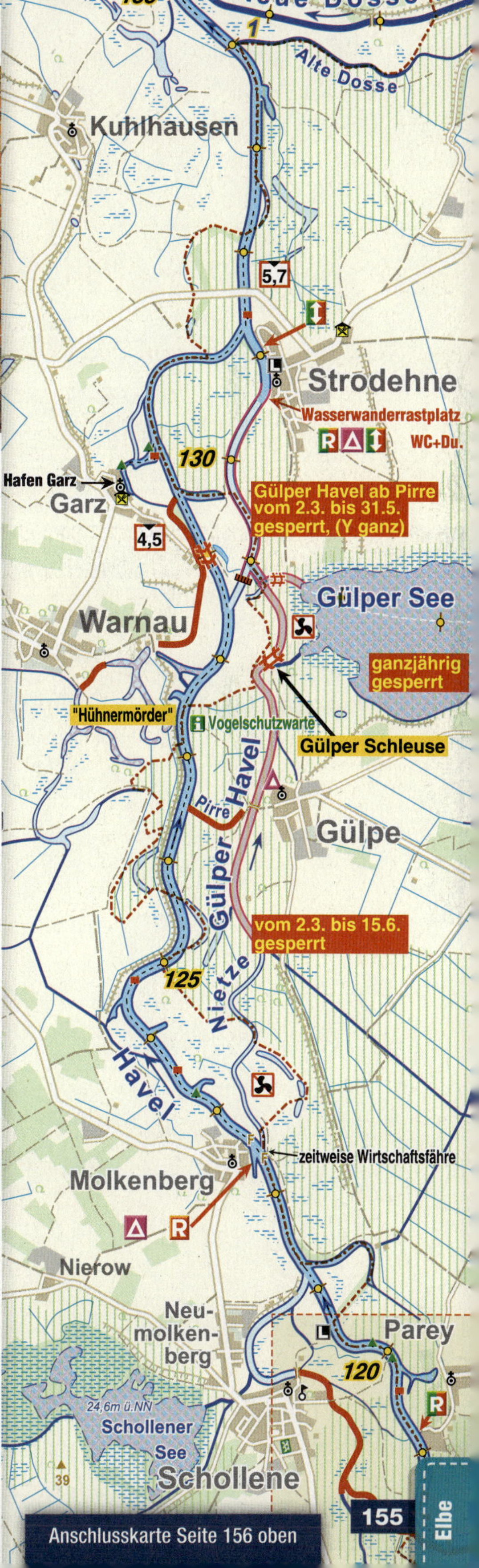

Anschlusskarte Seite 155 unten

Anschlusskarte Seite 157 oben

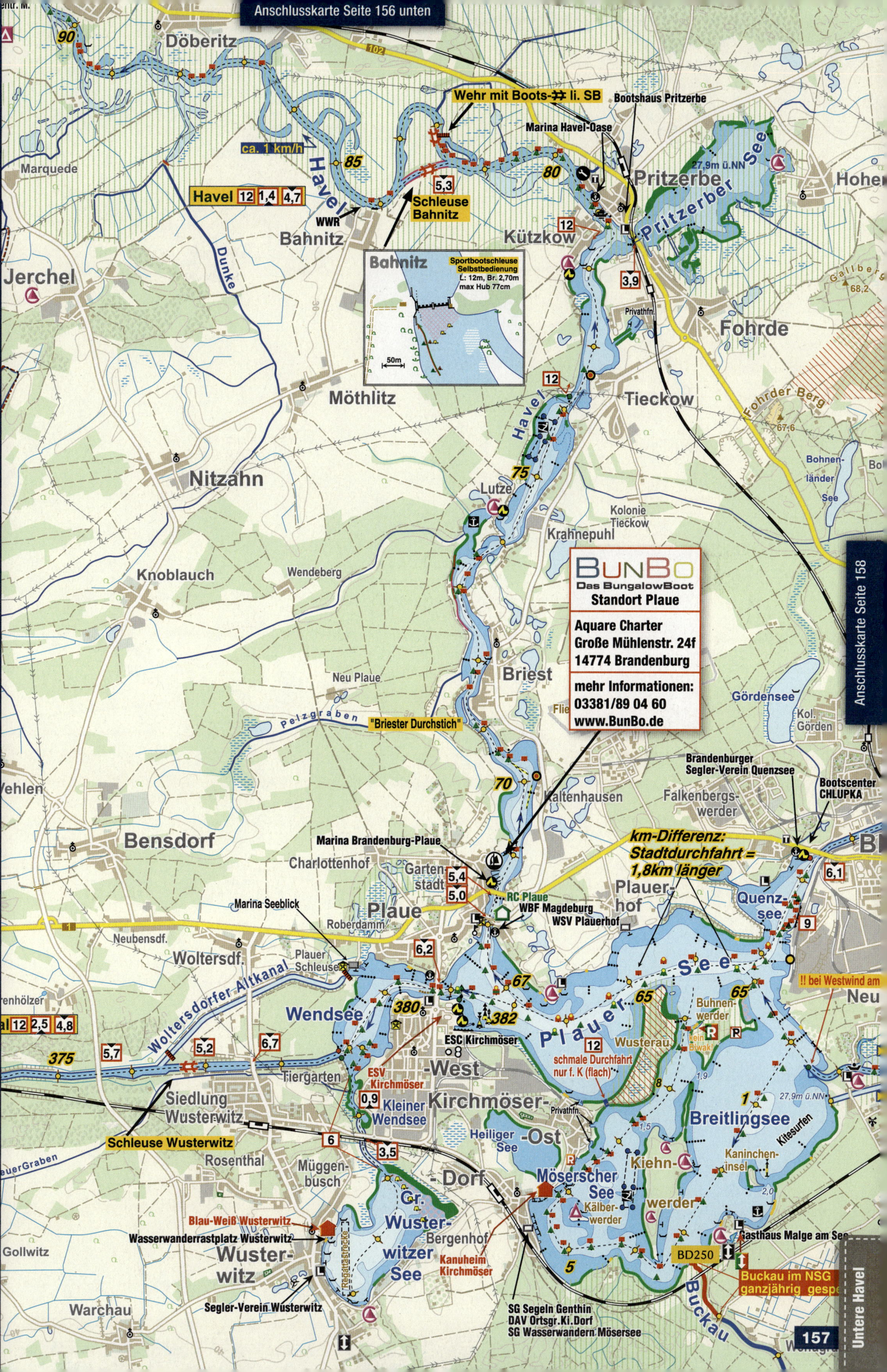

Anschlusskarte Seite 156 unten
Döberitz
90
102
Wehr mit Boots-⇄ li. SB
Bootshaus Pritzerbe
Marina Havel-Oase
ca. 1 km/h
Havel
85
80
Marquede
Havel 12 1,4 4,7
5,3
Schleuse Bahnitz
WWR
Bahnitz
Pritzerbe
27,9m ü.NN
Pritzerber See
Hohe
12
Kützkow
Dunke
Jerchel
Bahnitz
Sportbootschleuse Selbstbedienung
L: 12m, Br. 2,70m
max Hub 77cm
50m
3,9
Gallberg
68,2
Privathfn.
Fohrde
12
Möthlitz
Tieckow
Fohrder Berg
67,6
Havel
Nitzahn
75
Bohnenländer See
Lutze
Kolonie Tieckow
Krahnepuhl
Knoblauch
Wendeberg
BunBo
Das BungalowBoot
Standort Plaue
Aquare Charter
Große Mühlenstr. 24f
14774 Brandenburg
mehr Informationen:
03381/89 04 60
www.BunBo.de
Anschlusskarte Seite 158
Briest
Neu Plaue
Gördensee
Kol. Görden
Pelzgraben
"Briester Durchstich"
Brandenburger Segler-Verein Quenzsee
70
Wehlen
Kaltenhausen
Falkenbergswerder
Bootscenter CHLUPKA
Bensdorf
Marina Brandenburg-Plaue
km-Differenz: Stadtdurchfahrt = 1,8km länger
Charlottenhof
Gartenstadt
5,4
5,0
RC Plaue
WBF Magdeburg
WSV Plauerhof
Plauerhof
6,1
Quenzsee
Marina Seeblick
Plaue
Roberdamm
9
Neubensdf.
Woltersdf.
Plauer Schleuse
6,2
Woltersdorfer Altkanal
67
Plauer See
65
65
!! bei Westwind am
Neu
Wendsee
380
382
Bühnenwerder
kein Biwak!
12 2,5 4,8
375
5,7
5,2
6,7
ESC Kirchmöser
12
schmale Durchfahrt nur f. K (flach)
Wusterau
Tiergarten
ESV Kirchmöser
-West
Siedlung Wusterwitz
0,9
Kleiner Wendsee
Kirchmöser-
Privathfn.
Breitlingsee
27,9m ü.NN
Schleuse Wusterwitz
6
3,5
Heiliger See
-Ost
Kitesurfen
Kaninchen-insel
Rosenthal
Müggenbusch
Dorf
Möserscher See
Kiehnwerder
Kälberwerder
Blau-Weiß Wusterwitz
Wasserwanderrastplatz Wusterwitz
Wusterwitzer See
Bergenhof
werder
Gasthaus Malge am See
Gollwitz
Wusterwitz
Regattastrecke
Kanuheim Kirchmöser
5
BD250
Buckau im NSG ganzjährig gesp
Buckau
Segler-Verein Wusterwitz
Warchau
SG Segeln Genthin
DAV Ortsgr.Ki.Dorf
SG Wasserwandern Mösersee
Untere Havel

Anschlusskarte Seite 157

Anschlusskarte rechts

Anschlusskarte S. 160

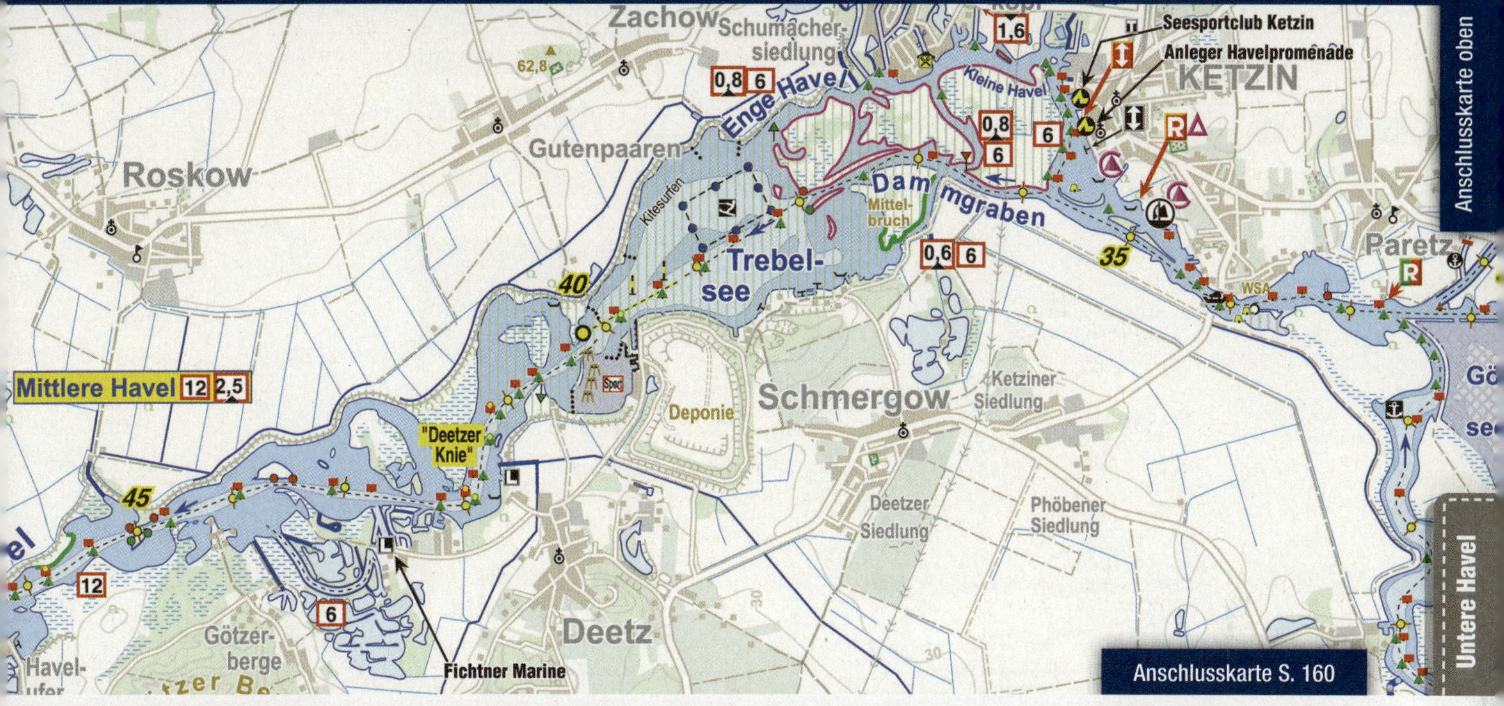

Anschlusskarte oben

Untere Havel

Anschlusskarte S. 160

Schleusenzeiten

(1. Apr – 30. Sep 2023)
Bitte informieren Sie sich unbedingt vor Fahrtantritt auf **www.elwis.de** über tagesaktuelle Betriebsänderungen.

Wasserstraße		Schleuse	Mo-Fr	Sa	So & Feiertag
Berlin-Spandauer-Schifffahrtskanal		Plötzensee	06:00 - 22:00	06:00 - 22:000	07:00 - 22:00
Dahme-Wasserstraße		Neue Mühle	08:00 - 21:00	08:00 - 21:00	08:00 - 21:00
Elbe-Havel-Kanal		Zerben/Wusterwitz	06:00 - 22:00	06:00 - 22:00	6-22 /7-19
Finowkanal bis 18.10.		Zerpenschleuse (stündlich)	08:50 - 17:50	08:50 - 17:50	08:50 - 17:50
Brücken im Abschnitt Langer Trödel		Die Taktung der Hubbrücke Forststraße Zerpenschleuse erfolgt 10:15, 13:15, 16:15 und bei Bedarf, bei den Brücken L21 Liebenwalde und Klappbrücke L100 Zerpenschleuse stündlich, genaue Infos unter: Tel. 033054/209980 sowie auf www.win-brandenburg.de.			
Infos		Infos zur Befahrbarkeit des Finowkanals (Schleuseninstandsetzung) auf www.finowkanal.info.			
Havelkanal		Schönwalde	06:00 - 22:00	06:00 - 20:00	07:30 - 19:00
Havel-Oder-Wasserstraße		Spandau Lehnitz Niederfinow Süd (Alt)) Niederfinow Nord (Neu)	06:00 - 22:00 06:00 - 21:45 09:30 - 17:30 06:00 - 22:00	06:00 - 22:00 06:00 - 21:45 06:00 - 22:00 06:00 - 22:00	07:00 - 22:00 07:00 - 21:45 06:00 - 22:00 06:00 - 22:00
Landwehrkanal		Oberschleuse und Unterschleuse	11:15 - 20:45	11:15 - 20:45	11:15 - 20:45
Lychener Gewässer		Himmelpfort	07:00 - 21:00	07:00 - 21:00	07:00 - 21:00
Müritz-Elde-Wasserstraße		Dömitz bis Plau	09:00 - 19:30	09:00 - 19:30	09:00 - 19:30
Müritz-Havel-Wasserstraße	1.6. - 31.8.	Strasen bis Mirow	07:00 - 12:00 13:00 - 21:00	07:00 - 12:00 13:00 - 21:00	07:00 - 12:00 13:00 - 21:00
	1.4. - 31.5. und 1.9. - 31.10.		09:00 - 12:00 13:00 - 18:00	09:00 - 12:00 13:00 - 18:00	09:00 - 12:00 13:00 - 18:00
Obere Havel-Wasserstraße		Liebenwalde bis Fürstenberg + Voßwinkel	07:00 - 21:00	07:00 - 21:00	07:00 - 21:00
	1.4. - 31.5. und 1.9. - 30.9.	Steinhavel & Wesenberg	09:00 - 12:00 13:00 - 18:00	09:00 - 12:00 13:00 - 18:00	09:00 - 12:00 13:00 - 18:00
	1.6. - 31.8.		07:00 - 12:00 13:00 - 21:00	07:00 - 12:00 13:00 - 21:00	07:00 - 12:00 13:00 - 21:00
Oranienburger Kanal	1.4. - 30.4.	Pinnow	08.00 - 08:45	kein Betrieb	kein Betrieb
	1.5. - 30.9.		08:00 - 08:45 (Mo-Do) 14:00 - 14:45 (Mo-Do)	Fr-So Schleusungen nur zu folgenden Zeiten: zu Tal um 7:30/12:30/17:30; zu Berg um 08:00/13:00/18:00	
Rheinsberger Gewässer		Wolfsbruch	07:00 - 21:00	07:00 - 21:00	07:00 - 21:00
Ruppiner Gewässer und Fehrbelliner Gewässer		Zeiten in den Landesgewässern: https://lbv.brandenburg.de/landeswasserstrassen-24746.html			
Spree-Oder-Wasserstraße		Charlottenburg Mühlendamm Wernsdorf - Fürstenw. Eisenhüttenstadt. Kersdorf	06:00 - 22:00 06:00 - 24:00 06:00 - 20:00 06:00 - 20:00	06:00 - 22:00 06:00 - 24:00 08:30 - 18:00 08:30 - 18:00	07:00 - 22:00 07:00 - 24:00 08:30 - 18:00 08:30 - 18:00
Storkower Gewässer	.	ab Kummersdorf	Mo - Do 08:30-18:00	Fr/Sa 9:30 - 19:00	09:30 - 19:00
Stör-Wasserstraße		Banzkow	09.00 - 19:30	09.00 - 19:30	09.00 - 19:30
Teltowkanal		Kleinmachnow	06:00 - 22:00	06:00 - 22:00	07:00 - 22:00
Templiner Gewässer	1.4. - 30.4.	Kannenburg	Die Wiedereröffnung der Schleuse ist für den Sommer 2023 avisiert.		
		Templin	07:00 - 21:00	07:00 - 21:00	07:00 - 21:00
Untere Havel-Wasserstraße		Brandenburg - Vorstadtschleuse	06:00 - 22:00	06:00 - 22:00	07:00 - 22:00
		Bahnitz bis Havelberg	08:15 - 17:45	08:15 - 17:45	08:15 - 17:45
	ab 1.5.	Stadtschleuse Rathenow	09:15 - 18:45	09:15 - 18:45	09:15 - 18:45
Brandenburger Stadtkanal		Sportbootschleuse	09:15 - 19:00	09:15 - 19:00	09:15 - 19:00

Die Nr. 1 für Sportbootkarten deutscher Binnenwasserstrassen

SeeKarten und BinnenKarten für klassische und digitale Navigation aus einer Hand – in einem Layout

Berlin und Brandenburg

www.KartenWerft.de

KartenWerft

Binnenkarten Atlas 3

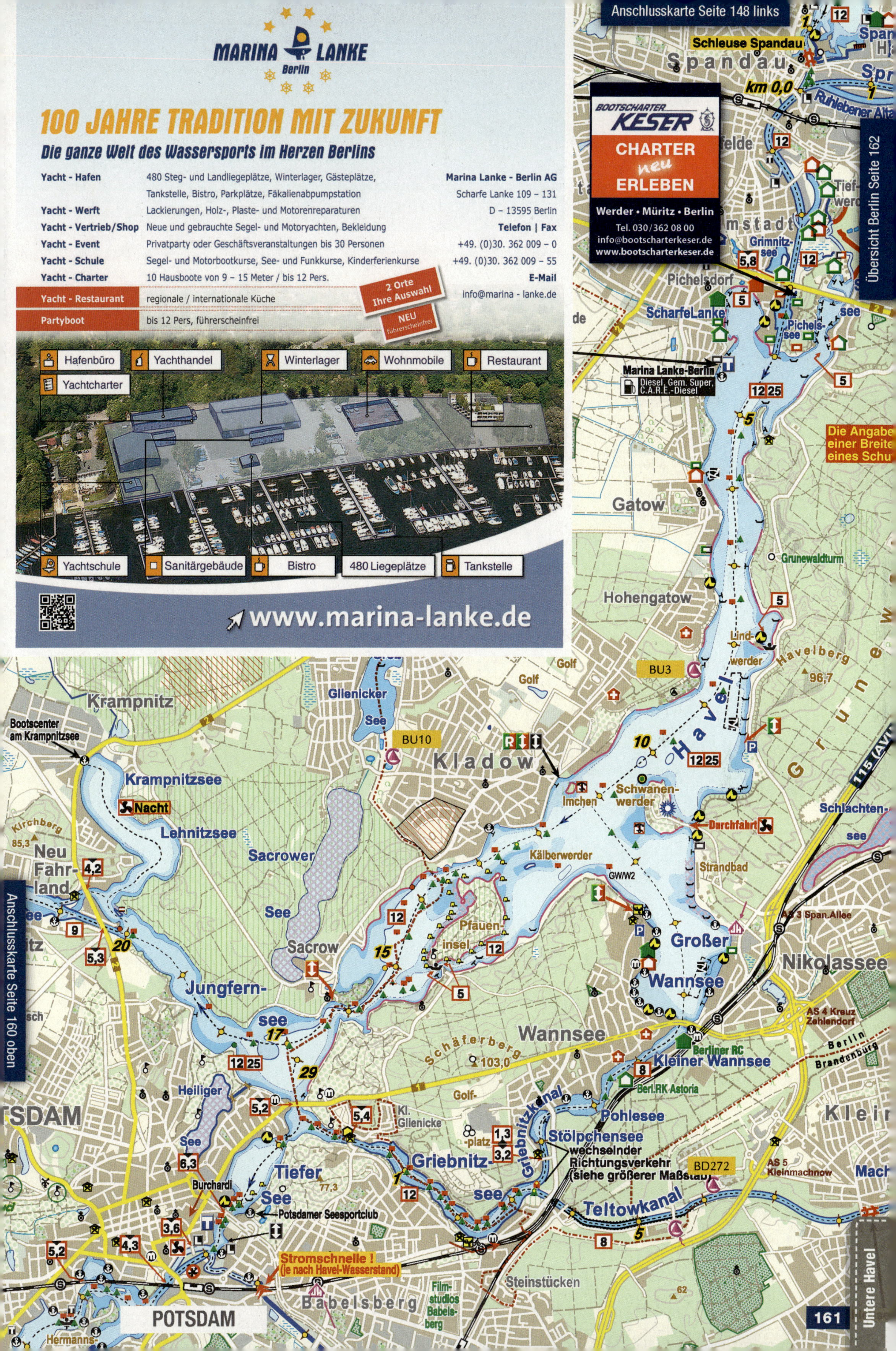

Anschlusskarte Seite 148 links
Schleuse Spandau
Spandau
km 0,0
Ruhlebener Altarm
Übersicht Berlin Seite 162
Tiefwerder
Grimnitzsee
Pichelsdorf
Scharfe Lanke
Pichelssee
Marina Lanke-Berlin
Diesel, Gem. Super, C.A.R.E.-Diesel
Die Angabe einer Breite eines Schu
Gatow
Grunewaldturm
Hohengatow
Lindwerder
Havelberg 96,7
BU3
Golf
Havel
Grunewald
Gllenicker See
BU10
Kladow
Imchen
Schwanenwerder
Durchfahrt
Schlachtensee
Kälberwerder
GW/W2
Strandbad
Krampnitz
Bootscenter am Krampnitzsee
Krampnitzsee
Nacht
Lehnitzsee
Sacrower See
Neu Fahrland
Pfaueninsel
Sacrow
Großer Wannsee
Nikolassee
AS 3 Spand.Allee
AS 4 Kreuz Zehlendorf
Berlin Brandenburg
Jungfernsee
Wannsee
Schäferberg 103,0
Berliner RC
Kleiner Wannsee
Berl.RK Astoria
Heiliger See
Kl. Glienicke
Pohlesee
Klein
Golfplatz
Griebnitzkanal
Stölpchensee
wechselnder Richtungsverkehr (siehe größerer Maßstab)
BD272
AS 5 Kleinmachnow
Mach
POTSDAM
Burchardi
Tiefer See 77,3
Potsdamer Seesportclub
Griebnitzsee
Teltowkanal
Stromschnelle ! (je nach Havel-Wasserstand)
Steinstücken
Babelsberg
Filmstudios Babelsberg
Hermanns
Anschlusskarte Seite 160 oben
Untere Havel

Wedding
Hohenzollernkanal
Plötzensee
Schleuse Plötzensee
Uni
Berlin-Spandauer Schifffahrtskanal
Siemensstadt
AS 2 Beusselstr.
Westhafen
Moabit
AD 13/4 Charlottenburg
Schleuse Charlottenburg
Westhafenkanal
Charlottenburger Verbindungskanal
Tiergarten
Für alle Sportboote gesperrt (nur Berufsschifffahrt frei)
handbetriebene Boote+Segelboote ganzjährig gesperrt
Hauptbahnhof
Prenzlauer Berg
Spree km 12
April - Okt
Alte Schleuse Charlottenburg
Spree
Bundestag
Brandenb. Tor
Spreekanal
Dom
Rathaus
Berliner S
AS 6 Spand.Damm
AS 7 Kaiserdamm
AS 8
AS 9
Charlottenburg
Zoo
Potsdamer Platz
Mitte
Mühlendammschleuse
Oberschleuse
Unterschleuse
Landwehrkanal
Landwehrkanal = Einbahnstraße in Ost-West-Richtung, !! sehr eng
Urbanhafen
Kreuzberg
marina LANKE-BERLIN
Anlegen in der Nähe des Wannsees.
Bootstankstelle
Siehe Seite 161, 172
AS 12
AS 13 Hohenz.-damm
AK 14 Wilmersdf.
AS 15 Detm.Str.
AS 16
AS Mecklenb. Str.
Kreuz Schönberg
ehem. Flugplatz
B.-Tempelhof
AS19
AS20
AS21
AS22
Neukölln
Tempelhof
Tempelhofer Hafen
Teltowkanal
Mariendorf
Motor-Rennboot-Club Berlin
Zehlendorf
Lankwitz
Lichterfelde
Marienfelde
Zehlendorfer Stichkanal
Seehof
Berlin
Brandenburg
Osdorf
Teltow
Lichtenrade
Friederikenhof
Anschlusskarte Seite 161
Berlin

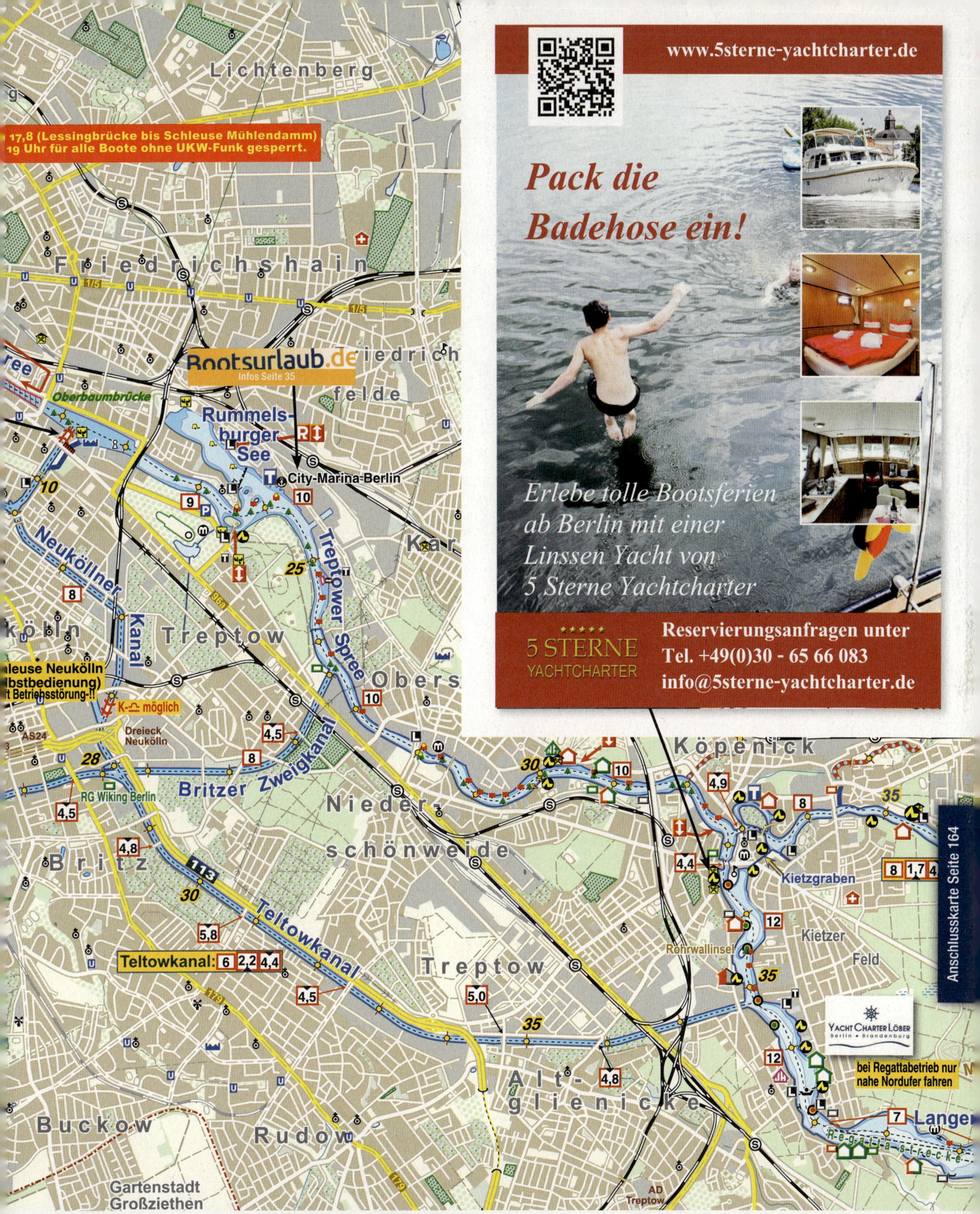
Lichtenberg
17,8 (Lessingbrücke bis Schleuse Mühlendamm)
19 Uhr für alle Boote ohne UKW-Funk gesperrt.
Friedrichshain
Bootsurlaub.de
Infos Seite 35
Oberbaumbrücke
Rummelsburger See
City-Marina-Berlin
Neuköllner Kanal
Treptower Spree
Treptow
Köln
Schleuse Neukölln
(Selbstbedienung)
bei Betriebsstörung -!!
K- möglich
Dreieck Neukölln
RG Wiking Berlin
Britzer Zweigkanal
Niederschönweide
Britz
Teltowkanal
Teltowkanal: 6 2,2 4,4
Köpenick
Kietzgraben
Kietzer Feld
Rohrwallinsel
Treptow
Altglienicke
Buckow
Rudow
Gartenstadt Großziethen
AD Treptow
bei Regattabetrieb nur nahe Nordufer fahren
Lange
Regattastrecke
Anschlusskarte Seite 164

Anschlusskarte Seite 163

Anschlusskarte Seite 165 oben

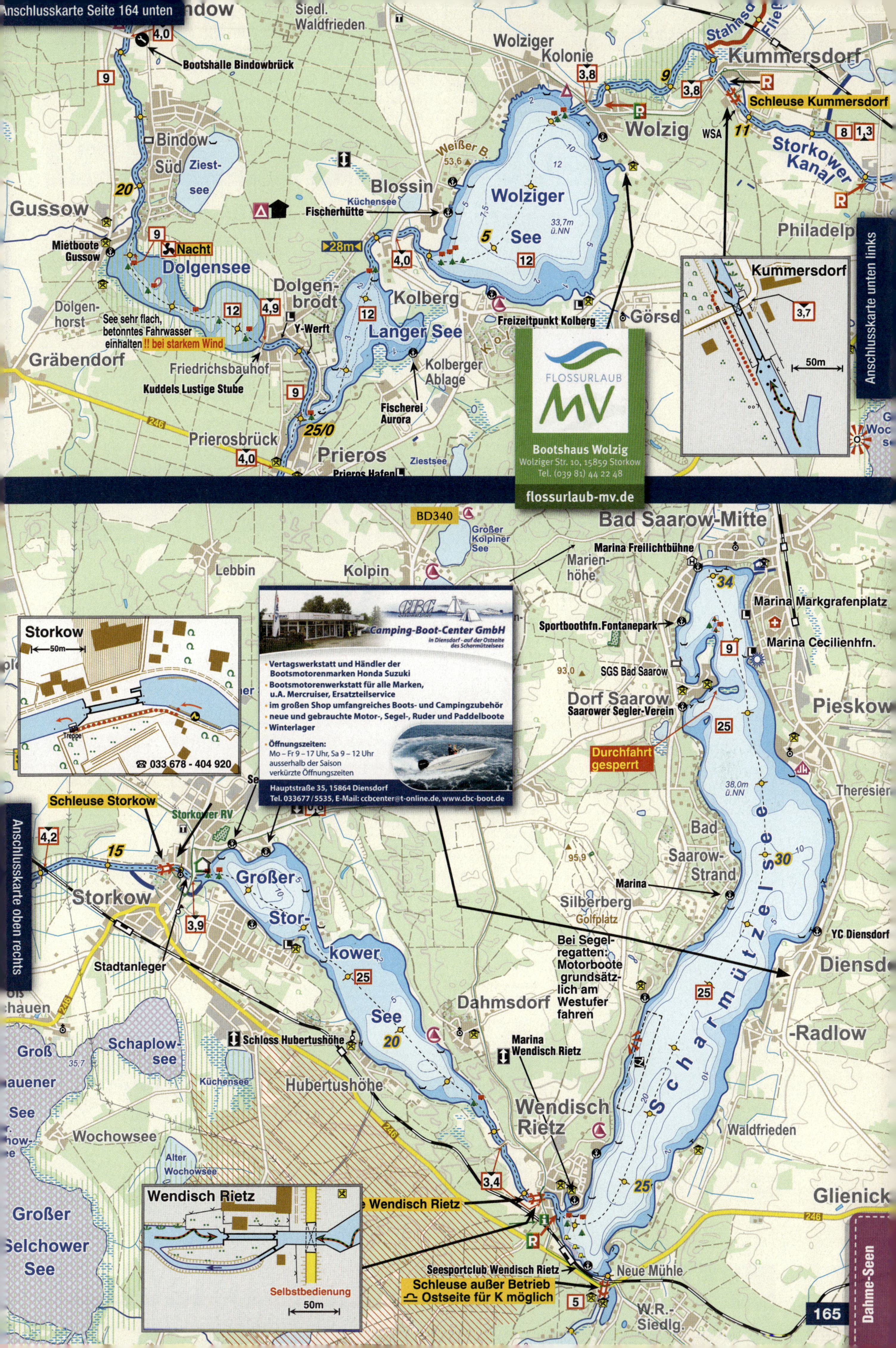
Siedl. Waldfrieden
Bootshalle Bindowbrück
Bindow-Süd
Ziest-see
Wolziger Kolonie
Kummersdorf
Stahnsdorfer Fließ
Schleuse Kummersdorf
Wolzig
WSA
Storkower Kanal
Weißer B.
Blossin
Küchensee
Fischerhütte
Wolziger See
33,7m ü.NN
Gussow
Mietboote Gussow
Nacht
Dolgensee
Dolgenbrodt
Kolberg
Langer See
Freizeitpunkt Kolberg
Görsdorf
Philadelphia
Kummersdorf
50m
Dolgenhorst
See sehr flach, betonntes Fahrwasser einhalten !! bei starkem Wind
Y-Werft
Gräbendorf
Friedrichsbauhof
Kuddels Lustige Stube
Kolberger Ablage
Fischerei Aurora
Prierosbrück
Prieros
Ziestsee
Prieros Hafen
FLOSSURLAUB MV
Bootshaus Wolzig
Wolziger Str. 10, 15859 Storkow
Tel. (039 81) 44 22 48
flossurlaub-mv.de
Anschlusskarte unten links
BD340
Großer Kolpiner See
Bad Saarow-Mitte
Lebbin
Kolpin
Marina Freilichtbühne
Marienhöhe
Marina Markgrafenplatz
Sportboothfn. Fontanepark
Marina Cecilienhfn.
SGS Bad Saarow
Dorf Saarow
Saarower Segler-Verein
Pieskow
Durchfahrt gesperrt
38,0m ü.NN
Theresienhof
Storkow
50m
Treppe
033 678 - 404 920
CBC Camping-Boot-Center GmbH
in Diensdorf - auf der Ostseite des Scharmützelsees
Vertagswerkstatt und Händler der Bootsmotorenmarken Honda Suzuki
Bootsmotorenwerkstatt für alle Marken, u.A. Mercruiser, Ersatzteilservice
im großen Shop umfangreiches Boots- und Campingzubehör
neue und gebrauchte Motor-, Segel-, Ruder und Paddelboote
Winterlager
Öffnungszeiten:
Mo – Fr 9 – 17 Uhr, Sa 9 – 12 Uhr
ausserhalb der Saison verkürzte Öffnungszeiten
Hauptstraße 35, 15864 Diensdorf
Tel. 033677 / 5535, E-Mail: ccbcenter@t-online.de, www.cbc-boot.de
Schleuse Storkow
Storkower RV
Anschlusskarte oben rechts
Storkow
Großer Storkower See
Stadtanleger
Bad Saarow-Strand
Marina
Silberberg
Golfplatz
YC Diensdorf
Bei Segelregatten: Motorboote grundsätzlich am Westufer fahren
Diensdorf
Scharmützelsee
Dahmsdorf
-Radlow
Schaplowsee
Schloss Hubertushöhe
Küchensee
Hubertushöhe
Marina Wendisch Rietz
Wendisch Rietz
Waldfrieden
Wochowsee
Alter Wochowsee
Großer Selchower See
Wendisch Rietz
Schleuse Wendisch Rietz
Glienicke
Selbstbedienung
50m
Seesportclub Wendisch Rietz
Schleuse außer Betrieb
Ostseite für K möglich
Neue Mühle
W.R.-Siedlg.
Dahme-Seen

Branchenübersicht

Abwasserentsorgung

BERLIN
Altstadthafen Berlin-Spandau
AS GmbH & Co. KG
Frieda-Arnheim-Promenade
13585 Berlin
(030) 20 14 45 05

Marina Lanke-Berlin AG
Scharfe Lanke 109–131
13595 Berlin
(030) 36 20 09-0

BREDEREICHE
Bootshaus-Bandelow
Dorfstr. 8
16775 Bredereiche
(03 30 87) 523 10

BUCHHOLZ
Marina Buchholz
Seepromenade 1
17209 Buchholz
(0152) 34 04 02 21

FLECKEN ZECHLIN
Ferienanlage Inselblick
Zur Beckersmühle 101
16837 Flecken Zechlin
(0162) 726 00 27

FÜRSTENBERG/Havel
Marina am Röblinsee
Uferweg 1a
16798 Fürstenberg/Havel
(03 30 93) 61 30 70

MIROW
Bootsservice Rick & Rick GbR
Schlossinsel 6
17252 Mirow
(03 98 33) 205 13

RHEINSBERG
Reederei Halbeck
Markt 11
16831 Rheinsberg
(03 39 31) 386 19

ZEHDENICK
Brehm & Presch Marina GbR
Ziegelei 11a
16792 Zehdenick
(033 07) 42 05 04

Marina Zehdenick
am Prerauer Stich GmbH
Waldstraße 10
16792 Zehdenick
(033 07) 421 80 43

Angelbootsverleih

BERLIN
Altstadthafen Berlin-Spandau
AS GmbH & Co. KG
Frieda-Arnheim-Promenade
13585 Berlin
(030) 20 14 45 05

BUCHHOLZ
Marina Buchholz
Seepromenade 1
17209 Buchholz
(0152) 34 04 02 21

FLECKEN ZECHLIN
Ferienanlage Inselblick
Zur Beckersmühle 101
16837 Flecken Zechlin
(0162) 7 26 00 27

KLEINZERLANG
Boot & Mehr
Am Kleinen Pälitzsee
16831 Kleinzerlang
(03 39 21) 702 16

NEURUPPIN
Boat City Neuruppin
Zum Schwanenufer 17
16816 Neuruppin
(033 91) 40 56 99

RHEINSBERG
Boat City
Im Hafendorf Rheinsberg
16831 Rheinsberg
(03 39 31) 805 45

Bootsfahrschule

BERLIN
Marina Lanke-Berlin AG
Scharfe Lanke 109–131
13595 Berlin
(030) 36 20 09-0

NEURUPPIN
Boat City Neuruppin
Zum Schwanenufer 17
16816 Neuruppin
(033 91) 40 56 99

RHEINSBERG
Boat City
Im Hafendorf Rheinsberg
16831 Rheinsberg
(03 39 31) 805 45

WERDER/Havel
Marina Zernsee
Zur Uferaue 13–14
14542 Werder/Havel
(033 27) 420 49

Bootsservice

BENSHEIM
Suzuki Deutschland GmbH
Suzuki-Allee 7
64625 Bensheim
marine.suzuki.de

BERLIN
Yachtshop24.com
Werderstraße 50
13587 Berlin
(0179) 537 29 33

DIENSDORF
Camping-Boot-Center
Hauptstraße 35
15864 Diensdorf
(03 36 77) 55 35

FÜRSTENBERG/Havel
River Boating GmbH
Uferweg 1a
16798 Fürstenberg/Havel
(03 30 93) 61 30 70

KLINK
Hafen Klink
Hafenstraße 6
17192 Klink/Müritz
(039 91) 63 47 41
(0152) 54 15 96 41

MIROW
Bootsservice Rick & Rick GbR
Schlossinsel 6
17252 Mirow
(03 98 33) 205 13

NEURUPPIN
Bootscenter Neuruppin
Hugo-Eckener-Ring 5
16816 Neuruppin
(033 91) 4 00 38 66

RECHLIN
Müritz-Yacht-Technik GmbH
Müritzstraße 65
17248 Rechlin
(03 98 23) 270 82

Woterfitz – Boote
aus Leidenschaft
Ahornstraße 18
17248 Rechlin / Müritz
(03 98 23) 214 43

RHEINSBERG
Boat City
Im Hafendorf Rheinsberg
16831 Rheinsberg
(03 39 31) 805 45

Reederei Halbeck
Markt 11
16831 Rheinsberg
(03 39 31) 386 19

RÖBEL/Müritz
Bootscenter Müritz e. K.
Plauer Str. 5
17207 Röbel/ Müritz
(03 99 31) 159 50

WAREN (Müritz)
Bootcharter Jörg Malow
Pestalozzistr. 18
17192 Waren
(039 91) 16 56 88

WERDER/Havel
Marina Zernsee
Zur Uferaue 13 – 14
14542 Werder/Havel
(033 27) 420 49

Yachtcharter Werder
A.-Damaschke-Str. 35
14542 Werder/Havel
(033 27) 54 90 72

Yachthafen Ringel
An der Havel 38
14542 Werder/Havel
(03 32 02) 602 17

ZEHDENICK
Yacht Zentrum
am Prerauer Stich GmbH
Waldstraße 10
16792 Zehdenick
(01 73) 192 70 62

Campingplätze

BERLIN
Pension Löber
Müggelbergallee 1
12557 Berlin
(030) 65 47 44 25

BŒKER MÜHLE
Naturcamping Bolter Kanal
Am Müritzufer 6
17248 Bœker Mühle
(03 98 23) 25 30

GROSS QUASSOW
Camping- und Ferienpark
Havelberge
An den Havelbergen 1
17237 Userin / OT Groß
Quassow
(039 81) 247 90

HIMMELPFORT
Campingpark Himmelpfort
Am Stolpsee 1
16798 Himmelpfort
(03 30 89) 412 38

PRIEPERT
Campingplatz am Ziernsee
Camping- und Ferienpark
Havelberge
An den Havelbergen 1
17237 Userin / OT Groß
Quassow
(039 81) 247 90

WAREN (Müritz)
Bootcharter Jörg Malow
Pestalozzistr. 18
17192 Waren
(039 91) 16 56 88

WESENBERG
Campingplatz am Weißen See
Camping- und Ferienpark
Havelberge
An den Havelbergen 1
17237 Groß Quassow
(039 81) 247 90

Ferienanlage Labussee
OT Klein Quassow
17255 Wesenberg
(03 98 32) 204 88

ZEHDENICK
Brehm & Presch Marina GbR
Ziegelei 11a
16792 Zehdenick
(033 07) 42 05 04

Charter

BERGISCH-GLADBACH
Hausbootferien Reinwald
Postfach 40 01 52
51410 Bergisch-Gladbach
(022 07) 968 80

BERLIN
5 Sterne Yachtcharter
Spree Marine GmbH
Grünauer Straße 3
12557 Berlin
(030) 6 56 60 83

Altstadthafen Berlin-Spandau
AS GmbH & Co. KG
Frieda-Arnheim-Promenade
13585 Berlin
(030) 20 14 45 05

Bootscharter Keser
An der Havel 38
14542 Werder (Havel)
(030) 3 62 08 00

Lanke Charter GmbH & Co.
KG – Basis „Altstadthafen
Spandau"
Frieda-Arnheim-Promenade
13585 Berlin
(03 39 31) 803 29

Marina Lanke-Berlin AG
Scharfe Lanke 109–131
13595 Berlin
(030) 36 20 09-0

Spreeboote
Zur Alten Flussbadeanstalt 5
10317 Berlin
(030) 42 21 99 51

Yachtcharter Löber
Müggelbergallee 1
12557 Berlin
(030) 65 47 44 25

Yachtcharter Schulz
An der Reeck 1a
17192 Waren (Müritz)
(039 91) 12 14 15

BRANDENBURG
Aquare Charter GmbH
Große Mühlenstr. 10
14774 Brandenburg/Havel
OT Plaue
(033 81) 89 04 60

Charterpoint Havelland
Am Hafen 7
14770 Brandenburg
(033 81) 8 90 81 00

BREDEREICHE
Bootshaus-Bandelow
Dorfstr. 8
16775 Bredereiche
(03 30 87) 523 10

BUCHHOLZ
Marina Buchholz
Seepromenade 1
17209 Buchholz
(0151) 50 50 94 60

FELDBERG
Tom Sawyer Tours
Zu den Ziegenbergen 2/
OT Conow
17258 Feldberg
(039 81) 42 15 60

FLECKEN ZECHLIN
Ferienanlage Inselblick
Zur Beckersmühle 101
16837 Flecken Zechlin
(0162) 7 26 00 27

FLEESENSEE
Locaboat Plaisance GmbH
Rehlingstr. 17
79100 Freiburg
(07 61) 20 73 70

FREIBURG
Barone Yachting
Friedrichring 33
79098 Freiburg
(0761) 38 06 30

FÜRSTENBERG/Havel
Alte Reederei
Brandenburger Straße 38
16798 Fürstenberg/Havel
(0172) 322 74 21

Le Boat
c/o Crown Blue Line GmbH
Theodor-Heuss-Str. 53–63
61118 Bad Vilbel
(061 01) 557 91 75

Locaboat Plaisance GmbH
Rehlingstr. 17
79100 Freiburg
(07 61) 20 73 70

Nicols Yacht –
Groupe NADIA GmbH
Robert-Koch-Str. 7
77694 Kehl
(078 51) 885 19 80

Revier Charter GmbH
Schulstraße 8
19386 Lübz
(03 87 31) 368 49

River Boating GmbH
Uferweg 1a
16798 Fürstenberg/Havel
(03 30 93) 61 30 70

GREIFSWALD
maritime Reisen
Grüße aus Atlantis
Brüggstr. 30
17489 Greifswald
(038 34) 85 53 39

JABEL
Le Boat
c/o Crown Blue Line GmbH
Theodor-Heuss-Str. 53–63
61118 Bad Vilbel
(061 01) 557 91 75

KLEINZERLANG
Le Boat
c/o Crown Blue Line GmbH
Theodor-Heuss-Str. 53–63
61118 Bad Vilbel
(061 01) 557 91 75

KLINK
Hafen Klink
Hafenstraße 6
17192 Klink/Müritz
(039 91) 63 47 41
(0152) 54 15 96 41

KÖNIGS WUSTERHAUSEN
Aquare Charter GmbH
Große Mühlenstr. 10
14774 Brandenburg/Havel
OT Plaue
(033 81) 89 04 60

LÜBZ
Nicols Yacht –
Groupe NADIA GmbH
Robert-Koch-Str. 7
77694 Kehl
(078 51) 885 19 80

Revier Charter GmbH
Schulstraße 8
19386 Lübz
(03 87 31) 368 49

LYCHEN
Aquare Charter GmbH
Große Mühlenstr. 10
14774 Brandenburg/Havel
OT Plaue
(033 81) 89 04 60

Strelitz Reisen GmbH
Glambecker Str. 1
17235 Neustrelitz
(039 81) 44 22 48

MALCHOW
Alter Fischerhof
Ziegeleiweg 3
17213 Malchow
(0176) 70 63 21 69

FB-Yachtcharter
Ziegeleiweg 4
17213 Malchow
(03 99 32) 147 74

MILDENBERG
Brehm & Presch Marina GbR
Ziegelei 5
16792 Zehdenick
(03 30 7) 420 00 79

PUUR Yachtcharter
Dorfstr. 25
17209 Buchholz/Müritz
(062 41) 30 68 61

MIROW
PUUR Yachtcharter
Dorfstr. 25
17209 Buchholz/Müritz
(062 41) 30 68 61

OBERHAUSEN
Bootsreisen Ventelou
Birkhahnstraße 3
46145 Oberhausen
(02 08) 67 00 86

POTSDAM
Diki Tours Floßvermietung
Hafen - Wall am Kiez 0
14467 Potsdam
(030) 58 85 87 59
www.diki-tours.de

RECHLIN
Woterfitz – Der Bootsurlaub
Ahornstraße 18
17248 Rechlin / Müritz
(03 98 23) 214 43

RHEINSBERG
Lanke Charter GmbH & Co.KG
Kaistr. 3
16831 Rheinsberg
(03 39 31) 803 29

VIPPEROW
freecamper boot & camping
Dorfstraße 1
17209 Vipperow
(03 99 23) 716 26

WAREN (Müritz)
Bootcharter Jörg Malow
Pestalozzistr. 18
17192 Waren
(039 91) 16 56 88

Charterpoint Müritz
Große Burgstraße 1
17192 Waren (Müritz)
(039 91) 16 55 59

www.bootsurlaub24.de
Lange Straße 3
17192 Waren (Müritz)
(039 91) 66 47 26

Yachtcharter Schulz
An der Reeck 1a
17192 Waren (Müritz)
(039 91) 12 14 15

WERDER/Havel
Bootsvermietung Werder
Unter den Linden 17
14542 Werder/Havel
(033 27) 424 24

PUUR Yachtcharter
Dorfstr. 25
17209 Buchholz/Müritz
(062 41) 30 68 61

Yachtcharter Werder
A.-Damaschke-Str. 35
14542 Werder/Havel
(033 27) 54 90 72

ZEHDENICK
Brehm & Presch Marina GbR
Ziegelei 11a
16792 Zehdenick
(033 07) 42 05 04

EastWest Charter
Waldstraße 10
16792 Zehdenick
(033 07) 421 80 43

Fahrgastschifffahrt

LYCHEN
Reederei Knaack & Kreyß
Prenzlauer Str. 7
17279 Lychen
(0171) 431 20 33

RHEINSBERG
Reederei Halbeck
Markt 11
16831 Rheinsberg
(03 39 31) 386 19

Fahrradservice

KLINK
Hafen Klink
Hafenstraße 6
17192 Klink/Müritz
(0 39 91) 63 47 41
(0152) 54 15 96 41

ZEHDENICK
Ralph Riesenberg/
Fahrradhandel & Service
Dammhaststraße 50
16792 Zehdenick
(033 07) 31 00 32

Ferienhäuser

ALT SCHWERIN
Fischerei & Räucherei
Wendorf 4
17214 Alt-Schwerin
(03 99 32) 499 05

BŒKER MÜHLE
Müritzparadies
Am Müritzufer 6
17248 Bœker Mühle
(03 98 23) 25 30

FLECKEN ZECHLIN
Ferienanlage Inselblick
Zur Beckersmühle 101
16837 Flecken Zechlin
(0162) 7 26 00 27

GRANZOW
All Season Park
Ferienpark Mirow
Dorfstr. 1a
17252 Granzow
(03 98 33) 600

RHEINSBERG
Sarcon Marinapark im Hafendorf Rheinsberg
Uferstraße 3
16831 Rheinsberg
(01 80 5) 88 60 01

WERDER/Havel
Yachthafen &
Hafenklause Ringel
An der Havel 38
14542 Werder/Havel
(03 32 02) 602 17

WESENBERG
Ferienanlage Labussee
OT Klein Quassow
17255 Wesenberg
(03 98 32) 204 88

Villa Pusteblume
Burgweg 1
17255 Wesenberg
(03 98 32) 213 05

Ferienwohnungen

ALT SCHWERIN
Fischerei & Räucherei
Wendorf 4
17214 Alt-Schwerin
(03 99 32) 499 05

BERLIN
Pension Löber
Müggelbergallee 1
12557 Berlin
(030) 65 47 44 25

BUCHHOLZ
Marina Buchholz
Seepromenade 1
17209 Buchholz
(0152) 34 04 02 21

FÜRSTENBERG/Havel
Alte Reederei
Brandenburger Straße 38
16798 Fürstenberg/Havel
(0172) 322 74 21

KLEINZERLANG
Boot & Mehr
Am Kleinen Pälitzsee
16831 Kleinzerlang
(03 39 21) 702 16

LYCHEN
Strelitz Reisen GmbH
Glambecker Str. 1
17235 Neustrelitz
(039 81) 44 22 48

MALCHOW
Alter Fischerhof
Ziegeleiweg 3
17213 Malchow
(0176) 70 63 21 69

MIROW
Bootsservice Rick & Rick GbR
Schlossinsel 6
17252 Mirow
(03 98 33) 205 13

PRIEPERT
Strelitz Reisen GmbH
Glambecker Str. 1
17235 Neustrelitz
(039 81) 44 22 48

RECHLIN
Ferienzentrum
Yachthafen Rechlin
Fritz-Reuter-Str. 52–53
17248 Rechlin
(03 98 23) 205 20

RHEINSBERG
Sarcon Marinapark im Hafendorf Rheinsberg
Uferstraße 3
16831 Rheinsberg
(01 80 5) 88 60 01

RIBBECK
Tourismusverband
Havelland e. V.
im Schloss Ribbeck
Theodor-Fontane-Straße 10
14641 Nauen OT Ribbeck
(03 32 37) 85 90 30

STORKOW
Strelitz Reisen GmbH
Glambecker Str. 1
17235 Neustrelitz
(039 81) 44 22 48

WAREN (Müritz)
Bootcharter Jörg Malow
Pestalozzistr. 18
17192 Waren
(039 91) 16 56 88

Charterpoint Müritz
Große Burgstraße 1
17192 Waren (Müritz)
(039 91) 16 55 59

WESENBERG
Ferienanlage Labussee
OT Klein Quassow
17255 Wesenberg
(03 98 32) 204 88

Strelitz Reisen GmbH
Glambecker Str. 1
17235 Neustrelitz
(039 81) 44 22 48

Häfen/Marinas

ALT SCHWERIN
Fischerei & Räucherei
Wendorf 4
17214 Alt-Schwerin
(03 99 32) 499 05

BERLIN
Altstadthafen Berlin-Spandau
AS GmbH & Co. KG
Frieda-Arnheim-Promenade
13585 Berlin
(030) 20 14 45 05

Citymarina
Berlin-Rummelsburg
Zur Alten Flussbadeanstalt 5
10317 Berlin
(030) 42 21 99 52

Marina Lanke-Berlin AG
Scharfe Lanke 109–131
13595 Berlin
(030) 36 20 09-0

BUCHHOLZ
Marina Buchholz
Seepromenade 1
17209 Buchholz
(0152) 34 04 02 21

FLECKEN ZECHLIN
Ferienanlage Inselblick
Zur Beckersmühle 101
16837 Flecken Zechlin
(0162) 7 26 00 27

Strelitz Reisen GmbH
Glambecker Str. 1
17235 Neustrelitz
(039 81) 44 22 48

FÜRSTENBERG/Havel
Marina am Röblinsee
Uferweg 1a
16798 Fürstenberg/Havel
(03 30 93) 61 30 70

GROSS QUASSOW
Camping- und Ferienpark
Havelberge
An den Havelbergen 1
17237 Userin / OT Groß Quassow
(039 81) 247 90

KLEINZERLANG
Boot & Mehr
Am Kleinen Pälitzsee
16831 Kleinzerlang
(03 39 21) 702 16

KLINK
Hafen Klink
Hafenstraße 6
17192 Klink/Müritz
(0152) 54 15 96 41

LENZ
Lenzer Hafen
am Plauer See
17213 Lenz über Malchow
(03 99 32) 123 85

MALCHOW
Seglerverein Malchow e. V.
Strandstr. 10a
17213 Malchow
(03 99 32) 126 98

MIROW
Bootsservice Rick & Rick GbR
Schlossinsel 6
17252 Mirow
(03 98 33) 205 13

NEURUPPIN
Boat City Neuruppin
Zum Schwanenufer 17
16816 Neuruppin
(033 91) 40 56 99

ORANIENBURG
Schlosshafen Oranienburg
Rungestr. 37
16515 Oranienburg
(0171) 555 20 13

Steganlage Oranienburg
André-Pican-Str. 42
16515 Oranienburg
16515 Oranienburg
(033 01) 57 38 11 11

PLAU AM SEE
Elde-Hafen Plau am See
An der Metow
19395 Plau am See
(03 87 35) 456 78

Stadthafen Plau am See
Dammstr. 29
19395 Plau am See
(03 87 35) 450 50

POTSDAM
Marina am Tiefen See
Schiffbauergasse 8
14467 Potsdam
(03 31) 817 06 17

Yachthafen Potsdam
Kastanienallee 22c
14471 Potsdam
(03 31) 90 10 90

RECHLIN
Ferienzentrum Yachthafen Rechlin
Fritz-Reuter-Str. 52–53
17248 Rechlin
(03 98 23) 205 20

RHEINSBERG
Boat City
Im Hafendorf Rheinsberg
16831 Rheinsberg
(03 39 31) 805 45

Reederei Halbeck
Markt 11
16831 Rheinsberg
(03 39 31) 386 19

Sarcon Marinapark im Hafendorf Rheinsberg
Uferstraße 3
16831 Rheinsberg
(01 80 5) 88 60 01

WAREN (Müritz)
Bootcharter Jörg Malow
Pestalozzistr. 18
17192 Waren
(039 91) 16 56 88

im-jaich Stadthafen Waren
Müritzstraße 14
17192 Waren (Müritz)
(039 91) 66 67 54
(0172) 642 69 18

Marina-Eldenburg
An der Reeck 21
17192 Waren (Müritz)
(039 91) 123 40 00

WERDER/Havel
Marina Zernsee
Zur Uferaue 13–14
14542 Werder/Havel
(033 27) 420 49

Yachtcharter Werder
A.-Damaschke-Str. 35
14542 Werder/Havel
(033 27) 54 90 72

Yachthafen &
Hafenklause Ringel
An der Havel 38
14542 Werder/Havel
(03 32 02) 602 17

ZEHDENICK
Brehm & Presch Marina GbR
Marina Alter Hafen &
Marina Neuer Hafen
Ziegelei 11a
16792 Zehdenick
(033 07) 42 05 04

Marina Zehdenick
am Prerauer Stich GmbH
Waldstraße 10
16792 Zehdenick
(033 07) 421 80 43

Hotels

GRANZOW
Aparthotel Seepanorama
Dorfstr. 1a
17252 Granzow
(03 98 33) 600

KLINK
Seehotel Schloss Klink
Schloßstraße 6
17192 Klink
(039 91) 74 70

LUDORF
Romantik Hotel
Gutshaus Ludorf
Rondell 7–8
17207 Ludorf
(03 99 31) 84 00

NEURUPPIN
Resort Mark Brandenburg
An der Seepromenade 20
16816 Neuruppin
(033 91) 403 50

NEETZOW-LIEPEN
Gutshof Liepen GmbH
Hotel & Restaurant
Am Peenetal
Dorfstraße 31
17391 Neetzow-Liepen
(0 39 721) 567 58

RHEINSBERG
Gast- & Logierhaus
„Zum Jungen Fritz“
Schloßstr. 8
16831 Rheinsberg
(03 39 31) 40 90

SEWEKOW
Seehotel Ichlim
Am Nebelsee
17248 Lärz/OT Ichlim
(03 98 27) 302 64

WESENBERG
Ferienanlage Labussee
OT Klein Quassow
17255 Wesenberg
(03 98 32) 204 88

ZISLOW
Vitalhotel DIE ARCHE
Lenzer Weg 1
17209 Zislow
(03 99 24) 70 05 30

Kanuverleih

BERLIN
Nordlicht Tour & Kanu GmbH
Stargarder Str. 58
10437 Berlin
(030) 69 40 13 06

FELDBERG
Luzinfähre & Bootsverleih
Am Schmalen Luzin
17258 Feldberg
(03 98 31) 528 77

FLECKEN ZECHLIN
Ferienanlage Inselblick
Zur Beckersmühle 101
16837 Flecken Zechlin
(0162) 7 26 00 27

FÜRSTENBERG/Havel
Alte Reederei
Brandenburger Straße 38
16798 Fürstenberg/Havel
(0172) 322 74 21

Nordlicht Kanustation
Brandenburger Str. 33
16798 Fürstenberg/Havel
(03 30 93) 371 86

GROSS QUASSOW
Camping- und Ferienpark
Havelberge
An den Havelbergen 1
17237 Userin / OT Groß Quassow
(039 81) 247 90

HANGELSBERG
Kanusport Berlin Konrath
Bahnhofstr. 1
15537 Hangelsberg
(03 36 32) 59 53 59

LYCHEN
Treibholz – Kanu,
Floß & Herberge
Oberpfuhlstr. 3a
17279 Lychen
(03 98 88) 433 77

RHEINSBERG
Boat City
Im Hafendorf Rheinsberg
16831 Rheinsberg
(03 39 31) 805 45

Reederei Halbeck
Markt 11
16831 Rheinsberg
(03 39 31) 386 19

SCHILLERSDORF
Paddel-Paul
Dorfstraße 1
17252 Schillersdorf
(03 98 29) 207 35

WERDER/Havel
Bootsvermietung Werder
Unter den Linden 17
14542 Werder/Havel
(033 27) 424 24

WESENBERG
Ferienanlage Labussee
OT Klein Quassow
17255 Wesenberg
(03 98 32) 204 88

ZEHDENICK
Brehm & Presch Marina GbR
Ziegelei 11a
16792 Zehdenick
(033 07) 42 05 04

Museen

LUDORF
Ludorfer Gutsmuseum
Kirchstr. 1-3
17207 Ludorf
(03 99 31) 84 00

BRANCHENBUCH 2023

www.yachtferien.eu

MILDENBERG
Ziegeleipark Mildenberg
Ziegelei 10
16792 Mildenberg
(033 07) 31 04 10

WAREN (Müritz)
Müritzeum – Das NaturerlebnisZentrum
Zur Steinmole 1
17192 Waren (Müritz)
(039 91) 633 68-0

WESENBERG
Villa Pusteblume – Museum für Blechspielzeug u. mech. Musikinstrumente
Burgweg 1
17255 Wesenberg
(03 98 32) 213 05

Räucherei/Fischer

ALT SCHWERIN
Fischerei & Räucherei
Wendorf 4
17214 Alt-Schwerin
(03 99 32) 499 05

HIMMELPFORT
Seefischerei Himmelpfort
Stolpseestraße 18
16798 Himmelpfort
(03 30 89) 412 09

Restaurants

ALT SCHWERIN
Fischerei & Räucherei
Wendorf 4
17214 Alt-Schwerin
(03 99 32) 499 05

BERLIN
Hafenküche
Zur Alten Flussbadeanstalt 5
10317 Berlin
(030) 42 21 99 26

BŒKER MÜHLE
Gasthaus zum Seeadler
Am Müritzufer 6
17248 Bœker Mühle
(03 98 23) 25 32 41

BREDEREICHE
Bootshaus an der Havel
Dorfstr. 8
16775 Bredereiche
(03 30 87) 523 10

GRANZOW
All Season Park
Ferienpark Mirow
Dorfstr. 1a
17252 Granzow
(03 98 33) 600

GROSS QUASSOW
Camping- und Ferienpark Havelberge
An den Havelbergen 1
17237 Userin / OT Groß Quassow
(039 81) 247 90

KLEINZERLANG
Boot & Mehr
Am Kleinen Pälitzsee
16831 Kleinzerlang
(03 39 21) 702 16

KLINK
Seehotel Schloss Klink
Schloßstraße 6
17192 Klink
(039 91) 74 70

LUDORF
Morizaner
Rondell 7–8
17207 Ludorf
(03 99 31) 84 00

NEURUPPIN
Seewirtschaft im Resort Mark Brandenburg
An der Seepromenade 20
16816 Neuruppin
(033 91) 403 50

NEETZOW-LIEPEN
Gutshof Liepen GmbH
Hotel & Restaurant
Am Peenetal
Dorfstraße 31
17391 Neetzow-Liepen
(0 39 721) 567 58

POTSDAM
Marina am Tiefen See
Schiffbauergasse 8
14467 Potsdam
(03 31) 817 06 17

Yachthafen Potsdam
Kastanienallee 22c
14471 Potsdam
(03 31) 90 10 90

RECHLIN
Ferienzentrum
Yachthafen Rechlin
Fritz-Reuter-Str. 52–53
17248 Rechlin
(03 98 23) 205 20

RHEINSBERG
Gast- & Logierhaus „Zum Jungen Fritz"
Schloßstr. 8
16831 Rheinsberg
(03 39 31) 40 90

SEWEKOW
Seehotel Ichlim
Am Nebelsee
17248 Lärz/OT Ichlim
(03 98 27) 302 64

WAREN (Müritz)
Bootcharter Jörg Malow
Pestalozzistr. 18
17192 Waren
(039 91) 16 56 88

Marina-Eldenburg
An der Reeck 21
17192 Waren (Müritz)
(039 91) 123 40 00

WERDER/Havel
Hafenrestaurant Marina Zernsee
Zur Uferaue 1
14542 Werder/Havel
(033 27) 73 24 71

Yachthafen & Hafenklause Ringel
An der Havel 38
14542 Werder/Havel
(03 32 02) 602 17

Tankstellen-Boot

BERLIN
Marina Lanke-Berlin AG
Scharfe Lanke 109–131
13595 Berlin
(030) 36 20 09-0

WAREN (Müritz)
Bootcharter Jörg Malow
Pestalozzistr. 18
17192 Waren
(039 91) 16 56 88

WERDER/Havel
Yachthafen & Hafenklause Ringel
An der Havel 38
14542 Werder/Havel
(03 32 02) 602 17

ZEHDENICK
Brehm & Presch Marina GbR
Ziegelei 11a
16792 Zehdenick
(033 07) 42 05 04

Touristinformationen

EBERSWALDE
Tourist-Information im Museum Eberswalde
Steinstraße 3
16225 Eberswalde
(033 34) 6 45 20

FELDBERG
Kurverwaltung Feldberger Seenlandschaft
Strelitzer Str. 42
17258 Feldberger Seenlandschaft
(03 98 31) 27 00

LIEBENWALDE
Touristeninfo mit Café
Havelstr. 1 a
16559 Liebenwalde
(03 30 54) 9 07 72

NEUBRANDENBURG
Touristinfo Neubrandenburg
Marktplatz 1
17033 Neubrandenburg
(03 95) 194 33

ORANIENBURG
Tourismus und Kultur Oranienburg gGmbH
Touristen-Information
Bernauer Str. 52
16515 Oranienburg
(033 01) 70 48 33

PLAU AM SEE
Touristinformation Plau am See
Marktstr. 20
19395 Plau am See
(03 87 35) 456 78

RECHLIN
Touristinformation
Müritzstraße 51
17248 Rechlin
(03 98 23) 2 12 61

RIBBECK
Tourismusverband Havelland e. V.
im Schloss Ribbeck
Theodor-Fontane-Straße 10
14641 Nauen OT Ribbeck
(03 32 37) 85 90 30

WANDLITZ
Tourist-Information Wandlitz
Bahnhofsplatz 2
16348 Wandlitz
(03 33 97) 6 72 77

WAREN (Müritz)
Waren (Müritz) Kur- & Tourismus GmbH
Haus des Gastes,
Neuer Markt 21
17192 Waren (Müritz)
(039 91) 66 61 83

WENDISCH RIETZ
Tourismusverein Scharmützelsee e.V.
Kleine Promenade 1
15864 Wendisch Rietz
(03 36 79) 648 40

Versicherungen

BERLIN
EIS - European Insurance & Services GmbH
Scharfe Lanke 109–131
13595 Berlin
(030) 21 40 82-0

HAMBURG
Hamburger Yachtversicherung
Katharinenhof/
Zippelhaus 2
20457 Hamburg
(040) 36 98 49-0

Wellness / Bäder

KLINK
Seehotel Schloss Klink
Schloßstraße 6
17192 Klink
(039 91) 74 70

NEURUPPIN
Fontane Therme
An der Seepromenade 20
16816 Neuruppin
(033 91) 403 50

ORANIENBURG
TURM ErlebnisCity
Oranienburg
André-Pican-Straße 42
16515 Oranienburg
(033 01)57 38 11 11

Impressum

Redaktion und Markeninhaber
SD Media Services GbR
Magazin Seenland
Reuchlinstraße 10–11, 10553 Berlin
Tel.: (030) 36 28 64 30
Fax: (030) 36 28 64 37
E-Mail: office@sd-media.de
redaktion@magazin-seenland.de
www.sd-media.de
www.magazin-seenland.de

Herausgeber
Florian Diesing, Sebastian Weiß

Verlag und Vermarktung
Advising Solutions HR Digital Media UG (haftungsbeschränkt)
Gehlberger Str. 16a, 13581 Berlin
Tel.: (030) 208 47 13 30

Leservertrieb
Tel.: (030) 36 28 64 35
E-Mail: vertrieb@magazin-seenland.de

Pressevertrieb
LESEBOX GmbH
Tel.: (030) 75 48 47 42
Fax: (030) 75 48 48 44
E-Mail: kontakt@lesebox.com

Anzeigen:
Florian Diesing (Leitung)
Tel.: (030) 208 47 13 34
E-Mail: anzeigen@ad-so.com

Chefredakteur: Sebastian Weiß

Autoren dieser Ausgabe:
Heidi Arnau, Jo von Bahls, Michael F. Basche, Florian Diesing, Doreen Dreger, Dirk Engelhardt, Cornelia Jeske, Annika Kiehn, Dolores Kummer, Christin Meißner, Bodo Müller, Anja Reinbothe-Occhipinti, Jan Peterson, Klaus Wiswe, Michael Zielke

Gestaltung/Satz und Layout:
Franziska Frenz

Titelbild: Jan Peterson

Bezugspreise
Einzelhandel: D € 12,–
CH sfr 19,–, A € 12,–, BeNeLux € 12,–
ab Verlag: € 12,– (versandkostenfrei innerhalb Deutschlands)
Bezug per Abo: € 7,50 zzgl. € 2,– Versand.
Die Versandkosten außerhalb Deutschlands können variieren.

Bestellen Sie Seenland direkt bei der Redaktion: **vertrieb@magazin-seenland.de,** über das Internet auf **shop.magazin-seenland.de** oder per Telefon +49 30 36 28 64 35.

Seenland 2024 erscheint im April/Mai 2024.

Seenland ist erhältlich im Zeitschriftenhandel und in den Touristeninformationen der Region sowie deutschlandweit im Bahnhofs- und Flughafenbuchhandel in Österreich, Luxemburg und der Schweiz.

Druck: Konradin Druck GmbH, Leinfelden-Echterdingen

ISSN 2192-4856
ISBN 978-3-946148-32-6
EAN 4-19-50585-1200-4-01 (Hauptausgabe)
EAN 4-19-01080-1200-8-01 (Mecklenburg)
EAN 4-19-01070-1200-9-01 (Brandenburg)

Mitglied im Tourismusverband „Mecklenburgische Seenplatte" e.V.

ISBN 978-3-946148-29-6

Jahresausgabe
Seenland
Mecklenburg-Vorpommern – Brandenburg – Berlin
€ 12,00

ISBN 978-3-946148-30-2

Ausgabe Sommer
Dünenzeit OSTSEE
Schleswig-Holstein und Mecklenburg-Vorpommern
€ 8,50

ISBN 978-3-946148-31-9

Ausgabe Winter
Dünenzeit OSTSEE
Schleswig-Holstein und Mecklenburg-Vorpommern
€ 8,50

ABONNEMENT

Im Abonnement erhalten Sie die jeweilige **Jahresausgabe der Magazine zum Vorzugspreis** von zz. nur **€ 7,50** (zzgl. € 2,00 Versand) zu jedem Saisonstart direkt nach Hause.

Das Hausboot Tagebuch

ISBN 978-3-946148-24-1

Das Hausboot Tagebuch
Log- und Tagebuch für Bootsreisen
€ 19,80

Das speziell für den Bootsurlaub konzipierte Buch vereint das klassische Logbuch mit den Freiheiten eines Tagebuches. Für wesentliche Angaben gibt es Stichworte und Anregungen. Es bleibt aber viel Raum für individuelle Notizen zum Wasserweg, zu besonders schönen Anker- oder Liegeplätzen und Erinnerungen, die man für später festhalten möchte. Das großzügige Buchformat in edler Verarbeitung bietet zudem Raum für Bilder, Skizzen und Erinnerungen an die schönste Zeit auf dem Wasser.

Hafenführer und Karten für Bootsurlauber

ISBN 978-3-946148-27-2

Hafenführer für Hausboote
Müritz – Obere Havel – Seenplatte
€ 34,90

ISBN 978-3-946148-28-9

Hafenführer für Berlin & Brandenburg
Spree – Dahme – Untere Havel
€ 39,90

JETZT auch als APP

Aktuelle & interaktive Karten
Hafenportraits mit Hafenplan
Hafenmeister-Kontaktdaten
Infos unter: https://go.letsalp.com/hausboot

Revierführer, Ratgeber und Karten

Von Berlin zur Müritz
96 Seiten, 54 Farbfotos, 27 Karten
€ 32,90

Hausboot Smalltalk
Grundlagenbuch zum Hausbootfahren auf 260 S.
€ 18,50

Revierführer für Kanuten

ISBN 978-3-946148-00-5

Kanu Extra
9 Top-Kanutouren der Mecklenburgischen Seenplatte und Brandenburgs
€ 4,90

Bücher und Reiseführer für Radler

ISBN 978-3-9813479-7-5

Sonne, Seen und blauer Himmel
Die 12 schönsten Rad-Touren durch die Mecklenburgische Seenplatte plus 4 Radfernwege und 6 Rundwege
€ 14,90

ISBN 978-3-9812026-4-9

Flüsse, Fähren und grüne Wälder
Die 12 schönsten Rad-Touren plus Bonustour im Norden Brandenburgs
€ 12,90

Wasserkarten für Bootsurlauber

Binnenkarten Atlas 3
Maßstab 1:40 000
Berlin und Brandenburg
30 Karten mit Wasserstraßen zwischen Magdeburg und Eisenhüttenstadt
€ 49,90

Binnenkarten Atlas 2
Maßstab 1:40 000
Mecklenburgische Seenplatte
28 Karten mit Wasserstraßen zwischen Dömitz, Waren und Berlin
€ 49,90

SO BESTELLEN SIE BEIM VERLAG:
Internet https://shop.magazin-seenland.de **Tel.** (030) 36 28 64 35 **Fax** (030) 36 28 64 37

Ihr Tourbericht auf www.magazin-seenland.de

Wir sammeln die besten Tourberichte als Erfahrungsaustausch auf unserer Website.
Teilen Sie Ihre Reiseerlebnisse mit den Lesern von Seenland.
Mehr Infos auf **www.magazin-seenland.de/erlebnisse-teilen**

Großer Seenland - Fotowettbewerb

„Meine schönsten Urlaubsfotos“

Sie sind leidenschaftliche(r) Hobbyfotograf(in) und haben einen Blick für den richtigen Moment, für Motive, Licht und Perspektive? Dann machen Sie mit beim großen Seenland-Fotowettbewerb! Gesucht werden **IHRE SCHÖNSTEN URLAUBSFOTOS.**

VORAUSSETZUNGEN: Die Bilder sollten in irgendeiner Weise die Wasserlandschaft Brandenburgs oder Mecklenburg-Vorpommerns in den Fokus nehmen. Sonst ist alles erlaubt: Schnappschüsse oder wohl überlegte Aufnahmen, Fotos von Natur, Städten oder Dörfern, von Ihrer Tour mit Hausboot, Motoryacht, Floß oder Kanu, von Menschen, denen Sie am Wasser begegnet sind oder besonders schöne Urlaubsszenen mit Ihrer Familie. Wir freuen uns auf die Zusendungen Ihrer Fotos per E-Mail an: urlaubsfoto@magazin-seenland.de

Einsendeschluss ist der 31.01.2024, die Chefredaktion wählt die Gewinner aus.

Teilnahme- und Datenschutzbedingungen: magazin-seenland.de/fotowettbewerb. Der Rechtsweg ist ausgeschlossen.

GEWINNEN SIE!

Die schönsten Fotos prämieren wir mit Preisen im Gesamtwert von über 2.200 €.

1. Preis

Gewinnen Sie eine Woche führerscheinfreien Hausbooturlaub für bis zu 4 Personen!

Gültig für Saison A & B in 2023 oder 2024 an einem Locaboat Hafen Ihrer Wahl in Deutschland oder Frankreich.

Die Nebenkosten sind vor Ort zu zahlen. Buchung nach Absprache und Verfügbarkeit.

2. Preis

Gewinnen Sie eine Woche auf einer Nicols Primo ab Charterbasis Lübz

Der Gewinn ist die Bootsmiete. Betriebskosten und Endreinigung trägt der Gast. Termin nach Verfügbarkeit und Absprache.

3. Preis

Ausbildung zum Sportbootführerschein Binnen mit Motor

Der unverzichtbare Begleiter für alle Bootsurlauber auf den Gewässern in Brandenburg und Berlin.

Locaboat Holidays

Locaboat Holidays ist seit über 45 Jahren einer der führenden Anbieter für führerscheinfreie Hausbootreisen auf Flüssen, Kanälen und Seen in Europa. Die Kunden können zwischen knapp 200 Routen von 25 Abfahrtshäfen wählen und bereisen die schönsten Wasserwege in Deutschland, Frankreich, Holland, Italien sowie Irland. Mit der Pénichette® hat Locaboat Holidays eigens für den Urlaub auf dem Wasser einen eigenen Bootstyp mit Platz für zwei bis zwölf Reisende entwickelt, das neueste Modell Pénichette Evolution® für zwei bis vier Personen ist an vielen Abfahrtshäfen verfügbar. Sogar vierbeiniger Familienzuwachs kann an Bord gehen: Hunde sind auf allen Locaboat-Booten willkommen. Ahoi!

www.locaboat.de

Nicols & Revier Charter

Der Hausbootspezialist „Revier Charter“ betreibt die Stadtmarina Lübz und bietet hier die beliebten Charterboote von Nicols zur Miete an. Die besondere Lage des Hafens eröffnet vielfältige Möglichkeit für einen Törn nach Schwerin oder Dömitz. Aber auch die Müritz und die Kleinseen sind nicht weit. Der bekannte Komfort der Nicolsboote und dieses Revier sind somit Garanten für beste Bootsferien.

www.hausboot-nicols.de
www.reviercharter.de

Segelschule Marina Lanke

Wer sich sicher auf dem Wasser bewegen will, kommt früher oder später um eine fundierte Ausbildung nicht herum. Der Einstieg als Charter-Gast ist leicht, aber hat man Gefallen am Wassersport gefunden, garantiert Fachwissen Sicherheit und lange Freude auf dem Wasser. Seit mehr als 30 Jahren steht die Segelschule in der Marina Lanke allen Wassersportlern und solchen die es werden wollen mit einem breiten und qualifizierten Kursangebot zur Verfügung.

www.marina-lanke.de

Zudem werden die schönsten Fotos in einer der nächsten Ausgaben von Seenland veröffentlicht.

Viel Spaß beim Fotografieren und Erfolg beim Gewinnen!